文化生活叢書·人文商管

易經領導思維與
學校領導

毛金素　著

目次

表次

圖次

自序

　　《易經》包容萬有的玄奧易理，蘊含了神祕智慧的豐富能量。《易經》更為群經之首、中華文化之源，代表中國古人一種至高智慧的結晶，那麼，它的思想必然左右著中國人的思維方式，也自然影響領導者的領導方式。

　　由於近代西方在領導理論方面的研究，發展蓬勃，成果豐碩，是以，有關學校領導之研究，向以西方領導理論馬首是瞻。但筆者認為，領導不能忽略文化因素，學校領導方式須與文化背景相結合，也唯有深入探索中華文化的源流——《易經》，才能真正理解周遭人事物的思維方式，知己知彼，故如能將《易經》之思維方式應用到學校領導當中，必定更適合我國文化背景且能充分發揮領導成效。

　　筆者見於現今校長一面倒的運用西方領導理論來帶領學校組織成員，致使學校領導呈現各種不可解的困境一再重複發生，卻不知是受困於西方傳統領導理論的思考模式所桎梏，如能依據我國固有文化來源，回歸探究屬於我們自己文化背景下所發展出的領導思維模式，才是正本清源之道。而《易經》思維正是將天、地、人三才有機的結合起來，是人類認識宇宙、自然、社會的不可缺的思維方式，希冀與現今學校校長共同重新發掘《易經》領導思維的奧祕，並使之能在學校領導方面獲得闡發與應用。

　　本書旨在探究《易經》領導思維中的四大面向——太極整體思維、陰陽轉化思維、變易創新思維及人文圓融思維，透過時空轉換，期能建構一套符合我國文化背景的學校組織領導思維方式，也就是，校長應先以《易經》領導思維之「鑰」——和諧圓融思維去「開啟」學校組織成員的「心門」，以自身人文的修養及信念去圓融與學校成員間的關係；再則，校長應以剛柔並濟、尚中求和及陰陽辨證思考的方式去轉化危機成轉機，此即《易經》領導思維之「道」——陰陽轉化思維；因為只有從經營「人」開始，如此才能蓄積能量依時位變化而施展權變領導，是為《易經》領導思維之「用」——變易創新思維；而位居一校之長更需具備宏觀全局、預見未來、整合內外資源的太極整體思維能力，才能發揮強大的學校組織力量，達成學校教育目標。亦即隨時不忘依循天道，回歸天地人的本源——太極，是為《易經》領導思維之「本」——太極整體思維。

　　最後，筆者就觀察目前學校領導上的困境，提供八項解決策略和十五項可行途徑供學校領導者參考。希冀本書能發揮「執古之道，以御今之有」之功效，更期待教育改革有志之士一同發掘《易經》領導思維的奧秘，並使之能在學校領導方面獲得闡發和應用，也虛心期盼博雅君子的指瑕與教正。

毛金素　謹識二〇一六年八月

第一章
緒論

　　《易經》為古代卜筮之書[1]，據傳《連山》是夏《易》，《歸藏》是殷《易》，而《周易》是周代之《易》。至今僅有《周易》較完整的流傳下來，現在談到《易經》均是指《周易》而言。[2]《易》系統的典籍及其哲學思想（統稱易學），距今已近三千年的歷史。

　　易學源遠流長，所以自漢以來有「《易》道深矣，人更三聖，世歷三古」[3]之言。史學家班固（32-92）在《漢書・藝文志》中云：「六藝之文：《樂》以和神，仁之表也；《詩》以正言，義之用也；《禮》以明禮，明者著見，故無訓也；《書》以廣聽，知之術也；《春秋》以斷事，信之符也。五者，蓋五常之道，相須而備，而《易》為之原。[4]」六藝既源於《易》，諸子百家復為六藝之支與流裔，則《易經》為中華之本源既明且

1　《易經》源於卜筮，是眾所周知的事實。不過此處的卜筮，並不等同於後代所謂術士之流。它是古代帝王消災祈福的工具，更是徵詢天神旨意的媒介，在商周之際它是神聖不可褻瀆，有神道設教的義在其中。參自孫劍秋：《易道研幾》（臺北市：五南圖書出版公司，2012年），頁1。

2　呂元馨：〈易學之體用〉，《國際易學大會台北年會論文集》（臺北市：社團法人中華國易經學會編印，2011年），頁278。

3　〔漢〕班固撰，〔唐〕顏師古注：《漢書》（北京市：中華書局，1997年），卷三十，〈藝文志第十〉，頁1704。

4　〔漢〕班固撰，〔唐〕顏師古注：《漢書》（北京市：中華書局，1997年），卷三十，〈藝文志第十〉，頁1723。

顯。[5]清代章學誠（1738-1801）於《文史通義》亦云：「夫《易》開物成務，冒天下之道，知來藏往，吉凶與民同患，其道蓋包政教典章之所不及矣。[6]」《禮記‧經解》中提到：「絜靜精微，《易》教也。[7]」據說這是孔子（551 B.C.-479 B.C.）整理《易》所作的結論。

中國思想主流雖為儒、道二家，究其本源言之，實為易學一家。孔門則有《易傳》加以闡釋《易經》哲理，魏晉時期《易經》亦居「三玄」[8]之冠。孔、老二人對易學的貢獻同樣偉大，前者向下開展汲營人道，後者向上開展推理入玄，各在思想領域內精研創發，建立思想體系。[9]至漢後雖以大就小納入儒門，同列於六藝之中，但從思想的本身而言，《易》道大，易學發始於天道思想，儒家下用於人道，只是其全體大用之一端。[10]故可言《周易》古經亦為儒、道二家之本源。

5　鄭志宏：《周易原理領導思想之探究》（臺北市：國立政治大學公共行政研究所碩士論文，1991年），頁3。

6　〔清〕章學誠：《文史通義》（臺北市：華世出版社，1980年），內篇一，〈易教上〉，頁1。

7　〔漢〕鄭玄注，〔唐〕孔穎達等正義：《禮記正義》，見於《十三經注疏》（臺北縣：藝文印書館，1989年），第5冊，頁845。

8　「三玄」之說大概興於南朝，而始見於《顏氏家訓‧勉學篇》，其文略曰：「何晏、王弼，祖述玄宗，遞相誇尚，景附草靡……直取其清談雅論，剖玄析微，賓主往復，娛心悅耳。非濟世成俗之要也。洎於梁世，茲風復闡，《莊》、《老》、《周易》，總謂三玄。」

9　高懷民：《大易哲學論》（臺北市：成文出版社，1988年），頁10。

10　高懷民：《先秦易學史》（臺北市：臺灣商務印書館，1975年），頁299。

第一節　何謂「易」

一　「易」之本義

「易」之名義，歷來說法甚多，《說文解字》釋「易」之名義如下：

（一）易為「蜥易」

「易」之名義，如果從演變來分析，最初指的是「變化之易」，即東漢許慎（58？-147）在《說文解字》解釋說：「易，蜥易、蝘蜓、守宮也，象形。[11]」段玉裁（1735-1815）注：「上象首，下象四足，尾甚微，故不象。[12]」可見許慎並未將此一義關係到《易》，根據許氏此一義將易字牽入《易》的是後來之人。[13]後人以此附會，取其頭部顏色善變的現象，引申為變易之義，作為《周易》之書名。

（二）「日月」為易

《說文解字》易字下文又引有第二義，云：「秘書說曰：日月為易，象会易也。[14]」段玉裁注：「秘書謂緯書。[15]」象術

---

11 〔漢〕許慎撰，〔清〕段玉裁注：《說文解字注》（臺北市：洪葉文化出版公司，1999年），頁463。

12 〔漢〕許慎撰，〔清〕段玉裁注：《說文解字注》（臺北市：洪葉文化出版公司，1999年），頁463。

13 高懷民：《先秦易學史》（臺北市：臺灣商務印書館，1975年），頁3-4。

14 〔漢〕許慎撰，〔清〕段玉裁注：《說文解字注》（臺北市：洪葉文化出版公司，1999年），頁463。

15 〔漢〕許慎撰，〔清〕段玉裁注：《說文解字注》（臺北市：洪葉文化出版公司，1999年），頁463。

易家借「易」字日月為易，即是象徵陰陽遞換的變化，此與《莊子》：「易以導陰陽」[16]之義同。

（三）易為「變動不居」

除上兩義外，《說文》最後又云：「一曰從勿」，段玉裁注：「又一說，從旗勿之勿，皆字形之別說也。[17]」按「勿」字，《說文》謂「三游之旗」。從含義上推想，旗為動蕩不息之物，取三游之旗之動蕩不息，以象《易》道之變動不居。高懷民認為此義應當出於易家。[18]

「易」為更換、改變、代替的意思，見於古籍中者甚多，如《禮記》：「其移風易俗，故先王著其教焉」[19]、〈繫辭下傳〉：「交易而退，各得其所」[20]等等，都是此一義之沿用。

二　鄭玄「易三義」

最早道出「易有三義」這句話的是見於《易緯乾鑿度》：

孔子曰：「易者，易也，變易也，不易也。[21]」

---

16 〔晉〕郭象注：《莊子》（臺北縣：藝文印書館，2000年），第十卷，〈雜篇·天下〉，頁568。

17 〔漢〕許慎撰，〔清〕段玉裁注：《說文解字注》（臺北市：洪葉文化出版公司，1999年），頁464。

18 高懷民：《先秦易學史》（臺北市：臺灣商務印書館，1975年），頁6。

19 〔漢〕鄭玄注，〔唐〕孔穎達等正義：《禮記正義》，見於《十三經注疏》第5冊（臺北縣：藝文印書館，1989年），〈樂記〉，頁678。

20 〔宋〕朱熹：《周易本義》（臺北市：大安出版社，1999年），頁253。

21 〔漢〕鄭康成注：《易緯乾鑿度》，卷上，頁1。見於嚴一萍選輯，《百部叢書集成》（臺北縣：藝文印書館，1965年）。

但是漢儒鄭玄（127-200）依此義所作〈易贊易論〉中，將三義改為易簡、變易、不易，他說：

> 易之為名也，一言而含三義；易簡一也，變易二也，不易三也。故〈繫辭〉云：乾坤其易之縕邪。又曰：易之門戶邪。又曰：夫乾確然示人易矣，夫坤隤然示人簡矣，易則易知，簡則易從。此言其易簡之法則也。又曰：為道也屢遷，變動不居，周流六虛，上下无常，剛柔相易，不可典要，唯變所適。此言順時變易出入移動者也。又云：天尊地卑，乾坤定矣，卑高以陳，貴賤位矣，動靜有常，剛柔斷矣。此言其張設布列不易者也。據茲三義而說，易之道廣矣大矣。[22]

自鄭玄以後，易簡、變易、不易三義就成了定論。易簡指《易》道之理則，不易指《易》道之體，變易指《易》道之用。[23]以下分述此「三易」說：

（一）易簡

《易》的基本原理在於以簡馭繁，以靜制動。易簡者，易之本體也，指事物的道或遵循的原理。事物變，而道不變；事物複雜，而道則簡單。宇宙的動態，在於陰陽的變化；陰陽的

---

22 〔漢〕鄭玄撰，《周易鄭康成注》一卷，見於趙輯如編次：《大易類聚初集（一）》（臺北市：新文豐出版公司，1983年），頁17。

23 高懷民：《兩漢易學史》（臺北市：中國學術著作獎助委員會，1983年），頁58。

本體，在於太極的玄妙。[24]易學博大精深，它的現象本質卻是至為精簡，亦即「以簡馭繁」，它的基本原理更是平白而普適的。〈繫辭上傳〉第一章開宗明義即說道：

> 乾知大始，坤作成物。乾以易知，坤以簡能。易則易知，簡則易從。易知則有親，易從則有功。有親則可久，有功則可大。可久則賢人之德，可大則賢人之業。易簡而天下之理得矣。天下之理得，而成位乎其中矣。[25]

乾的作為體現於太初之始，以平易而為人所知；坤的作為體現於生成萬物，以簡約而見其功能。平易使人容易了解，易於親近，與人互動就能長久；簡約使人容易順從，可建功績，立身處事就能弘大。明白乾坤的平易和簡約，就能了解天下的道理，就能遵循天地的規律，居處適中合宜之位。

宇宙的自然現象，及人世間的人事關係，都很複雜，而且變化莫測。聖人有見於此，遂在複雜萬分、千頭百緒的事象中，找出簡易的、可以應用的規則。故言「易簡而天下之理得矣」。因此，「以簡馭繁」即是運用簡單性的方法，以掌握紛雜的外在環境。〈繫辭上傳〉更說：「易簡之善配至德。[26]」這些規則不但能如實詮解事象，而且具有普遍性、廣包性，不但用之四海而皆準，而且不致掛一漏萬。〈繫辭上傳〉故云：

---

24 陳郁環：《《周易》管理思維向度及其應用之研究》（高雄市：國立高雄師範大學回流教育碩士班碩士論文，2006年），頁99。

25 〔宋〕朱熹：《周易本義》（臺北市：大安出版社，1999年），頁233。

26 〔宋〕朱熹：《周易本義》（臺北市：大安出版社，1999年），頁240。

「《易》與天地準，大能彌綸天地之道。[27]」雖然《易傳》告訴我們宇宙間的事物無時不變，儘管以下所論變的法則極其複雜，不管宇宙萬事萬物如何錯綜複雜的現象，可是當我們懂了原理、原則以後，就非常簡單了，也就是「易簡而天下之理得矣」。換言之，即借助簡單的力量，有效地解決問題，這與「四兩撥千金」道理應是相通的。

（二）變易

「變」最早的字形，見於《說文解字》云：「變，更也。[28]」是變更的意思，這是「變」的本義及字義。此外，「變」字尚引申作改也、易也、化也、動也、通也等義。在《易經》一書，出現「變」字共有四十九處。[29]

《易》所蘊含之道理，隨著陰陽之相互推移而屢有變遷。但是萬物的化生以及轉化，並不是空所依傍，必須有一個中介者，就是「變」來運作，才能使萬物永續生生不息。「變」的化生運作，呈現多種形式，以表現化生的順暢；並建立規範性的法則，及變動性的作用，以建構一個多元、複雜和變化，周而復始且循環不止，繽紛多彩的宇宙世界。[30]

變易除了自然界中的變化之外，也有人事的變化，〈繫辭

---

27 〔宋〕朱熹：《周易本義》（臺北市：大安出版社，1999年），頁237。

28 〔漢〕許慎撰，〔清〕段玉裁注：《說文解字注》（臺北市：黎明文化出版公司，1994年），頁125。

29 趙中偉：《周易「變」的思想研究》（臺北縣：輔仁大學中國文學研究所博士論文，1993年），頁15。

30 趙中偉：《周易「變」的思想研究》（臺北縣：輔仁大學中國文學研究所博士論文，1993年），頁2。

上傳〉：「變化者，進退之象也。[31]」在進與退之間變化無窮，有柔進剛退，有剛進柔退，有進而止者，有止而進者，人身處在隨時的變易環境中，透過對《易》道的認識及自身的努力，積德修行，期能逢凶化吉。

相對於近代西方科學之發展，由於科學儀器之協助，遠至無垠星際，細入質子量子，發現宇宙中無非是一「動」象，但此「動」何由而來？則不得不佩服中國古聖所言「變易」之卓絕智慧。（詳細有關變易之闡述於本書第五章再深入論述之）

（三）不易

此「不易」即言萬事萬物都處於永恆的變易之中，乾變坤化，無物常駐，然其變化之道是不變的。換言之，唯有「變化」這一點才是「不易」的，即「變」中有「常」，有其常位、常性，是謂「不易」。也正因為變中有其常性，故萬變不離其宗，錯綜複雜中理路常在。是以「變易」之與「不易」，乃相因而生，因「不易」之常而生變，由「變易」之中而見常，此之謂《易》道。[32]《荀子·天論》云：「天行有常，不為堯存，不為桀亡。[33]」是謂天理的運行有其常道。

宇宙萬物的一切，表面上看雖然千變萬化，生生息息，似乎是捉摸不定的；其實，天下萬物，雖在易中變動不居，並隨著萬物之需要適時而變。然不變的，是道體。「不易」的易，就是易的本體。

---

31 〔宋〕朱熹：《周易本義》（臺北市：大安出版社，1999年），頁235。

32 高懷民：《先秦易學史》（臺北市：臺灣商務印書館，1975年），頁292。

33 李滌生：《荀子集釋》（臺北市：臺灣學生書局，1979年），頁362。

　　黃慶萱認為，所謂「變易」，是對現象世界的描述，屬對象語言，所謂「不易」，是對「現象世界是變易的」此一描述之肯定，屬後設語言。[34]不易亦即原則，處事公正，從善從德，這是基本做人處事的道德原則，也是與人互動的長久之道，這個原則是不可改易的。外在處境詭譎多變，但《易》處事應變的原則卻是不變。

　　萬物萬象的相對變化，也有其絕對的關係存在：即動中可以見靜，變中亦有其不變之理。動是絕對的，靜是相對的；變是絕對的，不變是相對的，這說明了變與動的運轉變化不易拿捏，但相對不變的規律則可掌控與把握，而《易》的不易的法則，就是在尋求此變化的相對不變之理。

　　以上是由《易》的性質、思想來解釋「三易」之理。可見「不易」為經，是常道，萬事萬物雖變化無常，但總自有其根源可循。而「變易」為權，是變化，有變化才有生機，天地有春夏秋冬，月有陰晴圓缺，人有生老病死，變化萬端終歸於一，唯「易簡」得以馭繁。

第二節　《易經》成書之流變

一　《周易》

　　普遍認為，《周易》的成書過程是經過一段漫長的時期，非一時一人完成的。傳說伏羲氏坐於方壇之上，聽八風之氣，

---

34 黃慶萱：《周易縱橫談》（臺北市：東大圖書公司，1995年），頁4。

乃做八卦。八卦衍生《周易》，開華夏文明，距今約七千多年前。卦爻辭是文字系統，中國文字形成的時代可追溯到商朝，因此卦爻辭形成的時代約在商朝中後期，另外據卦爻辭中的歷史人物及事件，可推知其下限不會晚於西周初期，這就說明了卦爻辭形成的時間在商朝中後期至西周初期這段時期。

《周易》是由「符號」與「文字」兩種要素共同組成而成。從符號的看法，《周易》所呈現的是陰與陽的兩種卦畫，以及陰陽爻重疊而成的八卦，進而是八卦相互重疊成的六十四卦。

卦、爻辭是《周易》的主要內容所在，至於敘事之辭說明或記載占事過程，是後來加工的文字，既經過加工手續，比起論斷吉凶之卜辭，更具有文學性，可讀性也較高。[35]故朱伯崑說：

> 卦辭和爻辭是《易經》的主要內容，它是用來表示所占問的事情吉凶與否的，表達占筮的結果。卦、爻辭可分為兩大類，一類是判斷吉凶的斷語，我們稱為「占辭」，比如吉、凶、利、不利等等。另一類是敘事之辭，即敘述所問卜的事以及對此作的回答，它來自占筮事例的記載，經過加工而成。有些加工具有文學色彩。有的句子同《詩經》某些詩歌風格有相似之處。[36]

35 何柏崧：《《周易》變革管理思想之應用探討》（桃園縣：銘傳大學應用中國文學系碩士論文，2007年），頁60-64。

36 朱伯崑：《燕園耕耘錄——朱伯崑學術論集》（臺北市：臺灣學生書局，2001年），下冊，頁612。

《周易》文王之重卦及作卦爻辭，原是為「以神道設教」[37]，因當時社會是神道思想時代。文王後又五百餘年，至孔子時，人智大開，是為人道思想時代之來臨，孔子「述而不作」，即不變更卦爻辭的吉、凶、悔、吝之斷，而透過理智，從哲學的立場去作解說。為易學建立起以「人道」為重心的思想體系，史稱為「孔子贊易」。到了漢代，時代思想變了，它便以象數易的面貌出現；到了宋代，它再以《太極圖》、《河圖》、《洛書》的面貌出現。而這些變化，萬變不離其宗，都不影響《周易》的哲學原貌，就因為它具有變通之能事。

二　《易傳》

「易傳」一語，最初見於《戰國策》：「是故《易傳》不云乎：『居上位，未得其實，以喜其為名者，必以驕奢為行。據慢驕奢，則凶從之。[38]』」《易傳》的形成正好處在由殷商至西周春秋戰國演變的過程中，經歷著一種由神性思維向理性思維的除魅過程。自周滅商後，周朝統治者意識到必須從理論上證明其政權的合理性。統治者找到的依據就是「德」[39]，認為商

---

37 〔宋〕朱熹：《周易本義》（臺北市：大安出版社，1999年），〈觀卦・象〉，頁98。

38 〔漢〕劉向：《戰國策》（上海市：上海古籍出版社，1985年），上冊，卷十一，〈齊策四〉，頁409-410。

39 「德」在《易經》中不僅只出現五次，而且只有一處的「德」是「美德」之意，即〈恆・九三〉：「不恆其三德，或承之羞」。其他四處「德」與我們現在理解的「德」意迥然不同，如「食舊德」（〈訟・六三〉）中「德」的含意為「俸祿」。可見，在《易經》中，「德」之意識還處於萌芽狀態。然而，「德」在《易傳》中共出現七十三次，「德」之內容較《易經》豐富，並且絕大多數「德」的含意是指人內心的修養和向外的施惠行為，代表著仁與美，《易傳》中的「德」性思想，主要表現為提出一

朝作為大國之所以滅亡是因為「失德」，而不是天命，「皇天無親，惟德是輔」[40]，由於商紂「不敬厥德」[41]、「俾暴虐于百姓」[42]，從而武王「恭行天之罰」[43]，故商朝滅亡。西周統治者就把「德」的觀念引入到了社會政治與法制領域，成為當時的主流社會意識形態。西周德治思想，被春秋時期孔、孟為代表的儒家所繼承，提出以德治、仁政反對專制，對中國古代社會秩序產生了重大影響。[44]彭戰果認為：「《易傳》對《易經》的轉換，是從占筮歸向道德的。[45]」所以，似乎不能簡單地把《易傳》歸結為對《易經》的文字解釋，而是有其歷史背景的。

由上可知，《易傳》的產生不可能脫離社會政治的影響，對事物之評價無法擺脫當時社會意識形態的制約。所以，《易傳》正是作者在那個時代順應社會意識形態，對《周易》進行理性重建的結果。

卦爻辭經過《易傳》解說以後，人們的注意力由吉凶來自

系列為「德」標準，作為標竿備供世人效仿；提出「進德修業」的具體要求。以上參自魏清光：〈《易傳》對《易經》的理性重建及原因分析〉，《泰山學院學報》第32卷第2期（2010年3月），頁11。

40　〔漢〕孔安國傳，〔唐〕孔穎達等正義：《尚書正義》，卷第十七，〈周書·蔡仲之命〉，見於《十三經注疏》第1冊（臺北縣：藝文印書館，1989年），頁254。

41　〔漢〕孔安國傳，〔唐〕孔穎達等正義：《尚書正義》，卷第十五，〈周書·召誥〉，頁222。

42　〔漢〕孔安國傳，〔唐〕孔穎達等正義：《尚書正義》，卷第十一，〈周書·牧誓〉，頁159。

43　〔漢〕孔安國傳，〔唐〕孔穎達等正義：《尚書正義》，卷第七，〈夏書·甘誓〉，頁98。

44　參自魏清光：〈《易傳》對《易經》的理性重建及原因分析〉，《泰山學院學報》第32卷第2期（2010年3月），頁11。

45　彭戰果：〈從《易傳》「神」對「陰陽」的超越看其德性領域開啟的必然性〉，《周易研究》（2008年1月），頁13。

神示上，自然轉到理論判斷上，《易傳》將《易》道落實到人生社會上，推展出各種相對應的關係，由天地萬物自然化生的規律，進而運用於人類社會的法則，建立了博大精微的天人哲學思想體系，從此《周易》一書不再是「卜筮之書」，而成為以後兩千餘年來中華思想的最高指導原則。所以，《易傳》的價值，並不在於其承繼多少《周易》經文的內涵；而是其在承繼當中，產生了多少創造意義，才是價值所在。誠如《易傳》說的，「富有之謂大業，日新之謂盛德。[46]」即是「物無不備，故曰富有；變化不息，故曰日新。[47]」意義的創新，變化無窮，皆是《易傳》作者的詮釋之功，創義之能，其主要的價值就在此。

（一）《易傳》的作者

由於與《周易》的時代和作者，跨越一千九百多年，其材料是複雜的，有占卜之數，有哲學思想，並有社會生活的記載和歷史現象的呈現。思想內容龐雜，不僅以儒家的思想為主，並兼含有道家、陰陽家等各家觀念，足以驗證《易傳》並不是一時一地一人之作。〈乾・文言〉記有「子曰」者凡六條，〈繫辭傳〉記有「子曰」者凡二十四條，所以〈文言傳〉、〈繫辭傳〉不應為孔丘自著，至於〈彖傳〉、〈象傳〉、〈說卦傳〉、〈序卦傳〉、〈雜卦傳〉五篇當中，雖無「子曰」字樣，然可以斷言非孔丘所作[48]，幾乎成為定論。近人並且認為《易傳》各篇非

46 〔宋〕朱熹：《周易本義》（臺北市：大安出版社，1999年），頁238。
47 〔唐〕李鼎祚：《周易集解》（臺北市：臺灣商務印書館，1996年），卷十三，頁321。
48 參見高亨：《周易大傳今注》（濟南市：齊魯書社，2006年），頁5。

出於一時一人之手，乃戰國以來陸續形成的解《易》作品。[49]
雖然「十翼」並非孔子所作[50]，然孔子確曾讀過《易》，並以
《易》教授弟子。[51]《易傳》作者與著作年代雖然無法有肯定
的答案，但就文獻資料可知，《易傳》是戰國中、晚期儒者們
在接受了各種諸子學說後，融會吸收各家思想精要，陸續撰寫
出來闡釋《易》義理的篇章。[52]但因《易傳》自戰國流傳至

---

49 朱伯崑：《易學哲學史》（北京市：昆侖出版社，2005年），頁47。

50 自漢以降，易學家皆以十翼作者為孔子，至〔宋〕歐陽修，始提出疑問，謂十翼非
盡出於孔子之手，歐陽修在〈易童子問〉中說：「童子問曰：繫辭非聖人之作乎？
曰：何獨繫辭焉，文言、說卦以下，皆非聖人之作，而眾說淆亂，亦非一人之言
也。」他並舉出〈繫辭傳〉中認為是「繁衍叢脞之言」作證。於是自歐陽修以後，
十翼作者的問題成了易學家熱烈討論的問題之一，雖各家見仁見智，意見不一，大
體上均同意歐陽修之說，即象、彖二傳為孔子作，其他則出於孔子之後。歐陽修所
提出的是十翼之文字，至於十翼之思想則無疑均發於孔子。以上參自高懷民：《先秦
易學史》（臺北市：臺灣商務印書館，1975年），頁239。

51 可見於下列三書記載：《論語·述而篇》：「加我數年，五十以學易，可以無大過
矣。」〔魏〕何晏等注，〔宋〕邢昺疏，《論語注疏》，見於《十三經注疏》（臺北縣：
藝文印書館，1989年），第8冊，卷第七，〈述而第七〉，頁62。《史記》亦曰：「孔
子……讀《易》，韋編三絕。」、「孔子傳易於瞿，瞿傳楚人馯臂子弘，弘傳江東人矯
子庸疵，疵傳燕人周子家豎，豎傳淳于人光子乘羽，羽傳齊人田子莊何，何傳東武
人王子中同，同傳菑川人楊何。何元朔中以治《易》為漢中大夫。」見於〔漢〕司
馬遷：《史記》（臺北市：河洛圖書出版社，1979年），下冊，卷四十七，〈孔子世家
第十七〉，頁1219及卷六十七，〈孔子弟子列傳第七〉，頁1370。《漢書》又云：「自魯
商瞿子木受《易》孔子，以授魯橋庇子庸。子庸授江東馯臂子弓。子弓授燕周醜子
家。子家授東武孫虞子乘。子乘授齊田何子裝。及秦禁學，易為筮卜之書，獨不
禁，故傳受者不絕也。漢興，田何以齊田徙杜陵，號杜田生，授東武王同子中、雒
陽周王孫、丁寬、齊服生，皆著《易傳》數篇。同授淄川楊何，字叔元，元光中徵
為太中大夫。齊即墨成，至城陽相。廣川孟但，為太子門大夫。魯周霸、莒衡胡、
臨淄主父偃，皆以《易》至大官。要言《易》者本之田何。」見於〔漢〕班固撰，
〔唐〕顏師古注：《漢書》（北京市：中華書局，1997年），卷八十八，〈儒林傳第五
十八〉，頁3597。

52 學界亦有主張《易傳》非儒家而是道家之書，此說以臺灣大學哲學系教授陳鼓應為

今，成為輔翼經說最重要的參考，與經文合刊並行傳世，在中
國哲學史上的價值足以永垂不朽。

　　《易傳》附經的經傳合編本《易經》在漢代出現之後，
《易傳》的重要性更加確立。後代學者多依此本研讀，故歷代
易學的發展，亦深受《易傳》的影響。《易傳》作者所代表的
戰國中後期易學家，以「天下同歸而殊塗，一致而百慮」為宗
旨，懷著強烈的超越意識和包容精神，站在一個更高的層次
上，試圖把道、儒、墨、名、法、陰陽諸家思想的合理內核和
有益成分全部吸收過來，然後再進行加工、整合、消化，建構
起自己的思想體系，從而高於百家、超越百家，形成了一個承
前啟後，與九流十家比肩而立甚至超邁其上的、具有獨特風格
的思想流派。[53]

（二）十翼

　　「易傳」一詞本為解《易》之作的概稱，但有狹義和廣義
的區別：大約在戰國中晚期、至晚到西漢前期，「易傳」狹義
上僅指今本十翼；同時「易傳」作為解易之作的一種泛稱，依
然在廣義上為後世所用。不過，由於漢以後經傳合編，後世解
《易》的「易傳」，不僅僅是對《周易》的解說，實際也包括
了對十翼的解說。[54]《易傳》則指闡發引申《周易》的經典論

代表，詳參陳氏著：《易傳與道家思想》（北京市：商務印書館，2007年）。然反對亦
　甚眾，例如：顏國明教授著有《易傳與儒道關係論衡》（臺北市：里仁書局，2006年
　3月）即力駁其說。簡言之，今學界向仍從舊說，以《易傳》為儒家書。
53 張濤：〈秦代易學思想探微〉，《漢學研究》第18卷第2期（2000年12月），頁50。
54 王汐朋：〈周易、易經書名辨正〉，《福建論壇》（人文社會科學版）第9期（2011
　年），頁59。

說。茲將十翼各傳內容概述如下：

1 〈繫辭傳〉(上下)

《史記》有言：「《易大傳》：天下一致而百慮，同歸而殊途。[55]」史公所引《易大傳》之文，即為〈繫辭傳〉，故後人又稱之為《易大傳》。〈繫辭傳〉乃泛論《易》道，即今日所謂的「概論」，屬於《易經》總論，主要闡述《易》構成、涵義與象徵模式、卦象形成模式以及作用、性質等方面的問題，是把握《易》的橋樑。內容論及《周易》作者、成書年代、觀物取象的方法，並解釋八卦之象，展示《易》筮略例。其中甚為珍貴者，是〈繫辭傳〉中述及許多有助《易》理研究的資料，如演著的方法、一些名詞的特定義解釋，以及易學史方面的記載等等。

2 〈彖傳〉(上下)

隨《易經》上、下經而分為上下兩篇，每卦一則，分別解釋六十四卦的卦名、卦辭與全卦大旨。〈繫辭傳〉云：「彖者，材也。[56]」通「裁」，即裁決、論斷八卦的基本思想。重點言時、位，尤喜言時，盈虛、消長、終始、往復，皆屬時之性。[57]〈彖傳〉的整個思想在於引天道落入人道，使天人貫通成一體系。

---

55 〔漢〕司馬遷：《史記》(臺北市：河洛圖書出版社，1979年)，卷一百三十，〈太史公自序第七十〉，下冊，頁1976。

56 〔宋〕朱熹：《周易本義》(臺北市：大安出版社，1999年)，頁255。

57 楊慧傑：《天人關係論》(臺北市：水牛出版社，1989年)，頁177。

3 〈象傳〉（上下）

主要是對卦和爻的「象」之含義的解釋，來論述一卦的卦理、卦義。〈象傳〉多半屬於道德教誨為主，而這些道德教誨乃由卦、爻象所啟發，重視對符號本身的象徵意味的發掘與引申，強調卦象本身一個系統的運動過程。〈象傳〉又分為兩大類，其中解釋全卦之象的稱為〈大象傳〉，每卦一則，共六十四則。〈大象傳〉與〈象傳〉同為解釋全卦，〈象傳〉重辭義，發揮義理廣遠，〈大象傳〉只言象，指向單純；〈小象傳〉解釋爻象的稱為，每爻一則，加上乾、坤二卦之「用九」與「用六」，共三百八十六則。

4 〈文言傳〉

分為前後兩節，「文言」的含義是「文之以言」，乃孔子特別在〈彖〉、〈象〉二傳之外對乾、坤二卦的卦爻辭與意旨所作的之解說，故解〈乾〉者曰〈乾·文言〉，解〈坤〉者曰〈坤·文言〉。〈文言傳〉解經，明象之言少，明德之言多，且文義契入人事之常規，尤重於闡發君子進退出處之道，為後世者所重視。

5 〈說卦傳〉

闡述卦的構成原理並引申發揮卦之象徵意蘊的論說。其解說卦象卦圖排列及象之衍生兩方面，對後來漢宋易學有著極大的影響。

6 〈序卦傳〉

解釋說明貫串六十四卦之理由，主要解說六十四卦的編排順序，揭示各卦間相承的意義，固不可視為文王之本意，只能視為〈序卦傳〉作者之見。內容複雜，但對易學研究而言卻非常重要，尤其是卦圖排列及象之衍生兩方面。其思想內容表現在「生生之義」、「天人之應」及表現《易》道「往復」、「盈虛」之義三方面。

7 〈雜卦傳〉

〈雜卦傳〉不依〈序卦傳〉的順序，而將六十四卦分成三十二組兩兩相對的形式，以極為簡括的文字說明各卦卦義。即以〈乾〉與〈坤〉、〈屯〉與〈蒙〉、〈需〉與〈訟〉兩兩一組看，則卦序之排列為以反對及相對為義。

在《易傳》定型後，後世的解《易》著作不少仍以「易傳」為名，如《漢書・藝文志》所載「《易傳周氏》兩篇」[58]，即周王孫的解《易》之作。宋代程頤、楊萬里亦皆以「易傳」為其書名，即後世所謂《伊川易傳》、《誠齋易傳》。廣義來說，「易傳」一詞為解易之作的概稱。由於《易經》的文字簡略，並且大多為筮辭的堆砌，多數卦的卦爻辭之間缺乏邏輯關係，經過「十翼」有系統的詮釋，才形成《易》的哲學體系。從《易傳》開始，便存在著取象說和取義說的對偶。

---

58 〔漢〕班固撰，〔唐〕顏師古注：《漢書》（臺北市：中華書局，1960年），卷三十，〈藝文志第十〉，頁1703、1704。

三　《易經》

　　「易經」一語，先秦尚未出現。雖然《周易》至晚在戰國晚期也被尊稱為「經」，如《莊子・天運》曰：「丘治《詩》、《書》、禮》、《樂》、《易》、《春秋》六經，自以為久矣，孰知其故矣。[59]」唐代孔穎達指出：「《禮記・經解》云：『潔靜、精微，《易》教也。』既在〈經解〉之篇，是《易》有稱『經』之理。[60]」不過，將《周易》稱為「經」未必意味著就可名之為「易經」，因為先秦文獻中從不見二字連用的情況。即使有「易經」這一稱謂（這只是後人的推測），確切的書寫表達也應是「《易》經」，《易》為《周易》的簡稱而已。[61]但現代世俗常有以《易經》來統稱《周易》之經與傳，較為大眾所接受。故本書為順應一般世俗慣稱及為研究辨義之所需，以《周易》來稱《易》之本經，以《易經》為《周易》本經及《易傳》之合稱。

　　《易經》發展到「經」、「傳」文字規模，約兩萬四千餘言，內容令後世發揮無限想像，賦予無窮詮釋空間。民國之前，《易經》發展大抵可以義理與象數兩者來概括；民國之後，《易經》應用與詮釋上也有新穎的發展。在詮釋上，利用

---

59 〔晉〕郭象注：《莊子》（臺北縣：藝文印書館，2000年12月），第五卷，〈外篇・天運〉，頁298。

60 〔魏〕王弼、韓康伯注，〔唐〕孔穎達等正義：《周易正義》，見於《十三經注疏》第1冊（臺北縣：藝文印書館，1989年），頁845。

61 王汐朋：〈周易、易經書名辨正〉，《福建論壇》（人文社會科學版）第9期（2011年），頁58。

出土文獻對《易經》重新考證，賦予新生命。[62]《易經》思想
具有開放性特徵，有著極大的誘惑力，這給後人盡情發揮想像
力進行理性重建提供了機會。

第三節　《易經》的領導屬性

一　《易經》是古代政治家的領導智慧寶典

遠古社會以國家政府治理，以大夫官僚系統襄助「天子、
國君」領導，而領導之良窳，關乎國運之興衰、左右民生之榮
枯，不可不慎。故自古皆有對於帝王領導之闡發，而《易經》
為群經之首，中華文化之源，其經傳對內聖外王之闡發，實寓
深意，可說是中華文化淵流脈絡中東方領導思想之濫觴。

事實上《易經》雖為中國古老的典籍，但卻博大精深，包
容萬象。尤其在中國漫長的歷史發展中，《易經》隨著政治的
變遷，及其理論對社會的需求，其性質也有所不同。

《易經》的產生源於筮占之法，卦象為揲蓍的結果，卦爻
辭則是占筮問卜的記錄。自古帝王無不借助於占卜，並以占卜
的結果決定其軍事上或施政上決策之重要參考。另外，從《詩
經》中也可看出周代的各帝王也諳好占卜，如〈大雅・緜〉描
寫古公亶父卜居周原的史詩：

周原膴膴，堇荼如飴。爰始爰謀，爰契我龜；曰止曰

---

62 何柏崧：《《周易》變革管理思想之應用探討》（桃園縣：銘傳大學應用中國文學系碩
士論文，2007年），頁2。

時，築室于茲。[63]

另外，古代帝王因相信巫術，而對占卜產生信賴。《尚書》中也有記述周武王生病，周公於武王病重時，卜問代替武王去死之事：

> 既克商二年，王有疾，弗豫。二公曰：「我其為王穆卜？」周公曰：「未可以戚我先王。」公乃自以為功，為三壇同墠。為壇於南方北面，周公立焉。植璧秉珪，乃告大王、王季、文王。……今我即命于元龜，爾之許我，我其以璧與珪，歸俟爾命；爾不許我，我乃屏璧與珪。[64]

這些記載說明了殷周時的最高統治者，皆相信並善用占卜之道。[65]不可否認，《易經》的卦象、卦爻辭創成之後，其最突出的應用便是占筮，從《周禮》稱「太卜掌三易之法」，以及《左傳》、《國語》所載春秋時代以《易》占筮的例子中，足以驗證此一事實。經過春秋戰國時代思想的大變革，當時的帝王諸侯無不深信占卜之道，在《左傳》中就有十九處記載有關卜筮之事[66]：

---

63 〔漢〕毛亨傳、鄭玄箋，〔唐〕孔穎達疏：《毛詩正義》，見於《十三經注疏》（臺北縣：藝文印書館，1989年），第2冊，卷第十六，〈大雅·緜〉，頁547。

64 〔漢〕孔安國傳，〔唐〕孔穎達等正義：《尚書正義》，見於《十三經注疏》（臺北縣：藝文印書館，1989年），第1冊，卷第十三，〈周書·金縢〉，頁185-186。

65 參自楊慶中：《周易經傳研究》（北京市：商務印書館，2005年），頁125。

66 引自陳郁璵：《《周易》管理思維向度及其應用之研究》（高雄市：國立高雄師範大學中文回流碩士班碩士論文，2006年），頁37。

表1-2 《左傳》中記載有關卜筮一覽表

發生時間	占筮或引證		本卦	之卦	記載以《易經》占者
莊公二十二年	占筮		觀	否	○
閔公元年	占筮		屯	比	
閔公二年	占筮		大有	乾	
僖公十五年	占筮		蠱		
僖公十五年	占筮		歸妹	睽	
僖公二十五年	占筮		大有	睽	
宣公六年		引證	豐	離	○
宣公十二年		引證	師	臨	○
成公十六年	占筮		復		
襄公九年	占筮		艮	隨	○
襄公二十五年	占筮		困	大過	
襄公二十八年		引證	復	頤	○
昭公元年		引證	蠱		○
昭公五年	占筮		明夷	謙	○
昭公七年	占筮		屯	比	○
昭公十二年	占筮		坤	比	
昭公二十九年		引證	乾、坤	姤、夬同人、大有、坤、剝	○
昭公三十二年		引證	大壯		○
哀公九年	占筮		泰	需	○

由上可知，春秋時期，當各國國君在遇到大事或尋求解決之道時，雖然脫離不了占筮的行為，以決斷國家的大事，然而，當時卜筮結果的占斷，又無不依據卦象以推演《易》理。

以此論之，事實上影響人們思想、左右人們行動的關鍵因素是筮書所表露的哲學內涵，並不是占筮本身。而且，春秋戰國時期也是我國文化發展史上百家爭鳴的黃金時代，尤其各國史官及孔子等諸子各家的研究，使得原始的宗教崇拜與迷信的占筮行為，有了較為理性的詮釋及發展，其字裡行間蘊含豐富的領導哲學，除了能示人吉凶，並能提醒勸戒君王以德為政，強調了人謀的領導作為。於是理性文化開始脫離卜筮文化，且取得主導的地位，也為《易經》思想提供了廣闊的發展空間。[67]因此，與其說《易經》是一部占筮讖文的編纂集，不如說其內容充滿對現實世界中諸多事理的探求，並且普遍地反映在卦爻辭中[68]，其運用筮術占斷吉凶，在表面上雖是聽命於天地鬼神，實質上卻是（當時）知識份子為智識匱乏的人民所做的理性裁斷，而不是盲目信仰。[69]《易經》中蘊藏著豐富的智慧，領導者懂得它、掌握它，才能在事物發展的過程中，操有主動權。

可見，《易經》哲學思想自古即成為一部涵蓋社會政治領導思維的智慧寶典。即便是二十一世紀的今日，其所蘊含的領導智慧，仍對現代領導者產生一定的作用及影響。[70]這也是本

---

67 參自張濤：〈秦代易學思想探微〉，《漢學研究》第18卷第2期（2000年12月），頁51。
68 參自顧文炳：《易道新論》（上海市：上海社會科學院出版社），1996年，頁3。
69 參自高懷民：《偉大的孕育》（臺北市：高懷民自印，1999年），頁58。
70 參自陳郁環：《《周易》管理思維向度及其應用之研究》（高雄市：國立高雄師範大學中文回流碩士班碩士論文，2006年），頁47。

書之所以擇取《易經》這部經典來探究學校領導之重要原因
之一。

二　《易經》中成功領導者的養成階段——乾卦六階段

在六十四卦中，乾坤二卦是入門，是基本。特別是
「乾」，代表了事物發生發展的過程。[71]《周易本義》:「六畫
者，伏羲所畫之卦也。奇也，陽之數也……此卦六畫皆奇，上
下皆乾，則陽之純而健之至也。故乾之名，天之象，皆不易
焉。[72]」乾卦為《易經》中的第一卦，乾上乾下，六爻皆由陽
爻所構成:

上九	亢龍有悔
九五	飛龍在天，利見大人
九四	或躍在淵，無咎
九三	君子終日乾乾，夕惕若，厲無咎
九二	見龍在田，利見大人
初九	潛龍勿用

71 鍾祖榮:〈《易經》乾卦的過程思想與教師發展階段理論〉，《北京教育學院學報》第
　25卷第3期（2011年6月），頁23。
72 〔宋〕朱熹:《周易本義》（臺北市:大安出版社，1999年），頁27。

　　《易經》乾卦以「龍」來詮釋該卦，六爻中的龍因為不同的時機而各有不同形態變化，意謂領導者能屈能伸，懂得應變之道，在不同的時機要有不同的作為。意即乾卦以不同的時、位、態勢，來表現天道與人事的變化。《易緯乾鑿度》中對六爻的解釋就呈現了這樣的梯度：

　　　　故易始於乙，分於二，通於三，革於四，盛於五，終於上。初為元士，二為大夫，三為三公，四為諸侯，五為天子，上為宗廟。[73]

在領導過程中所遇困境及該有所警惕者與乾卦的六爻之階段有許多相似之處。其六爻爻辭及〈象傳〉內容是也可視為成為一位成功領導者的養成階段：

　　　　〈乾・初九〉：「潛龍，勿用。[74]」
　　　　〈象傳〉：「潛龍勿用，陽在下也。[75]」

龍能飛能潛，如同陽氣於天地之間有升降。〈文言傳〉曰：「初九潛龍勿用，何謂也？子曰：『龍德而隱者也。不易乎世，不成乎名，遯世无悶，不見是而无悶，樂則行之，憂則違之，確乎其不可拔，潛龍也。[76]』」潛而隱，屬於積蓄力量階段，象徵

73　〔漢〕鄭康成注：《易緯乾鑿度》，卷上，頁10。見於嚴一萍選輯：《百部叢書集成》（臺北縣：藝文印書館，1965年）。

74　〔宋〕朱熹：《周易本義》（臺北市：大安出版社，1999年），頁27。

75　〔宋〕朱熹：《周易本義》（臺北市：大安出版社，1999年），頁31。

76　〔宋〕朱熹：《周易本義》（臺北市：大安出版社，1999年），頁32。

著一個人還處於充實提高尚未被承認注意的人生階段。在能力
有限、客觀環境不具備的情況下，要耐得住寂寞，沉得住氣。
君子觀此象，應隱忍待機，不妄動。所以，領導者初到新環境
還處於潛伏狀態，不可能有大的作為和作用。

〈乾・九二〉：「見龍在田，利見大人。[77]」
〈象傳〉：「見龍在田，德施普也。[78]」

〈繫辭下傳〉：「二與四，同功而異位，其善不同。二多譽，
四多懼，近也。柔之為道，不利遠者，其要无咎，其用柔中
也。[79]」九二為陽爻，若推行政事僅以獨斷而一味噪進，不顧
現實狀況，則必遭反彈；二位本為陰位，以陽爻居之本不當
位，陰位又有柔順的特性，施德於世若一味僅以柔順，人云亦
云，則無以致遠而流於鄉愿，但是二位又為中位，故施德之人
不僅有德且懂得柔順之道、查納雅言、虛心受教，以求切時合
中。以陽德為體，而順行德政上又順天合時，自然利益天下，
〈文言傳〉：「庸言之信，庸行之謹；閑邪存其誠，善世而不
伐，德博而化。[80]」即言領導者在第二階段要成就自己的事
業。即為了建立、鞏固和擴充政權範圍，必須尋求能夠志同道
合並能幫助自己的人，才能確實掌握組織內外訊息，並行中庸
之道。

77　〔宋〕朱熹：《周易本義》（臺北市：大安出版社，1999年），頁27。
78　〔宋〕朱熹：《周易本義》（臺北市：大安出版社，1999年），頁31。
79　〔宋〕朱熹：《周易本義》（臺北市：大安出版社，1999年），頁262-263。
80　〔宋〕朱熹：《周易本義》（臺北市：大安出版社，1999年），頁34。

〈乾・九三〉：「君子終日乾乾，夕惕若，厲，无咎。[81]」
〈象傳〉：「終日乾乾，反覆道也。[82]」

《周易本義》：「九，陽爻。三，陽位。重剛不中，居下之上，乃危地也。然性體剛健，有能乾乾惕厲之象，故其占如此。君子，指占者而言。言能憂懼如是，則雖處危地而無咎也。[83]」朱熹之注明顯的從爻位揭示了本爻意蘊，九三為陽爻，三為陽位，以陽爻居於陽位，故曰重剛不中、其性剛健有能；三爻位於下卦的最上一爻，所以言居上之下；而「三多凶」，所以說居於危地。處在這種不中不和的位置，過於高調，實力不濟，容易受到猜忌、打擊；太過沉潛，則聰明才智又無法發揮作用，所以居九三之位，一方面要努力不息，一方面又必須沉默觀望不敢大意。所以校長處於此階段時，除了勤於工作之外，還須修身自持，進德修業，〈文言傳〉：「君子終日乾乾，夕惕若，厲无咎，何謂也？子曰：『君子進德修業……是故居上位而不驕，在下位而不憂，故乾乾因其時而惕，雖危无咎矣。[84]」時時以己身危殆的處境為己惕，勤於公事雖需健壯有能，然而避免行為過度陽剛獨斷，驕矜自滿，則更需修身自持，方能遠禍。

〈乾・九四〉：「或躍在淵，无咎。[85]」

81　〔宋〕朱熹：《周易本義》（臺北市：大安出版社，1999年），頁29。
82　〔宋〕朱熹：《周易本義》（臺北市：大安出版社，1999年），頁31。
83　〔宋〕朱熹：《周易本義》（臺北市：大安出版社，1999年），頁29。
84　〔宋〕朱熹：《周易本義》（臺北市：大安出版社，1999年），頁34。
85　〔宋〕朱熹：《周易本義》（臺北市：大安出版社，1999年），頁29。

〈象傳〉:「或躍在淵,進无咎也。[86]」

〈文言傳〉云:「或躍在淵,乾道乃革。[87]」革即為革除、革新
之義。這一爻說明,龍已經到了躍躍欲試的地步,只要有好的
機會,就可以進一步發展自己。領導者開始進行各項改革實驗,
形成自己的思想、風格,通過這個階段,有的領導者在組織中
充分顯露出自己的經驗和思想,成為組織成員信任的對象;而
有的沒有顯露出來,則仍然「在淵」,繼續其「終日乾乾」。

〈乾・九五〉:「飛龍在天,利見大人。[88]」
〈象傳〉:「飛龍在天,大人造也。[89]」

〈文言傳〉亦曰:「飛龍在天,上治也。[90]」歷代易學家多以堯
舜之治的意象來比擬此爻。此階段是領導者帶領組織真正開展
組織變革創新和實驗的過程,是形成思想、風格並總結出來的
時期。所以更應當禮賢下士,謙虛自我克制。以誠信溝通上
下,以威信確保秩序,順應自然,以善意與人和同,滿而不
溢,才能使人心悅誠服,獲得成功。[91]不宜貪多無厭,必須適
可而止,蓄積過度豐盛,因滿招損,反而兇險。

---

86 〔宋〕朱熹:《周易本義》(臺北市:大安出版社,1999年),頁31。
87 〔宋〕朱熹:《周易本義》(臺北市:大安出版社,1999年),頁36。
88 〔宋〕朱熹:《周易本義》(臺北市:大安出版社,1999年),頁29。
89 〔宋〕朱熹:《周易本義》(臺北市:大安出版社,1999年),頁31-32。
90 〔宋〕朱熹:《周易本義》(臺北市:大安出版社,1999年),頁35。
91 范愛理:〈憂患人生的指路明燈——乾卦的人生哲理解讀〉,《傳承》第4期(2008
年),頁90。

〈乾‧上九〉:「亢龍有悔。[92]」

〈象傳〉:「亢龍有悔,盈不可久也。[93]」

《周易本義》云:「亢者,過於上而不能下之意也,陽極於上,動必有悔。[94]」亢為「高」之義。九五以陽爻居中又居於陽位,已是陽氣之極,陽氣盈滿,上九以陽爻居陰位,亦即戒其以陰柔為用,故〈文言傳〉:「亢龍有悔,與時偕極。[95]」爻辭即明言「有悔」,旨在深戒之意。此階段的領導者正因他們的影響力極為強大,所以更要十分謹慎,更可貴的是心存敬畏,所以處事不能有傲氣、霸氣,只有這樣才能保持其地位和影響,否則就會有懊悔。

同理,領導者在決策時,亦可循著乾卦六階段思考:如處在初爻時,應探討問題的所在,不要急於行動。在九二爻時,應會見一些賢能之人,以查考問題發生的因素。在九三爻時,在假設問題發生的當時,應謹慎處理,在九三至九四爻之間,應有一段審查,然後才決定假設一些解決的步驟。在九四爻時,應可試行一些解決的步驟。在九五爻時,已掌握天時、地利、人和,這個時候,任何問題都可迎刃而解,也可看到效果。在上九爻時,任何解決方法已立竿見影,這時就要注意防止做得太過分,時刻反省並檢討自己的所作所為,以免事情不

92　〔宋〕朱熹:《周易本義》(臺北市:大安出版社,1999年),頁30。

93　〔宋〕朱熹:《周易本義》(臺北市:大安出版社,1999年),頁32。

94　〔宋〕朱熹:《周易本義》(臺北市:大安出版社,1999年),頁30。

95　〔宋〕朱熹:《周易本義》(臺北市:大安出版社,1999年),頁36。

會向反面轉化。[96] 依此乾卦六爻六階段領導思維方式，可提供領導者清楚所在情境而行變通之領導策略。

第四節　人們日用《易經》而不知

　　《易經》在中華文化走過五千年之後，經過歷史時空的轉換之後，其所展現的智慧魅力不但沒有銳減，反而繼續不斷地擴大與延伸。高懷民（1928-2009）將《易經》之所以能道貫古今、理通中外，表現出不受時空限制的特性之原因歸結為二：一方面，易學是一門開放性的哲學，並不自設思想上的藩籬，凡人智所及的一切理、事、物間無不含納；另一方面，易學儘管形式外貌為應合時代而變化，但哲學思想本質不曾受影響，換言之，易學本身具有因時空而變通制宜的本領，成為一門不落伍的哲學。[97]所以，如能將《易經》思維應用到學校領導上，必能增進校長的領導效能。

一　《易經》思維方式已深植在人們生活中

　　作為一部古老的典籍，《易經》哲學思想在中華史上地位之重要性，以及它對傳統文化影響之廣且深，是人們普遍承認且無可置疑的歷史事實，也是世界歷史上少見的。《周易》古經

96　參自沈樹圭：〈從天地人看易經之現代實用價值〉，《國際易學大會台北年會論文集》（臺北市：社團法人中華國易經學會編印，2011年），頁260。

97　高懷民：《大易哲學論》（臺北市：成文出版社，1988年），頁15-17。

和《易傳》所使用的思維模式[98]是中華民族思想的發源地。與先秦其他文化典藉最大的不同之處，在於它別具一格的思維方式。[99]林文欽在《周易時義研究》一書中指出：

> 所謂思維，即指人類認識和反映客觀世界的方法和途徑，是聯結主體與客體的橋樑與工具。而所謂思維方式，是指人類思維的一般歷程，是一個不斷從具體到抽象，由抽象到具體的循環往復過程中，接收、反應、思考外界信息中所形成的思維慣性定勢，即人們在運用語言文字或符號作思考時所表現出來的形態與方式。在不同自然與社會環境、條件中成長的人，因歷經長期文化的積澱，會很自然形成各具民族特色而不同典型的思維方式，自覺或不自覺地運用的種種思想模式。而思維方式一經積澱成型，便具有相當穩定的文化功能，就決定民族傳統文化的特質，影響著整個民族文化價值取向，及民族精神與性格，因此，思維方式最能反映民傳統文

---

[98] 在中華起始時期，先哲們的思維模式是典型的東方式的，即不重抽象而重整體。用今天科學思維的模式語言來講，即不重概念、推理、演繹，而重視事物之間的神秘的、不可言說的「內在聯繫」，在思維特點上，多用一種類比性推理。在先哲看來，天地萬物都存在著某種神秘的內在聯繫，且這種聯繫的總根源在於天，故有「人法地，地法天，天法自然」的說法，而《易》道不在於揭示那些依靠一般的因果關係就能指明的道理，而在於以「取象」象徵的方式去接近事物間不可言說的「內在聯繫」。故而《易》之取象以天地陰陽為其基本事物，通過對其性質、特點、結構或運動的方式，變化中的格局等因素的領悟來指導人生的態度和所取的價值。參自陳洪波：〈《周易》的思維方式與哲學思想〉，《湖北第二師範學院學報》第26卷第11期（2009年11月），頁2。

[99] 劉玉平：《易學思維與人生價值論》（濟南市：齊魯書社，2006年），頁145。

化的特質。在中華傳統中，具有非常深遠的而善於辯證
思維的傳統，若溯其源，當首推《周易》。在《周易》
中，可以看出中華民族思維發展方式與特質。[100]

可知，思維，是指人的思維方式，是具有哲學意義上的主體思
維方式，是一種長久穩定而普遍起作用的思維習慣。某種思維
方式一旦在人群中形成固定的、主流的思維習慣和框架，成為
人們的主體思維結構。而《易經》偉大的思維方式歷經各朝代
學者不斷地予以整理、解釋，從觀察自然界之哲理及現象，將
之引申、推論至人事，無論是帝王治國之術或是百姓文化思
維，莫不存在《易》道縮影。張其成說：

> 《周易》構成中華文化最穩定、最本質的內核，體現了
> 中華文化的面貌、特色和趨向，決定著中華民族特有的
> 生活方式、價值觀念、倫理道德、審美意識及風俗習
> 慣。它不僅在本體論、方法論上給人以指導，而且在行
> 為方式上給人以啟迪；不僅滲透到最深層的思維方式，
> 而且滲透到實用的操作層面，不僅在哲學思想史上佔有
> 重要地位，而且對人文社會科學、自然科學各學科均有
> 重要影響。被認為是中華文化的「源頭」和「活水」。[101]

幾千年來《易經》思維方式就在不知不覺間，影響我們中國人
的思維方式和做事準則，在我們的潛意識裡，它就像一個風向

---

100 林文欽：《周易時義研究》（臺北市：國立編譯館，2002年），頁167。

101 張其成：《易學大辭典》（臺北市：建宏出版社，1996年），頁3。

標，更像血液一樣滲透到我們社會生活的各個領域，成為中華
傳統文化的基石所在。[102]尤其《易經》的卦爻辭以自然現象來
比擬人事，注意到天道與人事之間的關係，使人意識到吉凶得
失的不定，對人們產生了勸戒及教育的意義，且表現出中國特
有的人文及哲理特質，這些思想內涵必然影響中國人的思維方
式，也自然影響中國人的領導方式。

二　身為學校領導人需要一套具有本國文化背景的領導　思維方式

　　人類將外在觀察所得的表象、概念，經由理解、分析、
綜合、判斷、推理等步驟，試圖得出結論的過程，可稱之為
「思維」（思惟）[103]，意即指人們觀察和處理自然與人生問題
所運用的思考方式。當一個問題呈現在面前時，具有哲學素養
的領導者不是直接從表象去思考，而是可以同時看見事件背後
所預設的觀點，有助於問題有效的解決。像這樣的反省，這樣
的思考方式，就與個人的思維方式關係十分密切。James
R.Carlopio 認為決策者若想要改變外在的某些東西，首先必須
檢視自己的思維方式，並看看是否有些東西在我們的內部也要
改變，其意既指決策者本身的思考方式也要有所改變。[104]但長

102　祖行：《圖解易經》（西安市：陝西師範大學出版，2007年），頁2。

103　徐敏芳：《《周易》成語之物質文明、人文思想與精神文化義蘊研究》（臺北市：臺
　　灣師範大學國文學系碩士論文，2009年），頁62。

104　轉引自吳嘉欽：《易經管理哲學之探究》（臺北市：國立政治大學公共行政研究所碩
　　士論文，1997年），頁60-61。

期以來，學校領導理論受到西方文化思想所影響，以西方學者所發展的領導理論套用到本國學校組織現場，導致上有政策下有對策，無法真正落實領導效能。唯，領導不能忽略文化背景因素。學校領導思維方式應與之結合，所以應回歸探究屬於我們自己文化思想的源流——《易經》思維，知己知彼，使學校領導者當面臨決策時，就像羅盤指引方向一樣，使其不在看似多元雜亂的表象中迷失。

第五節　《易經》領導思維的四大面向

《易經》思維包容萬有的玄奧，蘊含神秘智慧且豐富的能量。筆者將《易經》思維中可資運用於學校領導方面者，概分四大領導思維面向分別論述：

一　太極整體思維

《易經》太極整體思維概念是建立對宇宙整體認知的基礎上，整體與個體是彼此聯繫的，個體變化隨時牽動整體的發展。校長在面對問題時，應對於個體與整體做一全面瞭解，留心並把握學校組織內外結構的變動與牽繫。

二　陰陽轉化思維

《易經》強調每一事物之間必存在陰陽辯證關係，相摩相蕩，注重一陰一陽相對關係的彼此對待與影響，校長應了解並

善用陰陽交感的動態轉化，以剛柔並濟、尚中求和的方式，使
學校組織內陰陽得以相互平衡，使學校組織趨於保合太和之
境，這就是「一陰一陽之謂道」的充分發揮，是《易經》領導
思維依循發展之道。

三　變易創新思維

有變易才有創新的契機，因時間和空間不斷在生變，領導
者如何居安思危，敏覺機微，見機而作，跳脫固有的框架，與
時偕行、權變創新，了解變易的法則，活用變通之道，把握
「易」與「不易」的原則，必能適時帶領學校組織變革創新。
值此，期望校長具備《易經》變易創新思維後，除能通「變」
且能達「用」。

四　人文圓融思維

太極整體思維、陰陽轉化思維、變易創新思維三者都是協
助校長因應學校組織外在變動的重要思維基礎，但另有一個潛
在重要條件，是在於校長本身是否具備《易經》人文修養及信
念，即包含了尊重、謙卑、溝通、同理心、誠懇、知人善任、
獲得學校組織成員信賴，才能圓融深耕整體學校組織的長久發
展，達成持續有效的學校組織效能。

綜上所述，本書之《易經》領導思維四大面向示意圖（如
圖2-1），是以內外共六個圓及八個箭頭符號所構成，以圓形
示意，蓋似太極圖以「圓」示世界萬物在圓融和諧中發展；環

狀箭頭符號表示太極生陰陽，有陰陽相盪就有了變化，而人居
於天地之間，如能以圓融和諧的思維面對種種變化的挑戰，則
能回歸天地自然的本源——太極。要特別強調的是，各思維面
向間是彼此環環相扣、相互聯繫，交互影響著校長做出最佳的
決策與行動，才得以發揮《易經》領導思維之最大效用。

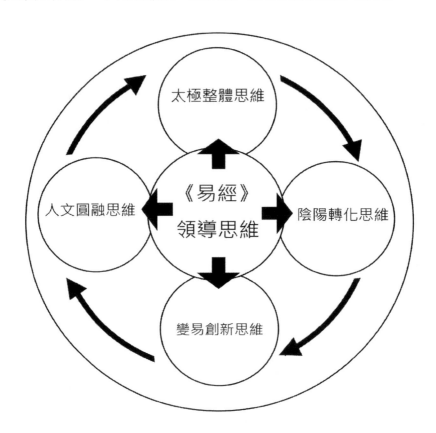

圖1-1　《易經》領導思維四大面向示意圖

第二章
東西方領導思維的時空轉換

　　一般認為，中國人的主流思維是形象思維，形象思維的特點是模糊性。也就是中國人的思維特別依賴感覺，是一種感性思維，不對客體做出準確的判斷。而西方人重視以邏輯思維為主體，以理性分析概念，它認識的結果是確定的，不可模稜兩可的。但仔細研究東西方領導思維則會發現，很多思維方式經過時空轉換之下證明是可以相通的。

第一節　學校領導的特性

一　何謂「領導」

　　領導是普遍存在於世界各地皆有的社會現象，從人類有了群居的團體生活開始，即有領導行為及作為。關於領導的概念複雜難以界定，國內外學者的看法迄今眾說紛紜，常隨著社會情境的演進發展，以及各家學者所採取的角度、強調的重點與程度而不盡相同，產生不同的定義。謝文全說：「領導係指引導學校組織及員的努力方向，並激勵成員的士氣與糾合成員群體的力量，以共同實現學校組織目標的一種歷程。[1]」張潤書更將

1　謝文全：《學校》（臺北市：五南圖書出版公司，2002年），頁464。

「領導」與「迫使」直接作一比較和釐清[2]：

表2-1　「領導」與「迫使」差異一覽表

領　　導	迫　　使
1. 靠知能運用	1. 靠權勢威脅
2. 使人喜悅	2. 使人厭惡
3. 獲致合作	3. 強人服從
4. 相互影響	4. 單方跟隨
5. 思想溝通	5. 權力使用
6. 予以輔導	6. 加以斥責
7. 在前引路	7. 在後鞭策
8. 民主的	8. 專斷的
9. 使人生信心與熱誠	9. 使人生恐懼與畏縮
10. 運用激勵法則	10. 使用制裁
11. 提高自動精神	11. 只在奉命行事
12. 大家參與	12. 首長獨斷

而「領導者」與「管理者」在定義上也有待釐清：管理者是學校組織任命的。他們擁有獎賞與懲罰部屬的法定權力。而其影響力乃基於職位上所產生的正式職權，也就是把事做好（Do things right）；領導者可能或是為學校組織所任命或是崛起於某

2　張潤書：《行政學》（臺北市：三民書局，2009年），頁359-360。

一群體之中。領導者能影響其他人去執行超過正式職權所能命令的行動，所以目標是把學校組織方向帶好（Do right things）。據此，筆者認為「領導」應包含以下幾個重要概念：

（一）領導是結合個體與學校組織朝向一個有意義的目標精進

所謂「有意義」，是領導者與學校組織成員所共同認同的，學校組織目標並非領導者以其權威來決策學校組織成員的工作目標，如果沒有獲得學校組織成員共識，就可能只是徒具形勢而已。就如 Philip Selznick 認為領導有三項前提：一是領導乃是為實現滿足一個社會情境的一種工作。二是領導並非等同於公務管理、高度威望、權威或決策。三是領導乃有形與無形兼具（dispensable）。[3]所以，領導者要能以兼具有形與無形的方式，去實現滿足一個社會情境（此「社會情境」也可縮小為「學校情境」）。領導者是一個發現者，一個激勵推手，他不一定一直站在前面，適時以授權的方式來增加學校組織成員工作上的責任感，更要深入去了解學校組織成員的需要，亦即領導是使他人「自願」確切致力於學校組織目標的實現，而非是「迫使」。

（二）領導效能決定在於領導者對學校組織影響的範圍

領導學上，領導行為所牽涉的變數是具多元性，其變項可能包括領導者的特質、成員的特質、情境變數、領導行為、與

3　轉引自《周易原理領導思想之探究》（臺北市：國立政治大學公共行政研究所碩士論文，1991年），頁14。

領導效能……等等。由於學校事務繁雜，服務的對象是人，更是無時不處在變動中，在整體交互行為影響下，是無法完全照著學校組織原來設定的目標進行。在此交互系統中，領導者不宜以一人之力試圖扭轉眾人之所向，證明自己其在學校組織中的影響力，領導者凡事只以「法定程序」操作，就易使學校組織僵化和對偶。而是要以雙向溝通的「影響系統」之概念去實現，領導是因時、因地、因事、因人，依所處不同的境遇，權變不同之做法，在彼此互信的基礎上，隨時培植領導者在學校組織中之「影響系統」，才能真正發揮其影響力。

(三) 領導者能體察並引導成員的價值與動機

學校組織成員的工作裡最重要的變數，就是學校成員的特質。James M. Burns 認為：「領導乃是領導者誘導追隨者為了能代表領導者及追隨者雙方的價值與動機，即需要與需求、渴望與期待特定目標，而採取行動。[4]」學校成員角色是呈現多樣化，領導者應同時強化共通性的規範與差異性的包容。體察並引導成員的價值與動機，在於主動發現學校組織成員個別差異及需求，來激發、創造其學習經驗，並且尊重其需求，發掘學校組織成員更大的潛力，使學校組織成員因自覺工作之意義所在及價值，才能使其有主動之意願發揮所長。

4　轉引自《周易原理領導思想之探究》(臺北市：國立政治大學公共行政研究所碩士論文，1991年)，頁14。

二 學校領導的特性

學校的構成要素是「學校組織、人、領導行為」，此一「學校組織」具有共同的目標和理想願景，把「人」劃分成不同層級，目的是為能實施有效的「領導行為」，使教育目標能更有效率的達成。學校組織較一般組織有以下之不同特性，也因為這些特性，使得校長在領導學校時產生極大挑戰：

（一）兼有科層系統與專業系統

學校除具有正式的科層體制的學校組織結構之外，尚具備有鬆散結構、雙重結構以及非正式的科層體制的特性。[5]也就是存有行政系統（科層體制）及教學系統（專業自主）二大系統，在行政系統方面呈現的是科層體制的架構，而在教學系統方面呈現的是鬆散結合的型態，學校教學部門的各成員之間雖彼此相關，但又保有各自的身分與獨立性。

一般企業組織與學校組織的目標在基本上有極大的差異，特別是企業組織屬於高度競爭的組織，而學校組織的基本特性屬於養護性及維持性。學校的主要目標在傳遞社會文化，意即傳遞人的知識、技術與價值觀念等，教育活動在許多方面沒有辦法客觀而精確的數字加以評價。教育工作的特質重視專業自主與學校組織成員之間有深厚的情感，這和一切依法行政的科層體制有時是無法完全相容的。所以，專業自主與科層體制理

5　徐振邦：《國民中學學校混沌現象之研究》（臺北市：國立臺灣師範大學教育學系碩士論文，2000年），頁79。

性之間，會產生矛盾與衝突的弔詭現象。[6]而且各成員對同樣事物之覺知也會有所不同。[7]因此，在這二大不同系統之間，領導者的領導方式更無法與一般企業組織一樣用同一套標準領導這兩大不同系統之組織成員。

所以，在學校組織中，不宜過度強調科層體制，否則將徒增繁文縟節、迂腐不化的反效果。[8]就因為學校的獨特性，成員形塑學校組織文化的特質中，有可能形成一種隱晦不清，瀰漫著「個人主義」和「互不干涉」的次文化，致使成員間心靈的牢銅。當個人與學校組織的改變方向步調一致時，相互接受被視為理所當然；一旦改變與價值標準幅度不一致時，很容易引起成員的抵制。所以如果領導失當，學校會更明顯呈現雙重系統結構及鬆散結構的特色，容易產生衝突與誤解。所以，此種雙重系統的特性，也同時增加了領導學校的困難度。

（二）校長領導權受到多股勢力的影響

近年來由於「教育基本法」、「教師法」、「國民教育階段家長參與學校教育事務辦法」的公布，更加衝擊與改變學校制度、結構與權力關係。校長派任制改為遴選制轉變成公開的「遴選」。遴選作業為求制度化、公開化、透明化，在委員會中，納入家長及教師代表，形成學校經營之共同體意識。加上

---

6 蔡文杰：《校長領導行為、學校組織特性發展與學校效能展現關係之研究——以有機化學校組織觀點為例》（臺北市：國立臺北教育大學教育政策與管理研究所博士論文，2007年），頁52。

7 徐振邦：《國民中學學校混沌現象之研究》（臺北市：國立臺灣師範大學教育學系碩士論文，2000年），頁86。

8 蔡培村：《學校經營與管理》（臺北市：麗文文化公司，1998年），頁533。

「教師法」公布以後，各校教評會的成立，也改變了過去學校的人事制度及其運作方式，特別是學校教師聘任之審核權轉移至「教師評審委員會」，增加教師對學校的實質監督以及制衡力量。教師的人事權，形式上已歸位到教評會學校組織。而各校成立之教師會，與教評會一樣抗衡學校，削弱校長職權。同時在教師專業自主權及學校經營體系的勢力中也扮演了重要的角色。所以，以往學校運作由校長及行政人員完全主導的局面今已不復存，校務運作已轉由多方共享決策。而且校長本身亦受四年一任調動之限制與影響，得快速面對不同的學校成員採取不同的領導策略，實不同於一般組織領導者握有調動升遷及加薪減薪之大權。

另一方面，家長教育選擇權正式確立，家長參與學校事務有了法源依據。此外，傳統辦學不重視公共關係，自絕於社區之外，然公共關係具有宣導、溝通、回饋、協調等諸多功能，因此學校在有限資源中，須與家長、社區建立伙伴關係以豐厚學校資源，促進校務發展。

這些影響校長經營學校的多股勢力，對於校長領導是一大挑戰。校長是學校的掌舵者，其教育理念、學識能力以及領導作風直接關係到學校的行政運作方式、學校組織氣氛等等。校長領導是否得當，關係著學校與教學的成敗。

從上可知，學校具有一些不同於一般組織的特性，科層系統及專業系統同時並存於學校中，且明顯不同於一般組織只講求工作績效、有明顯的職業危機感、有明確的產品品管標準，所以將用於一般企業之領導理論套用於學校，實為不妥。因此，校長應深刻體認其特徵，把握領導之原則。其二，由於學

校權力結構的改變，校長權力角色已異於一般科層體制，使得領導者的領導策略更具挑戰性。所以校長必須具備一套完整的領導思維模式就更為重要。

第二節　近代科學三大發現與《易經》領導思維之聯繫

　　長久以來，世界各地的科學家，都在探求自然界的秩序，但對於複雜多變的宇宙事物及大自然仍有許多無可解釋與預期的現象，甚至社會科學領域，都呈現出某種無法理解的不特定規律，包括數學家、物理學家、生物學及化學家等等，都在找尋各種不規則間的共相。

　　事實上，自十九世紀開始，即陸續有許多學者針對牛頓（Sir Isaac Newton, 1643-1727）力學的理論進行探討與修正。到了二十世紀，在科學研究的大多數領域中，均有突破性的發展，不僅超越了近代科學的狹隘觀念，更進而創新出多重透視的宏觀理論。所以稱為二十世紀以來科學的三大革命，亦即廣義相對論排除了對絕對空間和時間的幻覺；量子力學排除了對可控制測量的迷失；而混沌理論則排除了拉普拉斯（Pierre-Simon marquis de Laplace, 1749- 1827），決定的可預見性之狂想。

一　近代科學的三大發現

（一）廣義相對論（general theory of relativity）

根據廣義相對論，重力（force of gravity）有「彎曲」時間與空間的效應。所謂的重力，據愛因斯坦（Albert Einstein, 1879-1955）表示，它其實並不真的是一種存在的力量，而只是物體周圍的時空，因為該物體之質量而造成扭曲的一種現象。[9]三度空間其實是彎曲的，其曲度乃起因於巨大物體的重力場（gravitational field），無論是何等巨大的物體，如一星球或一行星，圍繞它的空間是彎曲的，且曲度與該物體之質量有關。另外在相對論中，空間從來不能與時間分離，因此，時間也對物質的存在一樣有影響，並且在宇宙的不同部分中，時間流動的速度也不同。[10]

廣義相對論所帶來的宏觀尺度之概念轉變，有如下兩項重大意義：

1 時空與存在合一

在相對論中，時空既影響事物的存在，也被事物的存在所影響。換言之，存在和時空是分不開的；說得更真確些，它們根本就是一體的兩面。

所以，愛因斯坦之相對論更加強了整體觀的概念。在其時

9　董建華：《非線性動力系統觀點下的心物問題：本體論與認識論》（高雄市：國立中山大學中山學術研究所碩士論文，1991年），頁37。

10　潘家寅譯，Frifjof Capra原著：《物理之道》（臺北市：科技圖書公司，1989年），頁45。

空與事物存在合一的理論意義之下，時空既可影響事物的存在，亦被事物的存在所影響；換言之，時空和存在是分不開的，它們根本就是一體的兩面。

2 心智作用之重要性

根據相對論，一事物在空間中的上下、前後、左右等位置方面的認定，完全要由我們的心智、觀念來判斷；對於一事件發生在時間上的白天或夜晚、早或遲、快或慢，亦均要由我們的心智、觀念來斷定。在時空與物質存在合一的情況之下，更加促使心智作用的重要性節節提升，因此，相對論乃將觀察者的身分從以前的旁觀者轉變為參與者的角色。

（二）量子力學（Quantum Mechanics）

量子力學又稱為量子論（quantum theory），它是對於牛頓力學中運動和空間這兩個基本觀念的重大修正。[11]量子力學乃是研究分子、原子和次原子粒子（subatomic particles）等微小尺度的科學，它的序幕是由普朗克（Max Planck, 1858-1947）在一九○○年進行有關「黑體」（black body）輻射的研究所揭開的。

量子力學的建立打破了古典力學的基本觀念，揭示了空間、物質、運動之間的有機聯繫，以及顯示了微觀尺度世界中波動性與粒子性、連續性與間斷性、必然性與偶然性之間的辯證關係，使得人們對自然界的認識深入到新的層次和領域。如

---

11 楊振寧：〈二十世紀的物理學〉，《二十一世紀》創刊號（1990年），頁70。

此的概念轉變帶來了以下四項重大意義：

1　心與物合一

在量子力學中，實驗或觀察的本身都會造成干擾，因此無法同時確定粒子的速度與位置，也因而物質是否顯現波狀或粒子狀皆取決於我們的操作。亦即是，主體（觀察者）和客體（被觀察的對象）並不可分，我們的心智作用與實際存在的物質之間亦沒有明顯的界線，主體與客體、心與物等乃是合一而不可分割的。人類的意識在觀察的過程上，即扮演著一個極端緊要的角色。[12] 此一觀念，實已完全推翻了笛卡兒[13]心物二元論的謬誤。

2　不可分的整體

量子力學揭示出，我們不能將世界分解成較小的單元（units）且彼此隔絕而存在，因為當我們深透進入物質的核心時，自然界並沒有呈現任何孤立化的基本構成要件，它反而越加顯示出一種統合整體（unified whole）的現象，在此種整體現象下，自然界各部分之間均存有複雜的關係網路（web of relation）。[14]由此可知，笛卡兒式的理性思想不足以理解大自然之整體相關性。

---

12 蔡伸章譯，Frifjof Capra原著：《轉捩點》（臺北市：牛頓出版社，1986年），頁94。

13 笛卡兒（René Descartes, 1596-1650），是一個二元論者以及理性主義者。笛卡兒認為，人類應該可以使用數學的方法（也就是理性）來進行哲學思考。他相信，理性比感官的感受更可靠。

14 潘家寅譯，Frifjof Capra原著：《物理之道》（臺北市：科技圖書公司，1989年），頁109。

3 動態的自然界

　　量子力學發現了宇宙網路（cosmic web）的內在本質乃是動態的。因為當次原子粒子受限於一極微小的空間領域內時，它便會以繞行方式抗拒這種限制，且該限制的領域愈小，則粒子的移轉速度就愈快，此稱為「量子效應」（quantum effect）[15]。根據量子論，物質是永遠靜不下來的，亦永不得安寧的，此揭示了次原子世界的特質——物質的基本「恆動狀態」（restlessness），此點宣判了牛頓的「靜者恆靜」論的殘缺，說明自然界的一切均為動態。

4 機率與機會

　　在量子力學中，機率波與測不準原理等概念揭示了自然現象處處均隱藏著機率（probability）。在次原子粒子的層次上，物質並不是在明確的位置上確定地存在著，它僅是呈現出「存在的趨勢」而已，並且其現象亦不是在明確的時間裡確定性地發生，而只是呈現出「發生的趨勢」而已。這些趨勢均以機率或機會來表示。在科學研究中，機率概念的出現乃是完全新穎的，它包含了「事實」這個客觀因素，以及「認知不完整」這個主觀因素，也就是我們對事實的認知夠不夠周延。正因這些原因，以致對事實的觀測結果一般均不能準確地預料；能夠預料的只是得到某種觀察結果的機率。[16]機率的存在及不確定

---

15 蔡伸章譯，Frifjof Capra原著：《轉捩點》（臺北市：牛頓出版社，1986年），頁96。

16 凡異出版社譯，海森堡（Werner Carl Heiaenberg）原著：《量子論》（新竹市：凡異出版社，1991年），頁39。

性的存在，都代表一種發展的潛能、一種彈性、一種演化（evolution）的機會。所以機率的概念使得完全宿命論壽終正寢。

所以，量子力學揭開了宇宙的基本合一性，認為孤立的次原子粒子是沒有意義的，因為它並非只是個物體，而是必定還牽涉到物體與物體之間的相關性，也就是自然界各部分之間均存有複雜的關係網路。

（三）混沌理論（Chaos theory）

《易經》宇宙論及古希臘哲學家對於宇宙之源起皆持混沌論，主張宇宙是由混沌之初逐漸形成現今有條不紊的世界。Hayles（1990）在"Chaos bound: Orderly disorder in contemporary literature and science" 指出：混沌理論系統有下列五大論述：一、複雜的形式（complex forms）。二、非線性（nonlinearity）。三、遞迴對稱（recursive symmetries）。四、對於初始條件的敏感（sensititity to initial conditions）。五、回饋機制（feedback mechanism）。[17]混沌理論強調宇宙萬物的渾然一體性，以及提示出宇宙萬物存在著一種自發的生態活動性。這些觀點給予笛卡兒「心物二元論」與牛頓「力學機械觀」一個更嚴重的致命打擊。其重要觀點有二：

1 蝴蝶效應的對照

一九六三年勞侖茲（Edward Norton Lorenz, 1917-2008）所

---

17 蔡文杰：《學校行政經營混沌現象敏銳度及學校組織權力關係重建之相關研究》（臺北市：臺北師範學院國民教育研究所碩士論文，2001年），頁17。

提出的「混沌理論」揭示了許多看似普通的小問題,如果追究下去,往往就涉及未有定論的重大爭議。類似「蝴蝶效應」的混沌現象是無所不在的,在宇宙間和日常生活中,混沌隨處可見。[18]所以,在現實的自然世界中,偶然性和必然性乃是同時存在的,且共存共容。即在無序中存在著有序,且在有序中亦存在著無序。同時,混沌亦提供了一條重要信息,就是微小的簡單原因可能會導致巨大的複雜後果。

2 非均衡觀點的對照

混沌理論強調在遠離均衡狀態下的這種非線性(nonlinear)的過程說明了深刻的普遍真理,不但彼此密切關聯,構成一個渾然整體,而且在極普通的日常事物中處處表現出來。[19]「非線性」才是自然和人文社會的常態,任何事物和現象間常因交互糾葛,形成錯綜複雜的混沌狀態。每種行為都只是暫時反映當時系統的狀態,即此理論將系統的變動情形,看成是非線性、動態的和暫時性的,證明永久平衡並不存在。這種非均衡的思考,認為不要把任何事件的發展看作永遠均衡的狀態,他們認識到,「變」才會帶來機會。

根據 Hayles(1990)的研究,有關人類行為的任何系統(包括學校),在演變的過程中,由可預測具週期性的狀態轉變成為同時具有線性和非線性的狀態,到最後成為混沌的過程,可以用下面的四個階段來加以描述:

---

18 張淑譽譯,James Gleick 原著:《混沌:開創新科學》(上海市:上海譯文出版社,1990年),頁9。

19 楊綱凱:〈無序、耗散與時間箭頭〉,《二十一世紀》第4期(1991年4月),頁77。

（1）均衡（equilibrium）：拒絕改變，傾向於保持現狀。

（2）接近均衡（near equilibrium）：行為已經有微小的變化，但是還是在可以預測的範圍之內。

（3）遠離均衡（far from equilibrium）：為了適應環境的改變，利用之前未曾嘗試的方法或過程，其行為部分可預測，部分不可預測。

（4）混沌（chaos）：其行為讓系統具備了複雜和全新的結構，其行為之結果完全無法預測，但是本身的系統已經獲得了對於不斷變化的環境的最佳適應力。[20]

二　《易經》領導思維與近代科學三大發現之共通處

自古而今，不論是東西方的人們，都試圖以各種不同角度和方式去詮釋這個世界。直到量子力學和混沌理論典範發跡之時，才發現原來真相並非永恆不變的，而且工具發明的速度可能永遠跟不上欲探討對象的改變幅度，解釋永遠有其限制。[21]同時也因為表達思想所用的「語言」，無論在歷時的傳統上還是在共時的平面中，都具有其無法逾越的侷限性。但不管如何，我們仍可在彼此的論述中，從中發現其共同的脈絡。以下筆者試就近代科學的三大新發現與《易經》領導思維之間，發現其間有頗為相類之處：

---

20 蔡文杰：《學校行政經營混沌現象敏銳度及學校組織權力關係重建之相關研究》（臺北市：臺北師範學院國民教育研究所碩士論文，2001年），頁24。

21 徐振邦：《國民中學學校混沌現象之研究》（臺北市：國立臺灣師範大學教育學系碩士論文，2000年），頁239。

（一）與《易經》領導思維中太極整體思維的共通處

學校組織系統係處於非均衡系統模式，充滿許多未可預知的事件，基本上是呈現混沌（choas）的本質。混沌理論強調系統結構的複雜性及系統內人事物關係的非線性（nonlinearity），即使是微小的起始行為，可產生原子般的威力而導致系統崩潰。《易經》也認為萬物既然彼此之間存有著某種相牽連，就像卦爻間是相互牽動的，一旦產生牽動即使輕如絲紋，在時機成熟的條件下，也可能會產生大波動。基於混沌的本質，即使微小的起始行為，即可能引軒然大波，而導致系統的崩潰，此一動態的過程會繼續進行，並透過重組的行動建構另一新的學校組織型態。

在愛因斯坦相對論之時空與事物存在合一的理論意義之下，與《易經》著重以「時」（時間）與「位」（空間）為考量因素之哲思相通，加強了整體觀的概念。量子力學亦揭示出宇宙是不可分的整體，主體與客體、心與物等乃是合一而不可分割的。這些發現，又再一次證明《易經》中的「萬物一體」、「天人合一」思想具有先見之明。

混沌理論提出共同演化的觀點，認為整個生物體系以互助合作的方式，共同進化[22]，以及關注事物發展的內在變因與整體關係，都與《易經》重視整體的天人關係恰恰不謀而合，兩者皆強調應以整體系統運作的觀點去領導學校組織，競爭不該

---

22 蔡文杰：《校長領導行為、學校組織特性發展與學校效能展現關係之研究——以有機化學校組織觀點為例》（臺北市：國立臺北教育大學教育政策與管理研究所博士論文，2007年），頁60。

是生物進化的唯一關鍵，所以應鼓勵學校組織成員以社群共同合作學習的方式，代替由上而下單向性、統一性的指導。

（二）與《易經》領導思維中陰陽轉化思維的共通處

愛因斯坦提出的廣義相對論與《易經》陰陽相對的思想十分類似。根據相對論，一事物在空間中的上下、前後、左右等位置方面的認定，完全要由我們的心智、觀念來判斷；對於一事件發生在時間上的白天或夜晚、早或遲、快或慢，亦均要由我們的心智、觀念來斷定。《易經》陰陽轉化思維也認為凡事是相對性的，沒有絕對的白，也沒有絕對的黑，黑中有白，白中有黑，陰陽本身就是相對的概念，「物極則反」是一切現象的常軌。這是對我們思維的平衡性的重要啟發。所以沒有絕對的權力、沒有絕對的知識，領導者應拒絕專斷、沒有優位，放棄對統一性思想與權威的追求，而以多元思維及反對獨尊科學知識的思索為方向，面對及接受多元差異的存在，以相對正面的心態去迎向相對負面的挑戰。

混沌理論中主張非均衡的動態系統應致力於打破對稱性行為的可能性，不與維持既存結構的均衡自滿，不斷趨向新的耗散結構。[23]此與《易經》所重視的和諧或平衡並不違背，《易經》中每一卦是不斷在變化，代表陰陽均衡只是暫時的，終究會因一爻之變化，脫離均衡的狀態，而有了新的爻卦，又自成另一暫時的均衡系統，這種歷程正與 Hayles 混沌理論系統歷程

---

23 詳參謝智偉：《學校組織變遷邏輯之探討：易經哲學的觀點》（臺北市：國立政治大學公共行政學系碩士論文，2000年），頁107。

論述雷同。平衡是建基在動態的觀點下求得平衡，外在環境是無時無刻不在變，在變中求得的是動態平衡。所謂平衡與非平衡只是相對的概念，就平衡的觀點來看，陰陽二氣不斷消長是在互相尋求平衡，從另一個角度來看，也可說是，陰陽二氣持續在邁向非平衡的狀態，從平衡邁向不平衡，又從不平衡邁向平衡，就如《易經》所云：「不可為典要，唯變所適。[24]」所以，兩者仍是以變為其屬性，並沒有任何牴觸。

（三）與《易經》領導思維中變易創新思維的共通處

量子力學建立了非決定論在微觀世界的發展基礎，發現了宇宙網路的內在本質乃是動態的。《易經》的變易轉化思維也告訴我們變易無所不在，唯有改變才有創新的機會，短暫的混亂打破原有的秩序，反而讓規律持續發揮作用。檢視學校本身並非機械式的封閉學校組織，而是自發充滿能量的有機體，動態過程會一再地發生並透過重組（reformation）的行動，建構另一個新的學校組織型態。而《易經》哲學思想以太極混沌開始，萬物無不是陰陽轉化、生生不息的動態變化而成，中國古代先哲試圖從觀察複雜多變的自然界現象中，歸納出六十四卦，雖僅以六十四卦及三百八十四爻來表示，但其中的任何一爻與其他爻是相互影響而短暫自成一個動態變化系統，有其異曲同工之妙。

---

24 〔宋〕朱熹：《周易本義》（臺北市：大安出版社，1999年7月），頁262。

（四）與《易經》領導思維中人文圓融思維的共通處

　　廣義相對論認為在時空與存在合一的情況下，觀察者所觀察到的現象乃受到其自身運動狀態的影響，連帶地，觀察者便以其自身對該現象所感覺到心智作用來解釋該現象。量子力學認為我們的心智作用與實際存在的物質之間亦沒有明顯的界線，主體與客體、心與物等乃是合一而不可分割的。人類的意識在觀察的過程上，即扮演著一個極端緊要的角色。這些觀念都與《易經》的人文圓融思維重視人的主體性、發揮人的能動性以及人的心智自覺之力量，有其相當之關聯性。

第三節　近代領導理論趨向與《易經》領導思維殊途同歸

　　近代領導理論趨向是隨著現代科學新發現而發展出了各種新的領導理論觀點，但這些所謂的「新的領導理論」只是語言符號所呈現「能指」系統知識的差異而已，與《易經》的「所指」有其同工異曲之妙。李霖生師就認為：隨著我們天文物理學知識的增長，我們的能指系統有了更新之機。我們試著從《易經》的「所指」，也就是其本義，在描述時以語言符號的方式，用轉喻和隱喻呈現「能指」，以達「方以智，圓以神」之境地。[25]本節試著從西方領導理論演進趨勢，並論其與《易經》領導思維相通之處。

---

25 參自李霖生：《易經密碼解密》（臺北市：漫遊者文化公司，2012年），頁15-19。

一　近代管理與領導理論發展趨向概述

　　二十世紀初期迄今，有關學校組織管理理論的演變一般大致上共可分為四個時期，在一九八○年代以前的管理理論研究，分為特質取向研究、行為取向研究及權變取向研究等三個時期，以及於一九七八年代以後的領導理論相關研究，則為新型領導研究取向時期。

（一）一九七八年代以前的管理理論研究

　　一九七八年代以前的管理理論的演進，主要可分為三個時期：特質取向研究、行為取向研究及權變取向研究。隨著時代環境的變遷，管理理論亦隨之轉變，而各理論間之研究取向也不同。管理理論進入了科學研究階段，因為權變因素的複雜性，所以學者們多是以靜態的研究為主，較少考慮到個人心理層面以及外在環境因素。特質取向研究對於被管理者的內心需求幾乎完全不考慮，所以領導效能的達成是以工作完成度來做衡量。到了行為取向研究，學者開始將領導效能擴大範圍，包括了學校組織目標的達成度和成員需求的滿足程度。直到後來，當行為主義心理學沒落以後，這時人文主義心理學的出現，帶動了管理學界對於「領導」的概念形成了一次典範移轉，到了權變取向研究，已把成員需求的滿足程度當作是領導者的效能評估標準，使「領導」更具人文取向，有助於使領導研究擺脫科層管理層面的混淆。

　　從這三時期的演變可發現在這些理論之中的人文意涵有愈來愈重要的趨勢，尤其是在被領導者的這一部分，將研究重心

移到兼顧「被領導者」需求的趨向上。但因每個領導者所面對的情境常常是差異甚大，所以任何領導形式都無法放諸四海皆準，都可能會有顧此失彼的疑慮。而所謂「情境」，應是包含領導者行為與其內外環境的動態關係，不應武斷地將學校領導的成敗完全歸因於其特定的環境狀況，在立論上而言，則是以偏概全。一位傑出的校長應該除了引導學校組織成員朝向學校組織目標外，也要講究因時、因地制宜（時與位）。

（二）一九七八年代以後新興的領導理論

近年來新興的領導理論相當蓬勃，如轉型領導、願景領導、火線領導、催化領導、服務領導、永續領導、第五級領導、道德領導、文化領導、僕人領導、正向領導……等，其研究取向以分析領導者如何適時授權與激勵部屬，提升學校組織成員對學校組織的投入動機，以及如何增進學校組織成員的工作績效。以下僅就近年新型領導理論中最具代表性的兩種領導理論做一探討：

1 轉型領導（transformational leadership）

轉型領導一詞最早由 J. V. Downton 在一九七八年所創。然而它成為重要領導取向則始於 J. M. Burns 在一九七八年所著的《領導》（*Leadership*）一書。Burns 把領導和被領導者的角色連結起來，兩者是相互影響且成長。並以 Maslow 的需求層次理論來界定轉型領導的意義，認為轉型領導是領導者與部屬互動，能彼此提高道德與動機的層次的動態歷程。這種領導是透過提升成員道德、動機與能力層次的方式來領導，並被認為是

代表「領導」的本質。[26]意即轉型領導是強調情感和價值，喚起共同努力促進能力的發展，重視學校組織成員能力的建立，提高學校組織成員的問題意識，鼓勵學校組織成員以新的方式來思考他們的工作，並提升學校組織成員對學校目標的承諾。

轉型領導行為包括：智識啟發（intellectual stimulation）、個別關懷（individualized consideration）、激發鼓舞（inspirational motivation）、魅力領導（charismatic leadership）。

轉型領導是就領導者對追隨者的影響來定義；即領導者要藉著使追隨者更明瞭任務成果的重要性與價值，並促進其對較高秩序的需求，以及使其為了學校組織的理由而減低他們對自我利益的追求，來轉換追隨者的心態。由於此種影響，追隨者便能信賴與尊重其領導者，而且他們將被激勵而完成較其原本所應做更多之事。[27]

轉型領導強調領導者的理念的影響、個別化的關懷、才智的激發以及精神上的激勵等這四個主要構面來實現領導的功能。領導者擁有良好的人格修養，善用各種統御方法，具有前瞻的視野，塑造優質的文化，讓學校組織成員願意不斷學習與付出心力，為追求學校組織共同願景而努力，以達精緻與卓越學校組織理想。

---

26 林合懋：《校長的成就目標、終身學習經驗、轉型領導與其多元智慧學校經營理念之關係》（臺北市：國立政治大學教育學系博士論文，2001年），頁8。

27 參自 B. M. Bass, *Leadership and Performance Beyond Expectations*, Free Press, New York, 1985,PP.3-32.

2 正向領導

正向領導（positive leadership）又稱為積極領導，正向領導源自於正向心理學的發展，Hodgetts 和 Luthans 首先提出正向積極取向的領導（positive approach to leadership, PAL），強調領導者能按實際狀況產生適切而真實的樂觀，並擁有良好的情緒智力、能信賴學校組織成員、並與其共同建立對學校組織未來的希望，提升學校組織績效。謝傳崇師認為正向領導具有三種涵義：一是，正向領導促進正向超越表現，促使成員產生超越群體常態的行為，幫助個人及學校組織達到驚人的成就水準。二是，正向領導是關注人類的優勢、能力和潛能。它著重在成功和興盛，而非障礙和阻礙，能在負向事件的基礎上發展正向的結果，三是，正向領導培養善良德性，引發個人和學校組織與生俱來的善良德性傾向，進而為學校組織而努力。[28]

正向領導並非是要領導者一味地樂觀，它是指當學校組織面臨到困境或挫折時，領導者仍能肯定學校組織成員的長處、能力，引導學校組織成員發展其潛能，主動積極地找出問題的解決方法，並能以正面的態度接受挑戰或改變後的成果，營造愉悅的工作氣氛。

Cameron 在 *Positive Leadership: Strategies for Extraordinary Performance* 一書中，闡述了如何協助學校組織建立正向工作表現的正向領導策略，其說明如下：[29]

---

28 謝傳崇：〈從正向領導觀點看國際的卓越校長〉，《師友月刊》第538期（2012年4月），頁24。

29 轉引自李菁菁：《高級中學校長正向領導、教師職場希望感與學校效能之相關研究》（臺南市：國立臺南大學教育學系教育經營與管理博士論文，2014年），頁20。

（1）塑造正向的工作氣氛

正向工作氣氛包含了工作間的體恤及感恩氣氛，透過表達憐憫、表達寬恕、表達感恩等行動，能有效促進員工間互相支持及尊重，而塑造互相關懷及支持的正向工作氣氛，有助提升員工個人及企業的表現。

（2）建立正向的工作關係

領導者透過建立正向能量網路以及管理成員強項優勢等方式，促進正向工作關係。若領導者專注於發揮成員的強項優勢，則能激發員工潛能，讓他們在工作表現及人際網路關係上具有卓越的成就。

（3）進行正向的溝通

正向溝通是指雙向且有素質的溝通，在提升正向溝通的方法中，領導者可以為學校組織成員獲得最佳自我回饋和使用支持性的溝通，亦即領導者若能有系統的蒐集及分析資料，為成員提出最佳的自我回饋，讓成員了解其強項及獨特的價值，並透過坦誠、開放、尊重、支持的溝通，將能激勵成員開發潛能，促進成員投入工作。

（4）展現正向的工作意義

正向的學校組織必須為成員提供清晰的願景，讓成員看見工作的意義不單在於個人層面，對於團隊、企業和社會亦有影響，其影響範圍包括：一、以增進人類的福祉為目標；二、連

結個人的價值或美德；三、強調長期、廣大的影響；四、建立團隊社群。

　　正向領導理論認為，人性的理解是重要關鍵，領導型態對於學校組織的發展必有影響，但學校組織成員的心態與作為更是關鍵，學校組織的發展與效能展現，歸於領導者與成員間相互的信任與尊重，互動平衡才得以相得益彰。

二　《易經》領導思維與近代領導理論研究趨向之共通處

　　從以上近代管理與領導理論概述中可知，傳統的領導理論，都聚焦於對學校組織環境的掌控；領導者雖然採用不同的領導理論，但都是採取由上而下的模式。而近來的情境領導和轉型領導理論，卻認為領導者必須在變動環境中調適角色，也發現增進上下關係和人性化管理的重要性。[30]故領導理論已漸轉為注重領導者與被領導者之間的正向關係，不僅重視解決問題、克服障礙、提升競爭力及獲取學校組織利益外，更強調領導者應關注學校組織的興盛，使成員處在最好的狀態中，才能真正展現學校組織效能。這些領導發展趨勢和本書所探析之《易經》領導思維有異曲同工之處。

（一）與《易經》領導思維中太極整體思維的共通處

　　筆者發現西方領導理論的趨向，是從個人與學校組織結構的靜態封閉系統到將學校組織視為一種動態開放系統，由分裂

---

30 參自謝傳崇：〈校長正向領導激發學校超越表現〉，《師友月刊》第529期（2011年7月），頁53。

的、靜態的機械觀而朝向整體的、生態的全像觀，在方法上、領域上或認知上，均有了調整和修正，也開始注重與領導有關的學校組織內外在環境，不應僅僅以其中幾項變數做孤立探討。學校組織為了維持其生存與發展，需在內外環境不斷地投入、適應與回饋，最終達成學校組織內部的互動互賴平衡（interaction and interdependence equilibrium）。[31]這與《易經》領導思維之太極整體思維有其共同之處。

（二）與《易經》領導思維中陰陽轉化思維的共通處

一九七八年代以後新興的領導理論重是透過建立正向能量網路以及管理成員強項優勢等方式，促進正向工作關係。當學校組織面臨到困境或挫折時，正向領導者仍能肯定學校組織成員的長處、能力，引導學校組織成員發展其潛能，並能以正面的態度接受挑戰或改變後的成果。這符合《易經》所強調的陰陽多元思考方式，不僅要能看到物顯性的一面，也要看到事物伏藏的一面，能正面發現「相對的」裡面有連貫其他「相對的」的超越價值。現今有機與整體的科學研究發展，西方領導學說也因而有了某種程度的調整與修正，並努力追求發現整體間多元面向相互的影響因素與程度。

（三）與《易經》領導思維中變易創新思維的共通處

一九七八年代以後新興的領導理論重視領導者因應不同的情境權變各種領導方法，具有前瞻的視野，塑造優質的文化，

---

31 參自鄭志宏：《周易原理領導思想之探究》（臺北市：國立政治大學公共行政研究所碩士論文，1991年），頁139。

促使學校組織成員願意不斷學習，並為追求學校組織變革創新而付出心力。這與《易經》領導思維的變易創新思維所強調領導者必須具有洞察變化的能力，以防微杜漸，並兼顧時位加以變通，以自強不息的精神不斷創新的觀點有其共通之處。

（四）與《易經》領導思維中人文圓融思維的共通處

　　無論是轉型領導、正向領導的趨向都與《易經》領導思維的人文圓融思維是相近的。過去的研究原本將領導理論的重心放在探討「領導者」的特質與行為特徵上，後來逐漸轉變為以「環境」因素影響領導者的領導方式之後，接著又將研究重心移到兼顧「被領導者」需求的趨向上。近年來新興的領導理論的趨向，也正符合《易經》領導思維中的人文圓融思維強調尊重人性自覺及主動性為要旨，因為這才是提高學校組織整體效能及永續發展之鑰。

　　綜上所述，近代科學的三大新發現與新興領導理論研究的趨向皆呈現出與《易經》領導思維有可溝通及相互驗證的概念。但畢竟是在東西方文化不同的背景下，還是有其明顯的差異處，季羨林（1911-2009）在《東方大化集成・總序》中即言：

　　　　東西兩大文化體系有其共同點，也有不同之處。……最
　　　　基本的差異的根源，我認為就在於思維方式之不同。東
　　　　方主綜合，西方主分析，倘若仔細推究，這種差異在在
　　　　有所表現，不論是在人文社會科學中，還是在理工學科
　　　　中。……近幾百以來，西方文化產生的弊端頗多，……
　　　　弊端產生的根源，與西方文化的分析的思維方式有緊密

聯繫。……東方文化的基本思維方式是綜合，表現在哲
學上就是「天人合一」。[32]

可見，唯有統合東西方文化的精髓，人類的前途才有保障。然
而我國學校領導理論學者，大多偏向擷取西方文化所發展出來
的學校組織管理理論，對於自身文化的源流與背景並不十分深
入了解，實在可惜。朱安群在〈易學與宋代文化〉一文裡即指
出儒道兩家的創始人老子和孔子也都是從《易經》中吸取了思
想養料：

> 《易》以符號的排列組合象徵天、地、人之間的尊卑主
> 從，對立協調諸關係，從而提供了一個從自然到社會的
> 世界模式；它以陰陽的盛衰消長概括事物的運動轉化，
> 力圖維持對立面的動態平衡，提供了一種思維模式；它
> 本身的取象比類，重視序列和節律，講究整體結構和功
> 能。也給後世某些方法上的啟示。這套模式對我國歷代
> 的思想文化、民族心理性格產生過深刻的影響。我國神
> 話中體現的自強不息、崇德利用、順天應人的民族本原
> 精神在《易》書中得到了系統的承傳，儒道兩家的創始人
> 老子和孔子都從《易經》中吸取了思想養料。[33]

如今，身為領導一群從事教育工作者的校長，更應該試著
去學習並了解自身文化的淵源──《易經》，對於領導具有東

---

32 參自朱伯崑：《易學哲學史》（北京市：崑崙出版社，2005年），頁6-11。
33 張高評編：《宋詩綜論叢編》（高雄市：麗文文化公司，1993年），頁579。

方文化背景的學校組織成員的決策上，會發現《易經》的思維
高度是足以凌駕近代科學理論觀點之上，唯待更多研究者一同
深入發掘。

第三章
《易經》太極整體思維

┌─────────────────┐
│　太極整體思維　　│
└─────────────────┘
　　　　　↓

┌───┐
│ • 廣大宇宙原本是聚集成一個大太極的狀態，「大爆炸」後 │
│ 　分裂為許多太極，太極又分裂為更多小太極，形成宇宙萬 │
│ 　物，生生不息。 │
│ • 太極作用普遍存在於宇宙萬物。 │
│ 　1. 每件事情、每個人、每個地方、每個組織都可視為一個 │
│ 　　太極。 │
│ 　2. 太極與太極間由於各有能量，可能相吸或相拒，或融合 │
│ 　　成另一個大太極的狀態。 │
│ • 宇宙是一個動態且整全的系統。 │
│ • 太極生兩儀，兩儀生四象，四象生八卦。 │
│ • 人處於宇宙天地間應注重天時、地利與人和的整體關係。 │
└───┘

　　太極是《易經》太極整體思維之本源。在《易經》作者看來，宇宙自然界是一個大的整體系統，把世界看成一個動態的有機體，彼此相互聯繫，而且每個個體又是另一個整體，彼此能互相感應、陰陽調合，創生力是生生不息的，時間則是它的創生歷程，其間萬物相互依持，互為影響。

第一節　太極化生

一　太極——宇宙的本源

　　《易經》作為中國古代一部偉大的哲學著作，亦對哲學的基本問題——宇宙的本源提出了自己的觀點：〈繫辭上傳〉：「易有太極，是生兩儀，兩儀生四象，四象生八卦，八卦定吉凶，吉凶生大業。[1]」〈序卦傳〉又言：「有天地，然後萬物生焉。盈天地之間唯萬物。[2]」這兩段話概括地表達了《易經》的宇宙生成觀。

　　太極是陰陽未分、乾坤未判、天地未形前的渾沌狀態，為天地、四象、八卦乃至萬物的根源。渾沌的太極能透過乾元、坤元化生萬物。有了太極，始有陰陽二氣的流轉，陰陽是太極的兩面，太極是陰陽的統一。

　　「太極」是宇宙的起源，也是《易經》哲學思維的原始起點，〈繫辭上傳〉曰：「《易》，无思也，无為也，寂然不動，感而遂通天下之故。[3]」太極默運陰陽生成萬物，萬物也離不開太極。雖然萬物自有自的運動，別的事物影響它，它也影響別人，所以整個宇宙是一體的，不管事物多麼龐雜多樣，彼此都是相互影響的，申言之，太極絕非獨立於萬物之外的主宰作用。

　　因此，《易經》的宇宙觀，整個創生變化歷程的最原始處

1　〔宋〕朱熹：《周易本義》（臺北市：大安出版社，1999年），頁248。

2　〔宋〕朱熹：《周易本義》（臺北市：大安出版社，1999年），頁274。

3　〔宋〕朱熹：《周易本義》（臺北市：大安出版社，1999年），頁246。

就是太極。萬物既均內含太極與陰陽，因萬物之門遂有著某種無形的相互聯繫、相互影響及轉化。此種萬物之間相互影響的聯繫性，形成《易經》「萬物一體」的整體性思想。

二　太極作用普遍存在於宇宙萬物

宇宙萬物不分大小、雌雄也皆蘊藏太極作用，是以，萬物無不是一「小宇宙」之整體。[4]太極之氣一經氣化，則分陰分陽，而且無所不至，故乃有「一物一太極」之謂也。太極是陰陽，太極是道，太極是大自然的規律，是一切物的本源。《易經》視廣大宇宙原本是聚集成一個大太極的狀態，「大爆炸」後分裂為許多太極，太極又分裂為更多小太極，形成宇宙萬物，生生不息。《朱子語類》解釋說：「太極如一木生上，分而為枝幹，又分而生花生葉，生生不窮。到得成果子，裡面又有生生不窮之理，生將出去，又是無限箇太極，更無停息。[5]」說明太極就像自然界樹木的生長，根固然是一太極；結成果子，又是無限個太極。故言，天有太極，是為日月；地有太極，是為南北東西；天地合，太極生；一個國家是太極，是為君與臣；一個家庭是太極，是為男女；一個人是太極，其周身皆太極；朋友、兄弟、姐妹、夫妻、父子、領導者與學校組織成員

4　謝智偉：《學校組織變遷邏輯之探討：易經哲學的觀點》（臺北市：國立政治大學公共行政學系碩士論文，2000年），頁67。
5　〔宋〕黎靖德編：《朱子語類》（長沙市：岳麓書社，1997年），第三冊，卷第七十五，〈易十一·上系下〉，頁1733。

其間皆有太極；一棵樹、一杯水、一片雲彩⋯⋯世間萬物皆為太極。[6]

所以，「太極」既是微觀的，也是宏觀的，無數的太極組成一個整體的「太極」；小至「人體細胞」，大至整個宇宙一體，都可視為「太極」，所謂：「人身小太極，宇宙大太極」。陰陽中和的概念下，萬物皆得以「感通共性」，所謂「以一貫之」正是此理。[7]故宋代理學有「物物一太極」、「人人一太極」。[8]謂人類自身亦內有太極之氣，可謂之「人身一太極」，是宏觀大宇宙的一個次級系統。人類既有此氣，則其與萬事萬物必有著內在的聯繫性，並且透過此氣之感應作用，則人類可以影響萬物，萬物亦可影響人類。〈繫辭上傳〉云：「《易》无思也，无為也，寂然不動，感而遂通天下之故。[9]」此謂氣對於人與萬物之相互感應作用，無一不受彼此之影響。

換言之，太極是天地萬物之理，事物發展的規律都在太極之中。太極從符號來看是一個圓，從眾物來看是一個範圍，象徵一個整體。這個整體中有人、事、物的存在；範圍內的人、事、物是一個整體，一個系統，彼此屬性不同卻互相關聯，有的關聯性高，有的關聯性低。[10]因此，人不可能置身於自然界

6　張和平：〈論太極〉，《2013世界易經大會論文集》（新北市：聖環圖書出版社，2013年8月），頁740。

7　陳怡靜：《太極身體觀──從太極思維與太極拳看身體》（桃園縣：國立臺灣體育學院體育研究所碩士論文，2001年），頁35。

8　楊成寅：《太極哲學》（上海市：學林出版社，2003年），頁265。

9　〔宋〕朱熹：《周易本義》（臺北市：大安出版社，1999年），頁246。

10　邱錦娥：《運用「太極思維」輔導方案對幼兒教師輔導知能專業成長之探究》（高雄市：樹德科技大學兒童與家庭服務研究所碩士論文，2011年），頁23。

之外，人類之行為舉止與整個大環境息息相關，可謂「生命共
同體」。一個學校的教育領導系統自然也可稱為一個太極，而
每個學校組織成員即相對是一個「小太極」。領導者的任務就
是整合所有「小太極」形成一個運轉和諧的「大太極」，亦是
學校組織領導的最終目的。

三　太極是動態的有機整體系統

太極變動周流的觀念左右了中國歷世多數人的思想及中國
傳統的思維方式。一般較為普及的太極圖示如下：

一般人認識之太極圖都是平面的，但這並不等於說太極思
維都是在平面上展開的。按照王夫之的說法，太極圖應是一個
圓珠一樣的東西。他說：

> 珠無中邊之別，太極雖虛而理氣充凝，亦無內外虛實之
> 異。從來說者竟作一圓圈，圍二殊五行于中，悖矣。此
> 理氣遇方則方，遇圓則圓，或大或小，絪縕變化，初無

定質，無已而以圓寫之者，取其不滯而已。[11]

此思維應是立體的、球形的、系統的、無限的、向四面八方展開的，亦可稱之為「系統思維」。「系統思維」不只是反映思維對象的個別方面、個別因素，也不只是反映對的某一角度、某一層面的一般，而是要把握其有機的整體，力圖全面地、真實地把握思維對象的整體、其整體的發展變化過程以及它與周圍事物所發生的聯繫之立體整體。[12]所以太極圖視宇宙萬物為一個動態整體，其運動變化及發展的動力，在於各事物間陰陽結構的變化，故為一動態立體之圖像。以上皆明顯揭露了《易經》太極整體思維的兩大特徵：

（一）動態性

太極是變動周流之氣，萬物的一切變動都是取之於太極的運行。太極的運行，即是萬物的變動，萬物之運行所生之流動，也不過是太極一大流行作用中之小迴旋小曲折，終仍不脫太極流行之大趨勢。〈泰〉☷☰九三的爻辭：「无平不陂，无往不復。[13]」「无平不陂」指空間無平面；「无往不復」可指運動無直線。空間的運動是暢流、沒有阻礙的，它不受平面的影響，而運動是周流的，沒有空間阻擋的。[14]〈復〉卦辭：「反覆其

---

11 〔清〕王夫之：《思問錄》（臺北市：世界書局，1959年），〈外篇〉，頁32。

12 參楊成寅：《太極哲學》（上海市：學林出版社，2003年），頁289。

13 〔宋〕朱熹：《周易本義》（臺北市：大安出版社，1999年），頁73。

14 參自林超群：《周易之宇宙論及其人生哲學》（臺中市：國立中興大學中國文學研究所碩士論文，2004年），頁24。

道，七日來復。[15]」〈恆·彖〉：「利有攸往，終則有始也。[16]」〈繫辭下傳〉：「變動不居，周流六虛。[17]」《說卦傳》說：「是故《易》逆數也。[18]」〈序卦傳〉也說：「剝者，剝也。物不可以終盡，剝窮上反下，故受之以〈復〉。[19]」〈繫辭下傳〉又云：「日往則月來，月往則日來，日月相推而明生焉。寒往則暑來，暑往則寒來，寒暑相推而歲成焉。[20]」……等等。這些都說明宇宙是變化生滅，循環周流，整個宇宙為動態的宇宙。

現代新物理學與《易經》所示「動態的整體」，意同指宇宙的事物不管如何的繽紛繁多，都是密切的互動和相互的影響，每個事物都在運動，都有一定的背景和網路別的事物影響著它，它也影響著別的事物。[21]就其本身學校組織成的每一卦，代表一個結構和變化。宇宙的現象都是一個結構。必且是活的結構，隨時在變化之中。可以從內部的局部變化形成外部的全體變化。內部的變化說明內部產生必須變的因素，由於內部某一部分的變，導致另一個卦的形成，部分的變影響到全體的變。[22]即是一連串動態性的交互影響著。

《易經》對太極之動的觀點，就如現代物理學並不會將物質視為被動而惰性的，而將視之為一種無止的跳動與震動，而它們的「律動型態」（rhythmic patterns）取決於分子、原子與

---

15 〔宋〕朱熹：《周易本義》（臺北市：大安出版社，1999年），頁109。

16 〔宋〕朱熹：《周易本義》（臺北市：大安出版社，1999年），頁134。

17 〔宋〕朱熹：《周易本義》（臺北市：大安出版社，1999年），頁262。

18 〔宋〕朱熹：《周易本義》（臺北市：大安出版社，1999年），頁268。

19 〔宋〕朱熹：《周易本義》（臺北市：大安出版社，1999年），頁274。

20 〔宋〕朱熹：《周易本義》（臺北市：大安出版社，1999年），頁256。

21 成中英：《C理論——易經管理哲學》（臺北市：東大圖書公司，1995年），頁20。

22 成中英：《C理論——易經管理哲學》（臺北市：東大圖書公司，1995年），頁238。

核子的形貌。至此，我們終於領悟到，大自然並沒有靜態的結構。而宇宙間卻存有「穩定性」（stability），但此種穩定性確是一種「動態平衡」（dynamic balance），而且，我們更深入於物質，則我們越需要去了解其動態本質才能了解它的型態。[23]可見《易經》的太極整體思維早已凌駕與現代科學發現，是以動態性作為思維基礎的。

（二）有機整體性

《易經》是將自然與人世間視作一個的統一整體，人是自然的產物，人間社會上的一切是從自然發展而來的，人間社會所持有的倫理道德規範與等級秩序也是按照自然的原則而確立的，〈序卦傳〉即十分具體地描述了從自然到人間社會的生活過程，它說：

> 有天地，然後有萬物；有萬物，然後有男女；有男女，然後有夫婦；有夫婦，然後有父子；有父子，然後有君臣；有君臣，然後有上下；有上下，然後禮義有所錯。[24]

所以說，整體論是天道、地道、人道的最高意義上的統一，是「無為而無不為之」的現實表現，是人法地、地法天、天法道、道法自然的思想集中表現。[25]其尋求事物整體性規律的思

---

23 參自吳嘉欽：《易經管理哲學之探究》（臺北市：國立政治大學公共行政研究所碩士論文，1997年），頁76。

24 〔宋〕朱熹：《周易本義》（臺北市：大安出版社，1999年），頁275。

25 林超群：《周易之宇宙論及其人生哲學》（臺中市：國立中興大學中國文學研究所碩士論文，2004年），頁61。

維特點，在很大程度上強化了中國古代綜合思維方法的優勢和特長，使他們能夠在相當大的程度上避免了分析技術和實驗手段，而對物質世界進行深入研究的侷限。[26]比利時當代哲學家普里高津引用英國科學史家李約瑟說：

> 西方科學向來是強調實體（如原子、分子、生物等），而中國的自然觀則以關係為基礎。中國的傳統，學術思想著重對於整體性和自然性，研究協調和協和。[27]

《易經》太極整體思維方式造就了後來中國人善於採用整體的、全體的、系統的思維方法、而不是用局部的、解剖的、分析的方法來考慮問題。同時也觸及到了具有普遍性的現代橫向學科，如訊息論、控制論、系統論、協同論、突變論等其本原理，因而更具有世界意義。[28]《易經》哲學思維認將人和自然看作是一個互相感應的有機整體。楊成寅在其所著《太極哲學》一書中寫道：

> 從以上中科院院士關於他們的思維經驗的論述中，我們可以體會到：（1）整體觀很重要，不能只看局部。（2）但整體是「有機的」。什麼是「有機的」？是說「整體」由許多部分協調地組合在一起。這許多部分在「整體」中相互作用、互補、互剋、互生、互相協調，總之是這

---

26 程振清、何成正：《易經與現代管理》（臺北市：中天出版社，1999年），頁59。

27 轉引自楊成寅：《太極哲學》（上海市：學林出版社，2003年），頁268。

28 程振清、何成正：《易經與現代管理》（臺北市：中天出版社，1999年），頁58。

許多部分都是在「活動」，在「發生作用」，相互影響並影響「整體」。（3）「有機」與「動態」相聯繫。既然「整體」的各個部分都是「有機」的活動分子，那麼「整體」也必然是有機的、活動的，即運動、變化、發展著的。（4）《陰陽魚太極圖》（《太極球》），特別是《五行生剋圖》很能說明「有機整體」的觀念，也很能說明「動態多因素的分析」的觀念。[29]

《易經》的宇宙系統是把世界看成一個動態的有機整體，是一個動態開放的整體，彼此相互聯繫、相互貫通的整體。而每個小事又是個小整體，彼此能互相感應、陰陽調合，則創生力是生生不息的，時間則是它的創生歷程，其間萬物相互依持，互為影響。

☆《易經》太極整體思維帶給了後人極大的影響，甚至可以說，它成為中國幾千年來的思維定勢。這種思維方式啟發著人們去尋求自然界和人類社會所共同遵守的普遍性規律，也驅使領導者的思維，不是向微觀分解的、縱向深入的、定量分析和個性獨立方面發展，而是著重向橫向聯繫的、宏觀統一的、定性把握的整體聯繫方向發展。[30]因為既然事物本身的存在是一個整體，或是在整體之中，事物的整體又是一個有機的、有序的、邏輯的發展過程，那麼在現代學校領導理論中就應依《易

---

29 楊成寅：《太極哲學》（上海市：學林出版社，2003年），頁283。
30 程振清、何成正：《易經與現代管理》（臺北市：中天出版社，1999年），頁58。

經》太極整體的思維的觀點去觀察、分析、理解、處理一切問題和矛盾。同時提示領導者要有統觀全局的視野，整合內外部資源，使學校組織內外環境發生互動關係，形成一有機的動態整體系統，有助於校長整合內外資源借力使力使學校邁向卓越發展。

第二節 卦象衍化

《易經》經卦部分講卦序的整體排列，及卦與卦、爻與爻之間內在聯繫，正是渾然一體的現代領導之基本要求。它們之間形成的內在聯繫正是宇宙間、人世間、事物間必然聯繫、變化、讓渡、發展的一種反應，具有明顯化整體性。[31]各卦爻間的聯繫顯示《易》理所包含的太極整體思想。

一 陰陽二爻以簡馭繁

《易經》卦爻在結構上是由單純符號「━」（陽爻）、「--」（陰爻）交互作用開始，「━」與「--」是兩個代表形上思想的符號，它們所代表的乃是超乎物體形象的抽象作用或動能[32]，亦表示客觀事物的屬性。萬物雖然都有陰陽二性，但陰陽的多寡卻有不同，沒有任何一物是保持著陰陽平衡相等的。當然在變動過程中有平衡的時候，但那個時候一瞬即逝，因為陰陽二作用的消長是動動不休的。例如：同是雄性，有剛健輕重之

---

31 程振清、何成正：《易經與現代管理》（臺北市：中天出版社，1999年），頁132。
32 高懷民：《先秦易學史》（臺北市：臺灣商務印書館，1975年），頁65。

別；同是春生草木，有遲速發生之分。宇宙萬物之千差萬殊，各具姿態，實由於陰陽之多寡不同及變動不休而來。

　　《易經》六十四卦都是陰陽二爻的組合，故曰：「乾以易知，坤以簡能。易則易知，簡則易從。……易簡而天下之理得矣。[33]」將事物分作陰陽，然後再以簡單的爻卦透過人類思維作推化的功夫。並且「近取諸身，遠取諸物，於是始作八卦，以通神明之德，以類萬物之情。[34]」故言：「夫《易》……其稱名也小，其取類也大」[35]、「八卦而小成，引而伸之，觸類而長之，天下之事能畢矣。[36]」而其所涵蓋的智慧，表現在爻卦變化及爻辭深遠的含意，是先哲累積其生活經驗，透過生活的實踐，將背後以簡馭繁含意發酵出來。故〈繫辭下傳〉云：「其旨遠，其辭文，其言曲而中，其事肆而隱，因貳以濟民行，以明失德之報。[37]」故太極陰陽二分後是為達以簡馭繁的論述目的。

二　八卦取法天地之象

　　太極生兩儀，即一分為二。陽為一太極，陰也是一太極。陰陽共同作用於每一物體，欲表現它們的共同作用，便要將它們組合在一起，伏羲氏於是將二者組合在一起，便產生四個符號：

33　〔宋〕朱熹：《周易本義》（臺北市：大安出版社，1999年），頁233。
34　〔宋〕朱熹：《周易本義》（臺北市：大安出版社，1999年），頁253。
35　〔宋〕朱熹：《周易本義》（臺北市：大安出版社，1999年），頁260。
36　〔宋〕朱熹：《周易本義》（臺北市：大安出版社，1999年），頁243。
37　〔宋〕朱熹：《周易本義》（臺北市：大安出版社，1999年），頁260。

老陰　　少陽　　少陰　　老陽

這四個符號便是「四象」，意即陽中又包含了一陰一陽，而陰中也有一陰一陽，於是兩儀生四象。〈繫辭下傳〉說：「《易》者，象也；象也者，像也。[38]」這是從形上思想落到物體。陽中之陽稱為老陽，陽中之陰即是少陰，陰中之陽稱為少陽，而陰中之陰則為老陰。從二分成的四，叫作四象。再將兩畫的四象，再加一畫，使變成三畫的象；因為「三」是奇數，無法使之陰陽平衡，自然也就顯示出多寡消長之勢。[39]而四象又各自為一太極，且分別內涵了正反陰陽兩面，於是老少陰陽又進而衍生出乾、兌、離、震、巽、坎、艮、坤八卦。所以伏羲氏畫成三畫的八個象是：

乾　　坤　　震　　巽　　坎　　離　　艮　　兌

故〈乾〉、〈坤〉以中爻交，而為〈坎〉、〈離〉；〈離〉以下爻交於〈坎〉，而為〈兌〉；〈坎〉以上爻交於〈離〉，而為〈震〉；〈震〉以中爻交於〈巽〉，而為〈艮〉；〈巽〉以下爻交於〈震〉，而為〈坤〉；〈艮〉以上爻交於〈兌〉，而為〈乾〉；〈兌〉以中爻交於〈艮〉，而為〈巽〉；〈乾〉、〈坤〉、〈坎〉、〈離〉互交，各得其本位之卦；〈震〉、〈巽〉、〈兌〉、〈艮〉互

---

38 〔宋〕朱熹：《周易本義》（臺北市：大安出版社，1999年），頁255。
39 參自高懷民：《先秦易學史》（臺北市：臺灣商務印書館，1975年），頁67。

交各得其對位之卦，此四正四隅之不同。

　　至於〈乾〉、〈坤〉、〈震〉、〈巽〉、〈坎〉、〈離〉、〈艮〉、
〈兌〉八個正式名稱起於何時？高懷民認為，因每一名稱都可
以從文字構造上看出其符合於八卦根本思想的含義，可推論應
是起於黃帝臣倉頡造字以後至商代中間。[40]《漢書》：「昔殷道
弛，文王演周易。[41]」文王欲代殷而有天命，且殷商社會原盛
行卜法——筮術，如就文王當時所處的情勢推斷其「演易」的
動機，乃是「天命」的心理促動。[42]邵雍（1011-1077）將《易
經》陰陽造化繪成了《伏羲八卦橫圖》[43]，如下圖所示：

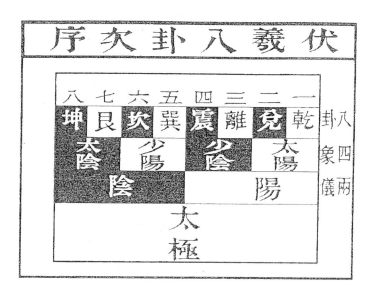

圖3-1　伏羲八卦橫圖

40 高懷民：《先秦易學史》（臺北市：臺灣商務印書館，1975年），頁68-74。

41 〔漢〕班固撰，〔唐〕顏師古注：《漢書》（北京市：中華書局，1997年），卷二十七，
　　〈五行志第十〉，頁1316。

42 參自高懷民：《先秦易學史》（臺北市：臺灣商務印書館，1975年），頁91。

43 〔宋〕朱熹：《周易本義》（臺北市：大安出版社，1999年），頁252。

　　這八個象便是「八卦」。〈繫辭下傳〉有云：

> 八卦成列，象在其中矣；因而重之，爻在其中矣；剛柔
> 相推，變在其中矣；繫辭焉而命之，動在其中矣。[44]

> 古者包犧氏之王天下也；仰則觀象於天，俯則觀法於
> 地，觀鳥獸之文，與地之宜，近取諸身，遠取諸物，於
> 是始作八卦，以通神明之德，以類萬之情。[45]

天下萬物複雜，天地宇宙各具奧妙之象，聖人觀之，因而擬測
萬事萬物生生變化的形象，太極變化而生陰陽，有陰陽而生天
地。天地變化而產生金、木、水、火、土。金、木、水、火、
土變化而生天、地、水、火、風、雷、山、澤，是謂乾、坤、
震、巽、坎、離、艮、兌八卦。八卦最初所象八種自然現象，
這表示伏羲氏畫成八卦之當時是天道思想時代，人們的思想活
動以自然現象為主。

坤　艮　坎　巽　　震　離　兌　乾　八
地　山　水　風　　雷　火　澤　天　卦

☷　☶　☵　☴　　☳　☲　☱　☰

---

44 〔宋〕朱熹：《周易本義》（臺北市：大安出版社，1999年），頁252。
45 〔宋〕朱熹：《周易本義》（臺北市：大安出版社，1999年），頁253。

八卦所象徵的八種自然事物，不是靜止無意義的自然物，而是構成人類生存狀況的某種境遇。自然物的形態、性質、功用等因素被引申出來，並與其他因素交合形成某種特定境遇。[46]如〈賁・象〉說：「山下有火，賁。君子以明庶政，无敢折獄。[47]」其意是山間草木被火光照耀有「文飾」之象，引申為政教文明。

三　六十四重卦的系統性

《易經》六十四卦之變化無窮，奧妙至微，其中必定有其邏輯可循，變化過程看似複雜，有其整體性的規律性排列及程序。太極是一個有機的動態整體系統的概念，有了太極的開始，才有天地的分別；有了太極，始有陰陽二氣的流轉。陰陽是太極的兩面，太極是陰陽的統一。〈繫辭上傳〉曰：「《易》與天地準，故能彌綸天地之道。[48]」「準」字，朱子《周易本義》注為「齊準」，是標準可效法之意。「彌綸」兩字，朱子解釋曰：「彌，如彌縫之彌，有終竟聯合之意，綸，有選擇條理之意。[49]」彌綸即無所不在，無所不理之意。《易》所準、所彌綸者，乃天地之道，而其意象化，則有六十四卦（如圖3-2）。

---

46 陳洪波：〈《周易》的思維方式與哲學思想〉，《湖北第二師範學院學報》第26卷第11期（2009年11月），頁1。

47 〔宋〕朱熹：《周易本義》（臺北市：大安出版社，1999年），頁105。

48 〔宋〕朱熹：《周易本義》（臺北市：大安出版社，1999年），頁237。

49 〔宋〕朱熹：《周易本義》（臺北市：大安出版社，1999年），頁237。

坤 地	艮 山	坎 水	巽 風	震 雷	離 火	兌 澤	乾 天	上卦／下卦
地天泰	山天大畜	水天需	風天小畜	雷天大壯	火天大有	澤天夬	乾為天	乾 天
地澤臨	山澤損	水澤節	風澤中孚	雷澤歸妹	火澤睽	兌為澤	天澤履	兌 澤
地火明夷	山火賁	水火既濟	風火家人	雷火豐	離為火	澤火革	天火同人	離 火
地雷復	山雷頤	水雷屯	風雷益	震為雷	火雷噬嗑	澤雷隨	天雷无妄	震 雷
地風升	山風蠱	水風井	巽為風	雷風恒	火風鼎	澤風大過	天風姤	巽 風
地水師	山水蒙	坎為水	風水渙	雷水解	火水未濟	澤水困	天水訟	坎 水
地山謙	艮為山	水山蹇	風山漸	雷山小過	火山旅	澤山咸	天山遯	艮 山
坤為地	山地剝	水地比	風地觀	雷地豫	火地晉	澤地萃	天地否	坤 地

圖3-2 六十四卦配卦表

《易》設卦分爻，與《詩》、《書》、《左傳》、《論語》等書之篇章形式迥然有別，其義理隱含於卦爻辭及《易傳》中，也隱涵在卦序的安排上。傳本《易經》卦序之安排，乃將六十四

卦分成三十二耦，兩卦一組，非覆即變。又分為上經、下經，上經首乾、坤，終習坎、離，共三十卦。從天道開始，講到了事物變化、發展的基本法則。下經首咸、恆，終既濟、未濟，共三十四卦，是從人道開始講述的，是人倫的變遷、發展的基本法則，最後又歸結到天道循環變動，生生不息的法則之中。

「周易」有「周流變易」之義，六爻即代表較小規模之周流變易。〈繫辭下傳〉曰：「因而重之，爻在其中矣。[50]」言文王演八卦為六十四卦，乃取八卦兩兩相重而生，後世易學家省稱為「重卦」。所以，六十四卦之形成，即象徵宇宙萬物在時間之流中演進之情況；六十四卦之次序，又代表較大規模之周流變易。[51]故邵雍《皇極經世書》曰：

太極既分，兩儀立矣。陽下交於陰，陰上交於陽，四象生矣，陽交於陰，陰交於陽，而生天之四象；剛交於柔，柔交於剛，而生地之四象，於是八卦成矣。八卦相錯，然後萬物生焉。是故，一分為二，二分為四，四分為八，八分為十六，十六分為三十二，三十二分為六十四。故曰「分陰分陽，迭用剛柔，易六位而成章」也。十分為百，百分為千，千分為萬，猶根之有幹，幹之有枝，枝之有葉，愈大則愈少，愈細則愈繁。合之斯為一，衍之斯為萬。是故，乾以分之，坤以翕之，震以長之，巽以消之。長則分，分則消，消則翕也。[52]

---

50 〔宋〕朱熹：《周易本義》（臺北市：大安出版社，1999年），頁252。

51 黃慶萱：《周易縱橫談》（臺北市：東大圖書公司，1995年），頁117。

52 〔宋〕邵雍：《皇極經世書》（冊二）（臺北市：臺灣中華書局，1971年），〈皇極經世緒

　　〈序卦傳〉旨在說明六十四卦的編排次序，揭示諸卦相承相受的關係，明白指出六十四卦間的順序和關聯性。全文分兩段，前段述說上經乾卦至離卦，後段說下經咸卦至未濟卦，其中相承相受的關係意義，含有事物朝正面發展或朝反面轉化的辯證觀點。〈序卦傳〉的作者，通過對六十四卦卦名的解釋，除乾坤兩卦外，皆主取義說。其對卦序的解釋，有相因說，如其解〈屯〉、〈蒙〉二卦說：「屯者，物之始生也，物生必蒙，故受之以〈蒙〉。[53]」此以萬物始生而幼稚，說明此二卦的先後順序。除相因說外，還有相反說。其相反說，就是表現了窮極則反的對偶面轉化的思想。摘錄〈序卦傳〉如下：

　　　　泰者，通也；物不可終通，故受之以〈否〉。物不可終否，故受之以〈同人〉。……剝者，剝也；物不可以終剝，窮上反下，盡矣故受之以〈復〉。……恆者，久也；物不可以久居其所，故受之以〈遯〉。遯者，退不可以終遯，故受之〈大壯〉。……損而不已必益，故受之以〈益〉。益而不已必決，故受之以〈夬〉。……升而不已必困，故受之以〈困〉。困乎上者必反下，故受之以〈井〉。……震者，動也。物不可以終動，止之，故受之以〈艮〉。艮者，止也。物不可以終止，故受之以〈漸〉。……有過物者必濟，故受之以〈既濟〉。物不可窮也，故受之以〈未濟〉終焉。[54]

言〉，卷之七上，〈先天象數第二〉，頁24。

53　〔宋〕朱熹：《周易本義》（臺北市：大安出版社，1999年），頁274。

54　〔宋〕朱熹：《周易本義》（臺北市：大安出版社，1999年），頁274-276。

以上就卦名的字義說，每兩卦為一組，都是相反的。二者的關係多以「物不可以終……，故受之以……」或「……而不已必……，故受之以……」的形式來表示物窮則反，互相轉化之義。值得注意的是，其以未濟卦來作為全卦的最後一卦，意思是說事物的轉化沒有窮盡，一陰一陽交替往來，因動所以陰陽變化不一，在陰陽變化中，即有剛柔兩力運動推移下，一事物的完善，沒有終結之時，當事物發展到了極致，便會又有另一個開始，變化生生由此展開。一事息則一事生，如此終而復始、恆而不窮、孳生延續。

〈序卦傳〉說明了此六十四卦形成一個嚴密邏輯聯繫的有序整體系統。自「乾」天「坤」地，萬物為「屯」開始，終於締造了「既濟」卦的完滿世界，然後卻又復歸「未濟」卦的渾沌狀態，終而由始不斷地循環著。

四　三百八十四爻的整體性

由八卦相重而產生六十四卦又三百八十四爻，以容括萬物，以涵蓋萬象，以統貫萬理，以示之天道，每一卦皆有卦辭，每一爻都有爻辭，彼此交互作用產生之吉凶、福禍、成敗、得失，是其整體顯現。

（一）六爻間交互作用

爻者，效也，是呈現、效法的意思。〈繫辭上傳〉曰：「變化者，進退之象也；剛柔者，晝夜之象也；六爻之動，三極之

道。[55]」六十四卦每卦都由六爻構成，陽爻用最高的奇數九代表，陰爻用中間的偶數六代表。六爻的次序由下而上，第一稱初，其餘序為二、三、四、五，第六稱上。每一爻皆有爻辭，根據其性質及位置來說明其意義。

「卦」由「爻」組合而成，爻變之後自然成為新的卦，因此爻變與卦變有密不可分的關係。[56]爻之於卦，講求得位不得位、合時不合時、居中不居中；爻之於爻，講求乘、承、比、應等關係。爻是用來表現或說明事物的運動和變化，所以，卦象的變化取決於卦爻間的爻象的變化。爻象從本身形態上看，只有陰、陽二者之別，它的意義完全在於爻與卦間，以及彼此爻與爻間的變動關係上，所以爻辭是從爻的動象上立言。

《易經》將一切萬物變化現象之關係性，表現於每卦的「六爻」之上。〈繫辭下傳〉云：

> 道有變動，故曰爻；爻有等，故曰物；物相雜，故曰文；文不當，故吉凶生焉。[57]

六爻是《易經》的時空交錯的六個場（維面），六爻象天地人之間的六種三對勢力的交鋒與會合。[58]所以爻象就是六爻間的交互作用是像波一樣互相干涉和繞射。

---

55 〔宋〕朱熹：《周易本義》（臺北市：大安出版社，1999年），頁235。
56 陳睿宏：《義理、象數與圖書之兼綜──朱震易學研究》（臺北市：文史哲出版社，2011年），頁333。
57 〔宋〕朱熹：《周易本義》（臺北市：大安出版社，1999年），頁263。
58 李霖生：《易經密碼解密》（臺北市：漫遊者文化公司，2012年），頁18。

「爻」在一「卦」之中，乃至六十四卦之中，都是一相對發生的事件。[59]李霖生師認為：「爻」在一「卦」之中，乃至六十四卦之中，都是一相對發生的事件，同時是相對的計時器。於是，此「爻」在空間中以動態的事件展開並擔當相對的計時器，攝受了其他卦爻事件。爻與爻，爻與卦，都不再是兩實體間的因果關係，而是一種振幅關係。[60]所以一個「爻」可視為一個「事件」，一個「事件」攝入一包涵諸方位的範疇統一體的活動，這就是「爻」與一卦諸爻的關係，也是一「卦」與六十四卦的關係性質，更是一爻在三百八十四爻之中的意義。

（二）卦爻間的結構關係

《易經》自身在形式上就是一個完整的體系。「卦」與「爻」的立場，就是「整體」與「單一」的關係；至於「交互」的關係，則以「爻變」說明其間的「依存」變化，也是「對偶」與「相抗」發生之可能情形。[61]就卦象和爻象來說，卦象是由爻象組成的，八卦由「—」、「--」兩爻象三重構成，自成一個體系；六十四卦又是由八卦加以重合推演而成，或者說，由「—」、「--」兩爻象六重構成，自成一個體系。

每一爻都是一個「時位」，既體現時間，又體現空間，是一種時空合為一體，在時間的流動中表現空間的變化，又在空間的拓展中展現時間的過程。所以一爻的吉凶非得從太極整體

---

59 李霖生：《易經密碼解密》（臺北市：漫遊者文化公司，2012年），頁25。
60 李霖生：《易經密碼解密》（臺北市：漫遊者文化公司，2012年），頁25。
61 薄喬萍、劉廷揚、楊秀燕：〈易經的管理實務應用模式〉，《人文與社會學報》第3卷第1期（2012年12月），頁32。

思維的角度去衡量，則難以判讀。故吾人應將六十四卦視為作
《易》者提示後人探究宇宙萬有生成變化的一種途徑，一種整
體系統的思維路向。

　　爻與爻之間的關係，也意味著太極整體思維的脈絡與不可
分開性。爻位的關係應用到人事上，每卦六爻，爻位不同，繫
辭之義也不同，象徵一個人處境（位、空間）不同，做事方法
也不同。位的變化，六十四卦除乾坤二卦外，其他卦均為陰陽
爻相錯雜，位的變化也就所在不同。《說卦傳》云：「故易六畫
而成卦，分陰分陽，迭用剛柔，故易六位而成章。[62]」《易經》
每卦六爻，始於初，分於二，通於三，革於四，盛於五，終於
上。所以雖同是「─」即陽爻，在不同爻位又有不同的境遇，
例如，同在由純粹的「─」組成的乾卦中，每個陽爻各依其在
卦中的地位不同，而有不同的含義。即言位於不同的爻位就要
因不同的境遇、身分採取不同的應變方式。「易六位而成章」
是指對事物發展過程中所處境地的重視。古云「刻舟求劍」是
諷刺不知變通、死守常理的迂腐之人，《易經》的思維則非強
調在不同的境地，應有不同的形勢判斷，是為一種整體判斷的
思維。

　　也就是說，《易經》卦象自身的邏輯結構是一個圓滿的整
體，不是一個殘缺不全、可以隨意增減的符號形式。不僅如
此，八卦和六十四卦的爻象又是各卦之間聯繫的紐帶，爻象的
變化引起卦象的變化，由一卦變成另外一個卦。例如，八卦中
的坤卦最下面的陰爻變為陽爻，則坤卦變為震卦。可見卦象、

---

62 〔宋〕朱熹：《周易本義》（臺北市：大安出版社，1999年），頁268。

爻象在《易經》中是普遍聯繫、相互制約的。[63]故於卦爻辭中也是如此，對六十四卦含義的理解，不僅要分析六爻之間的聯繫，而且要考慮上下卦的聯繫，所以每一卦的屬性不僅是由構成要素的屬性決定，更重要的是由諸要素的結構關係所決定，這正是太極整體思維的重要展現。

☆《易經》中的卦象、爻象是普遍聯繫、相互制約的。任何一個問題的合理解決都要放在特定的環境中，按其特定的時間、地點和條件的要求去決定的方法和途徑，切勿忽視整體事物中的任何一個因素、任何一個方面、任何一個環節、任何一個局部對整體的作用、制約和影響。同理，學校任何事物的存在，並不是靜止的、孤立的，而是發展的、變化的。它既與周圍其他事物之間存著複雜的聯繫，同時也與學校內部成員之間存在著千絲萬縷的關係。所以，校長想要領導學校組織達成學校目標的同時，也應與個體成員的發展相互聯繫，以發揮相輔相成之效用。

第三節　天人合一

　　《易經》的太極整體思維是以天人合一為基調。自古以來，「天、地、人」之間的關聯性便密不可分。乃因天、地佔據人類之整個生活空間，人類視線所及之曠遠蒼穹與立足地輿，帶給先民甚多啟發與聯想，而《易經》就是人們認識天

---

63 劉玉平：《易學思維及其文化價值》（濟南市：山東大學出版社，2011年），頁48、49。

道、地道、人道的「經」書，是一切真理的重要泉源。《易經》將一卦六爻概括為三才之道或三極之道，說明《易經》非一般著作，而是蘊含天人之道，反映了作者對宇宙萬物的基本看法，也映現了作者對人事社會的一種認識，所以「天人合一」的根本內容，就是把天、地、人視為分別遵循陰陽、剛柔、人義變化之道的連貫整體。從天道尋覓人類行為的合理途徑，即為天人合一。透過占卜，發現自己所處的狀態，以天人合一的方式，來獲得合理的正當對應方式，即依天道尋找人事的化解之道。《易》道中「以人合天」與「以天合人」的天人關係，強調主客契合，自然與社會的整體和諧，明瞭「天人關係」是《易經》哲學思維的主軸。

一 三才之道

聖人仰觀俯察萬物生生的根本，重卦由兩個經卦重疊而成，但六爻作為一個整體，除了有上下卦區分外，內部又會產生兩爻一組的新的關係，即每一個卦象都包含著天、地、人三種要素，朱熹《周易本義》云：

> 六爻；初、二為地，三、四為人，五、上為天。動，即變化也。極，至也。三極，天、地、人之至理，三才各一太極也。此明剛柔相推以生變化，而變化之極，復為剛柔，流行於一卦六爻之間，而占者得因所值以斷吉凶也。[64]

---

64 〔宋〕朱熹：《周易本義》（臺北市：大安出版社，1999年），頁236。

以《易》八卦之三爻來代表，象徵宇宙一切事物的變化，此一切事物的變化便是天、地、人的變化。天、地、人三者乃構成宇宙的基本要素，三者缺一不可，如以卦爻說明：〈乾〉☰、〈坤〉☷、〈震〉☳、〈巽〉☴、〈坎〉☵、〈離〉☲、〈艮〉☶、〈兌〉☱此八卦，各有三個爻，初爻代表地，中爻代表人，上爻代表天。例如：〈中孚〉☲☴、〈小過〉☶☳、〈既濟〉☵☲、〈未濟〉☲☵等之六個卦爻，則初、二爻代表地，三、四爻代表人，五、上爻代表天。〈乾・文言〉曰：「六爻發揮，旁通情也。[65]」這六爻所顯現的，都是天、地、人自然演變的情狀。〈繫辭上傳〉云：「六爻之動，三極之道也。[66]」韓康伯《周易王韓注》注曰：「三極，三才（材）也。[67]」明代來知德《周易來註》註曰：「才者，能也。天能覆，地能載，人能參天地，故曰才。[68]」以上可知，三極即三才。〈繫辭下傳〉有一段重要的話：

> 《易》之為書也，廣大悉備，有天道焉，有人道焉，有地道焉，兼三才而兩之，故六。六者非它也，三才之道也。[69]

---

65 〔宋〕朱熹：《周易本義》（臺北市：大安出版社，1999年），頁36。

66 〔宋〕朱熹：《周易本義》（臺北市：大安出版社，1999年），頁235。

67 〔魏〕王弼、〔晉〕韓康伯、〔宋〕朱熹注：《周易二種》（臺北市：大安出版社，1999年），頁205。

68 〔明〕來知德撰，〔明〕沈際飛訂補：《周易來註》，明崇禎五年（1632），卷十四，頁36。

69 〔宋〕朱熹：《周易本義》（臺北市：大安出版社，1999年），頁263。

意即《易經》作為一部象徵事理的書，可以說涵蓋廣大完備。
天道、地道、人道包含其中，兼合三畫卦天、地、人三才的象
徵而兩兩相重疊。三才一體化道，創生出萬物，而「萬物」即
是包含自然界和人類社會、自然物和器具在內。《易傳》把天
體運行變化的過程和法則叫作「天道」，把地球上萬物生長變
化的法則叫作「地道」，把人類社會的活動法則稱為「人
道」。[70]所以，天道與地道是代表客觀外在的宇宙自然，人道則
指涉人間世的各種關係與倫理道德意義，茲分述如下：

（一）天道

　　所謂天道，就是從自然現象的體驗中領悟到的法則。在
《易經》的「經」與「傳」中，「天」字共出現二百一十二
次，趙中偉分析「天」之寓含有三[71]，一是主宰天，具有保祐及
降災功能的天，例如：

> 自天祐之，吉，无不利。[72]
> 以杞包瓜，含章，有隕自天。[73]
> 大有上吉，自天祐也。[74]
> 大亨以正，天之命也。……天命不祐，行矣哉！[75]

---

70 朱伯崑、李申、王德有等著：《周易通釋》（北京市：昆侖出版社，2004年），頁143。

71 參自趙中偉：〈乾元用九，乃見天則——《周易》「天」之思想的創造性詮釋〉，《哲學
　　與文化》第34卷第10期（2007年10月），頁25-29。

72 〔宋〕朱熹：《周易本義》（臺北市：大安出版社，1999年），〈大有‧上九〉，頁83。

73 〔宋〕朱熹：《周易本義》（臺北市：大安出版社，1999年），〈姤‧九五〉，頁172。

74 〔宋〕朱熹：《周易本義》（臺北市：大安出版社，1999年），〈大有‧上九‧象〉，頁83。

75 〔宋〕朱熹：《周易本義》（臺北市：大安出版社，1999年），〈无妄‧彖〉，頁113。

> 用大牲，吉，利有攸往，順天命也。[76]

析言之，若吾人之德符合「天」的條件及要件，就能降下福
祐，使人「吉无不利」；反之，其德若不符合「天」之條件及
要求，「天」就不福祐於人，反而降災。總之，一切是由
「天」所主導決定。

二是「物質天」，指天空，即在地之上的自然空間，或是
天地並舉者，皆屬於物質天，例如：

> 飛龍在天，利見大人。[77]
> 翰音登于天，貞凶。[78]
> 天地變化，草木蕃；天地閉，賢人隱。[79]
> 天地交而萬物通也。[80]

以上所言之「天地」，大都表示人身處世間，從視感官所看到
的最大的物質──天地。

三是「義理天」，到了《易傳》所言的「天」，在理性認知
的主導下，已從感性的向上蒼之祈求，轉向理性，從道德面來
解釋「天」的價值，也就是有義理天的概念出現，這是人類思
維的一大進步。〈繫辭上傳〉云：

---

76 〔宋〕朱熹：《周易本義》（臺北市：大安出版社，1999年），〈萃・象〉，頁173。
77 〔宋〕朱熹：《周易本義》（臺北市：大安出版社，1999年），〈乾・九五〉，頁29。
78 〔宋〕朱熹：《周易本義》（臺北市：大安出版社，1999年），〈中孚・上九〉，頁222。
79 〔宋〕朱熹：《周易本義》（臺北市：大安出版社，1999年），〈坤・文言〉，頁45。
80 〔宋〕朱熹：《周易本義》（臺北市：大安出版社，1999年），〈泰・象〉，頁72。

《易》曰：「自天祐之，吉，无不利。」子曰：「祐者，
助也。天之所助者，順也；人之所助者，信也。履信思
乎順，又以尚賢也。是以『自天祐之，吉，无不利』
也。[81]」

在道德理性的認知之下，吉祥的獲得，已由吾人自我修行可以
得到，不必一切依賴「天」了，明顯的已把「天」變成義理天
了。程頤說：「天之法則，謂天道也。[82]」「天道」就是義理
天。《易傳》所言「應天」、「順天」、「觀天」、「樂天」等，皆
指義理天：

應乎天而時行。[83]
君子以遏惡揚，順天休命。[84]
觀天之神道，而四時不忒。[85]
樂天知命，故不憂。[86]

實際上，此時「天」即指「天道」。所謂「天道資始，地道生
物，天施地生，化育萬物，各正性命，其益可謂无方矣。[87]」
「天道」表示形式動力，「地道」表示質料因素，兩者相合，

81　〔宋〕朱熹：《周易本義》（臺北市：大安出版社，1999年），頁250。

82　〔宋〕程頤：《易程傳》（臺北市：文津出版社，1987年），卷一，頁17。

83　〔宋〕朱熹：《周易本義》（臺北市：大安出版社，1999年），〈大有·象〉，頁81。

84　〔宋〕朱熹：《周易本義》（臺北市：大安出版社，1999年），〈大有·象〉，頁81。

85　〔宋〕朱熹：《周易本義》（臺北市：大安出版社，1999年），〈觀·象〉，頁98。

86　〔宋〕朱熹：《周易本義》（臺北市：大安出版社，1999年），頁237。

87　〔宋〕程頤：《易程傳》（臺北市：文津出版社，1987年），卷五，頁373。

天施地生，化育萬有，無窮無盡。在《易傳》中，特別要求
「聖人」必須明察「天道」，以知民心。是以〈繫辭上傳〉明
確表示：「是以明於天之道，而察於民之故，是興神物以前民
用。[88]」在在說明「天道」的價值之重要性。

由上述可知，先民從早期對自然界之天無法理解，懷著敬
畏之心態，將其想像成具有思想且能操控人世（風調雨順為其
降福於人、天災異象則為懲戒庶民），逐漸形成「人格化」之
特質。《尚書》言：「天惟時求民主」[89]，即說明「天」已具有
人之意志、對人事之決定權，此乃周人用「天命」之移轉，作
為取得政權的合理化解釋，亦為自然之「天」人格化之跡，也
就是義理天。

〈大有・象〉中有云：「天道下濟而光明」、「天道虧盈而
益謙」[90]天道是常幫助善人的。天道代表「健」，〈繫辭上傳〉
曰：「夫乾，其靜也專，其動也直，是以大生焉。[91]」當天道靜
而無為之時，德性專一而不雜，一有行動則直往而不撓，可以
成大生之功。天道是無親的，當天道運行時，沒有可以阻遏
的。[92]所以，人當無法擺脫天道的作用。

88　〔宋〕朱熹：《周易本義》（臺北市：大安出版社，1999年），頁248。

89　〔漢〕孔安國傳，〔唐〕孔穎達等正義：《尚書正義》，見於《十三經注疏》（臺北縣：藝
　　文印書館，1989年），第1冊，卷十七，〈周書・多方〉，頁256。

90　〔宋〕朱熹：《周易本義》（臺北市：大安出版社，1999年），頁84。

91　〔宋〕朱熹：《周易本義》（臺北市：大安出版社，1999年），頁239。

92　參自林超群：《周易之宇宙論及其人生哲學》（臺中市：國立中興大學中國文學研究所
　　碩士論文，2004年），頁46。

（二）地道

　　《易經》以「地」象徵「坤」，主要就是取大地可乘載萬物、孕育萬物，而與坤的柔順之德相契合。故〈坤・象〉云：「地勢坤，君子以厚德載物」。「坤元」相對於「乾元」而言，雖然也具「生」的作用，但是，「坤元」之生乃在於「造形」，也就是承繼「乾元」的創生性命，配合乾道變化中，已具有的物性使之形質化而凝聚成具體的存在物。方東美先生說：「地道者，坤元也，乃順承乾元（天道）之創始性而成就之，謂之『順成原理』，使乾元之創世性得以賡續不絕，綿延久大，厚載萬物，而持養之。[93]」換言之，「乾」具有創始的作用，「坤」則有實現完成的作用。大自然則是地道與天道相輔相成之結果。

　　〈繫辭上傳〉曰：「夫坤，其靜也翕，其動也闢，是以廣生焉。[94]」〈坤〉象徵地道，代表柔順，所以當它靜態的時候，如進隆冬，一片虛靜，一片沈默，機不外現。而當它動的時候，如大地回春，到處是青苗，所以〈坤〉的作用是等待時機，以廣延生命。〈坤・文言〉：「坤，至柔而動也剛，至靜有德方，後得主而有常，含萬物而化光。[95]」至柔、至靜、含萬物都表現在靜態時的虛。《說卦傳》以「剛柔」來彰顯「地道」的特質，此是由大地萬物有形有體，可以感受，可以觸摸而論。

---

93 引自林超群：《周易之宇宙論及其人生哲學》（臺中縣：國立中興大學中國文學研究所碩士論文，2004年），頁67。

94 〔宋〕朱熹：《周易本義》（臺北市：大安出版社，1999年），頁239。

95 〔宋〕朱熹：《周易本義》（臺北市：大安出版社，1999年），頁 44。

（三）人道

在三才中，人是居其中，人生存於天地之中，人道是由天地而衍生。故《說卦傳》曰：

> 昔者聖人之作《易》也，將以順性命之理，是以立天之道，曰陰與陽；立地之道曰柔與剛；立人之道，曰仁與義。兼三才而兩之，故《易》六畫而成卦；分陰分陽，迭用柔剛，故《易》六位而成章。[96]

在《易經》中特別強調人道，人道是中道，又可代表居中調和之意，才能與天地達到天人合一。〈序卦傳〉又云：

> 有天地，然後有萬物；有萬物，然後有男女；有男女，然後有夫婦；有夫婦，然有父子；有父子，然後有君臣；有君臣，然後有上下；有上下，然後禮義有所錯。[97]

天地間的道理，雖然複雜，但宇宙的運行，人要能將之化繁為簡，所以〈繫辭上傳〉說：

> 易則易知，簡則易從。易知則有親，易從則有功。[98]

---

96 〔宋〕朱熹：《周易本義》（臺北市：大安出版社，1999年），頁268。
97 〔宋〕朱熹：《周易本義》（臺北市：大安出版社，1999年），頁275。
98 〔宋〕朱熹：《周易本義》（臺北市：大安出版社，1999年），頁233。

宇宙的道理是化育萬物，成就萬物，但這一切均要有人的加入，才能參贊天地的造化，所以〈繫辭上傳〉云：「易簡之善配至德。[99]」人的參與，宇宙才有生機。人要效法宇宙化繁為簡的精神，若為人君者，要有生生之仁德，為政以簡，則民親附；為人臣侯，若法地道，以順為貴，承君王意思而行事，一切化繁為簡，則其功易成。[100]而人為天地之中，自然要能夠配合天地，參贊天地之化育，人不孤立於天地，是與天地萬物相合。〈咸·彖〉云：「天地感而萬物化生」[101]，先哲從觀察生物世界的心得體驗，與天地「融洽和諧」是萬物生成之本。

　　人是自然的一部分，人與天地應處於自然和諧的狀態，如果人的自我過度膨脹，與自然採取對抗的立場，一切皆依人的方式，依人自身的目的，進而藐視自然，沉迷於「人定勝天」及「科技效能」的迷思當中，則人無法與天地陰陽運行和諧，終將步上自毀之路。《易經》的卦爻辭以自然現象來比擬人道，注意到天道與人道之間的關係，也意識到吉凶得失的不定，其對人們產生了勸戒及教育的意義，表現出中國特有的人道思想。

二　天人關係

　　三才之道的運用和發揮，就是用三才思想解說宇宙萬物生

99　〔宋〕朱熹：《周易本義》（臺北市：大安出版社，1999年），頁240。

100　參自林超群：《周易之宇宙論及其人生哲學》（臺中市：國立中興大學中國文學研究所碩士論文，2004年），頁47。

101　〔宋〕朱熹：《周易本義》（臺北市：大安出版社，1999年），頁131。

成的歷史與邏輯次序，天道與地道（有時只講天道，地道在其中）的功能在「生萬物」，人道的作用在於「成萬物」[102]，三者的關係是天人關係。

（一）推天道以明人事

人類社會是自然現象中高度發展的一群，它仍屬於自然，而非獨立於自然之外，與自然相對存在。因此，自然現象對人類行事就可能有啟示的作用。《易經》先從天地自然生生之性中指出「道」的存在，然後究明此「道」在人間物界中的種種變化情狀，使人能體會日常生活中的一切與天地自然之道相契合之理。若人能循天道而行，則與天地同流，能參天地化育。《論語》亦云：「子在川上，曰：『逝者如斯夫，不舍晝夜。[103]』」正是從自然現象中發現人事教訓的好例子。《易經》推天道以明人事，就是根據自然現象，推測其深層所蘊含的律則與數據，並以此說明做人應有的道理。

從「史」的發展上看，自伏羲氏、周文王到孔子，一路由天道向人道上落降；從哲學內容上看，一切天地之道的提出，無不歸落在人事上，以作為人類立身處世的法則，其意實在於經營人道，而以「與天地合其德」為立人之最高境界。[104]所以，《易經》一書，原有「推天道以明人事」的用意。一方面，通過人道來看天道，將天道看作是一個客觀外在而又與人

---

102 劉玉平：《易學思維與人生價值論》（濟南市：齊魯書社，2006年），頁146。

103 〔魏〕何晏等注，〔宋〕邢昺疏：《論語注疏》，見於《十三經注疏》（臺北縣：藝文印書館，1989年），第8冊，〈子罕第九〉，頁80。

104 高懷民：《大易哲學論》（臺北市：成文出版社，1988年），頁559。

的生存息息相關的自然運行過程，並且認為宇宙自然的變化日新、化育萬物，是天地之大德，也是人類價值的源泉，蘊含著極為豐富的道德倫理；另一方面，則參照天道來看人道，強調人應效法天地，根據對客觀外在之自然和諧規律的透澈理解，調整人間世的人際關係，確定人的合理行為準則，使得人間能夠如天地萬物一般調適，各得其所。

（二）重視人的能動性

　　「三才」說以人為中心的觀點，強調人是價值論的主體，天地萬物存在的意義在於它對人的價值。所以十分強調人的主觀能動性。《易經》不把吉凶禍福全然歸之於天，歸之於神，而是在相當程度上歸之於人。它強調人如能以正確的態度去面對困難、對待厄運，就有可能想出辦法克服困難，化險為夷，化凶為吉。[105]所以《易經》是主張進取的。但也不把人的主觀能動性推到極端的程度，人只能遵循天地所固有的客觀規矩生存著、發展著。

　　因此，《易經》對於天人關係的理解，一則強調天與人各有其道，天人有別，即所謂「立天之道，曰陰與陽；立地之道，曰柔與剛；立人之道，曰仁與義」[106]；一則重視天人之間的相互聯繫，認為天的運行規律與人的活動規律具有一致性，天的規律必須在人的規律中得到反映，明天地之道的運行，也說明人道社會的法則。所以推天道以明人事，要人道效法天道，與

---

105 蘇木田，〈《易經》哲學之應用〉，《2013世界易經大會論文集》（新北市：聖環圖書出版社，2013年8月），頁313。

106 〔宋〕朱熹：《周易本義》（臺北市：大安出版社，1999年），頁268。

天合其德。[107]所以「天人合一」是通過人道來體察天道，認為「天道」的自然變化是化育萬物，是天地之大德，是人類追尋價值的本源所在，同時也依循「天道」來觀照人道，強調人道應效法天道，確實依天地陰陽變化的法則，來調和宇宙中人我、物己的關係，並藉以建立合乎人類生活模式的整體行為準則。

（三）強調整體和諧的天人關係

《易經》揭示了天地之道與人道為一的道理，協和自然與人的和諧關係，發揮個人在天地間的功能，統整人與人、人與社會、人與自然，這三個構面使其趨於完整和諧的思維主軸。人與自然的關係，在某種意義上毋寧說是人與空間和時間的關係，是生命本體間的一種交融和互滲。所謂自然是由處於空間和時間中的物質運動構成的，任何物體都不可能置身於空間和時間之外，都要受到它的限定和影響，都會與之發生關聯，故《易經》認為自然與人間世是處在有機整體結構中的兩個系統，相互作用、相互影響。

《易經》法天、法地思想，人須確實據以篤行天地之自然法則以彰顯天道、闡揚天理，才能達成整體和諧的天人關係。故《老子》亦云：「故道大，天大，地大，王亦大。域中有四大，而王居其一焉。人法地，地法天，天法道，道法自然。[108]」

---

107 林超群：《周易之宇宙論及其人生哲學》（臺中市：國立中興大學中國文學研究所碩士論文，2004年），頁58。

108 劉笑敢：《老子古今：五種對勘與析評引論》（北京市：中國社會科學出版社，2006年），上卷，第二十五章，頁311。

　　《易經》哲學思維要人當以天地為法，天道地道即人道，「法天地」者才能隨時隨地得到行為上的指導。是即所謂「天時、地利、人和」是成功的三個最基本的要素和條件，也就是達到「天人合一」的整體概念，缺一則無法成事。就如余敦康先生所說：

> 《易經》的這種整體和諧思想是以天人關係為主軸，從兩個方面來展開的，一方面是通過人道來看天道，把天道看作是一個客觀外在而又與人的生存息息相關的自然運行的過程，其中貫穿著一條自然和諧的規律；另一方面是參照天道來看人道，強調人應效法天地，根據對客觀外在的自然和諧規律的準確理解，來謀劃一種和諧自由舒暢的社會發展的前景，使得社會領域、人際關係能夠向天地萬物那樣調適暢達、各得其所。[109]

所以，人認識了我們所處的這個自然物質世界以後，然後反過來認識我們人類自身，反思自我，使我們認識到知性、理性的侷限性，所以人必須效法天道自然而行，人間社會的一切規範理應秉承於天地自然，仿效天地自然的規律而行；另一方面，人可以發揮人的主體動性，參贊天地化育。自然與人間社會是一個統一的有機整體，貫穿於其中的是相同的原則，天道與人道存有共通的理則，人應當從自然天道的變化之中找出人的行

109　余敦康：《中國哲學論集》（瀋陽市：遼寧大學出版社，1998年），頁426。

為準則，法天應道而完滿人事。[110]人們從周遭的世界中發現自己，透過探索周遭環境做深刻的反省：人處於在天地間，察覺天地變化的脈動與人是息息相關的。

☆《易經》認為整個宇宙自然界，天、地、人儘管各不相同、分屬不同的層次，但它們是和諧相處的，它們各司其職而又相互匹配、相互聯結為一個完整的整體。所以，要具有宏觀視野的領導觀，前提是要從整體性出發，始終著眼於天地人這樣一個有機整體的大系統。校長如何有效的運用此一系統內外關係，即所謂「天時、地利、人和」之說，講的也就是人才資源、物質資源、訊息資源的最佳配置問題。因為任何一個系統一旦封閉，不再輸入或輸出，那麼整個系統必將趨於寂滅。[111]故《易經》中反覆強調三才系統內部由「相通」而「相生」的問題，認為「天地不交而萬物不通也，上下不交而天下无邦也」[112]，是以，校長明瞭和諧的天人關係後，當以追求整體和諧關係才能有助學校組織目標之實現。

第四節　學校領導應用《易經》太極整體思維之道

　　《易經》的太極整體思維，係從整體上把握天地人的宇宙

---

110 參自林超群：《周易之宇宙論及其人生哲學》（臺中市：國立中興大學中國文學研究所碩士論文，2004年），頁62、63。

111 參自李少惠、朱嵐：〈《周易》管理思想及其文化生態根源〉，《周易研究》第4期（1996年4月），頁76。

112 〔宋〕朱熹：《周易本義》（臺北市：大安出版社，1999年），〈否‧象〉，頁75。

結構，它給人們展示的是一種整體性的宇宙圖景和天人合一的太極整體思維。這種太極整體思維方式，可以說是提供人類領導學校組織範疇給出了基本界定，透露出人類領導哲理的終極智慧。

《易經》用三百八十四爻來概括觀照天地之道，象徵著天下各種錯綜複雜的現象，相當等同於萬物之數，爻與卦及爻與爻間的關係即是個體與群體、個體與個體、人與人、人與物間的關係，皆是要納入整體系統中來考量，就要採取不同的因應之道，將此思維方式應用於學校領導之道有：

一　整合學校內外部資源

學校的內部與外部環境影響對於達成學校效能至為重要。《易經》是將自然環境與人視作一個有機的統一體，故〈繫辭下傳〉第一章即言：「天下之動，貞夫一者也。[113]」如果以太極圖來表示《易經》的生命環境：陰一陽首尾相連，環抱一體，展示了宇宙萬物陰陽消長和互補和諧的內外環境。而內外是相對的概念，當我們擴大「系統」的範圍時，原先的「外」就成「內」。所以，當我們歸罪於外時，已將「系統」切割，而永遠無法認清那些存於「外」與「內」互動關係中的諸多問題及解決之道。都是這種分割使我們喪失了更深入觀察學校與社區之間整體的互動關係，所以領導者更應從廣泛的整體概念視野來帶領學校組織成員，不應只侷限在學校的圍牆內。

113　〔宋〕朱熹：《周易本義》（臺北市：大安出版社，1999年），〈否·象〉，頁252。

　　要知道，學校是存在於社會環境中的一個次級系統，所以學校經營良窳的關鍵因素，除了學校組織內部的協調與互動外，洞悉內部學校組織與外部環境的需求並善用資源，對於學校外部的因素亦須同時掌握，包括政府教育政策的走向、考量社區環境的特性與屬性，配合當地的風土民情與資源，有效掌握學校人力資源——將師生、家長、社區人士、校友賢達、地方耆老的背景資料進行分類建檔，並通過學校、社區與其他學校的合作，善用資源，互助互利，做最合宜的整合，使學校內部學校組織系統與外在環境系統間交互作用，進而共同創發學校機能，也使學校的政策與目標，能夠獲得外部社區的認同與支持。不應是關起門來就可以把學校辦好，而忽略了外在環境急速變化後對學校組織整體的影響。[114]所以，開放性的學校系統必然是一個充滿生機和活力的系統。

二　學校組織目標與個體成員發展相互聯繫

　　太極整體思維認為整體與個體雖不相同，但兩者之間，不應是隸屬關係，而是統合關係。[115]是以，整體（學校）是個體（學校組織成員）的整體，個體是整體中的個體，是相互包含、相互定義的。它們雖然在不同的層面上發展著、變化著，但是，都處在一個動態的整體結構系統之中。[116]《易經》認為

---

114 蔡培村：《學校經營與管理》（臺北市：麗文文化公司，1998年），頁532。

115 謝智偉：《學校組織變遷邏輯之探討：易經哲學的觀點》（臺北市：國立政治大學公共行政學系碩士論文，2000年），頁66。

116 許爾忠：〈《周易》的管理哲學智慧〉，《蘭州大學學報》（社會科學版）第39卷第1期（2011年），頁103。

每個個體成員都可視為一個「小太極」，有其個人發展計畫應包括：工作本身、職業與生涯的規劃、人際能力訓練、個人成長……等，如果個體成員在這些方面有了充分的發展後，學校組織（與個體相對來說可視為「大太極」）亦會相對成長。可惜時下的校長，只顧及學校組織的發展，缺乏培育學校組織內個人發展的概念[117]，以致整體與個體之間產生相互牽制無法伸展的情況。事實上，學校組織與成員之間是相互發展的關係，兩者是無法分割存在的。

　　另一方面，學校組織中的成員之間的聯繫的程度，也會影響資訊在學校組織系統內的流動，除了內外上下有極為密切的聯繫網路，校長應整合學校組織系統運作，以滿足學校組織與個人的發展需求。管理大師杜拉克於一九九四年十月間接受《天下》雜誌訪問曾說：「最差勁的領導人是那種完全控制整個學校組織，等到領導人一走，學校組織便被淘空而崩潰。[118]」身為領導者不宜單向將自己的理想，轉化成學校組織成員共同的學校目標。因為對學校組織成員而言，目標是他人設定的，往往容易帶來反感，使人只願意做基本的付出，而且在完成時只會感到終於鬆了一口氣。相反地，如果學校組織目標是學校組織成員參與設定的，與學校組織成員個人發展興趣、核心價值觀一致時，會激發成員一種對於目標的掌控感，也會導致成員願意長時間努力，並讓他們體驗到目標達成時所

117　蔡培村：《學校經營與管理》（臺北市：麗文文化公司，1998年），頁539。

118　引自王大方：《玻璃天花板：管理女性 VS.女性領導》（臺北市：時報文化出版公司，1996年），頁158。

帶來春光滿面般的滿足感。[119]如此發展學校組織成員自我設定
目標,替代由上而下的任務目標,這時所謂的學校組織目標也
就在無形中達成。亦即實現了老子所謂「無為而治」的領導最
高境界。所以把「訂定學校組織目標」的一種歷程性的方式,
逐步設定→修正→達成→累積設定→修正→達成……,如
此以非線性的方式,兼顧學校組織成員的需求與發展,才能達
成目標管理,及發揮整體學校組織效能。

三 追求整體與個體和諧關係有助於學校組織目標之實現

《易經》從天地人三者相統一的概念上出發,從天道自然
的運行變化,揭示人類社會的一切,以自然現象的變化比擬人
事應建立的法則,人應當從自然天道的變化之理去找出行為法
則,法天應道才能完滿人事。《孟子》亦云:「天時不如地利,
地利不如人和。[120]」校長不應只重視有效性,卻不問是否違反
自然天道與人性,故所以《易經》要領導者「順乎天而應乎
人」[121]。即人的主體作為必須以「順天」為前提,並且一定是
要能「應人」,領導者與被領導者之間才能相安融合、平等共
存、彼此信誠、求同存異、厚待下屬,自然大吉大利,求得天
人和諧之道。[122]因為整體的穩定、和諧有助於學校組織內外各

---

119 參自謝傳崇譯,Sarah Lewis 原著:《職場正向心理學》(臺北市:學富文化公司,
　　2014年),頁61。

120 〔漢〕趙岐注,〔宋〕孫奭疏:《孟子注疏》,見於《十三經注疏》(臺北縣:藝文印書
　　館,1989年),第8冊・〈公孫丑章句下〉,頁72。

121 〔宋〕朱熹:《周易本義》(臺北市:大安出版社,1999年),〈兌・象〉,頁212。

122 程振清、何成正:《易經與現代管理》(臺北市:中天出版社,1999年),頁741。

方面力量，各種因素的協調。

　　綜上所述，學校是一有機系統網路，是要透過參與關係連結而運作，為了使系統更強壯，需要建立更緊密的和諧關係。校長能「通天下之志」[123]，也就是充分認識和利用天時、地利等客觀環境要素，使領導作為及其結果能最大限度地滿足社會、學校組織和個人的需要，從而使客觀環境要素的價值得到最大限度的實現。如此，所有成員都願意把個人目標和學校組織目標結合起來，也願意為提高學校組織的效率作出對於學校組織有利的發展與貢獻，如同連成緊密的蜘蛛網，也唯有效法太極整體思維所形成的和諧關係，才能有助於學校組織目標之實現，使學校組織發揮最佳效能。

123　〔宋〕朱熹：《周易本義》（臺北市：大安出版社，1999年），〈同人·象〉，頁78。

第四章
《易經》陰陽轉化思維

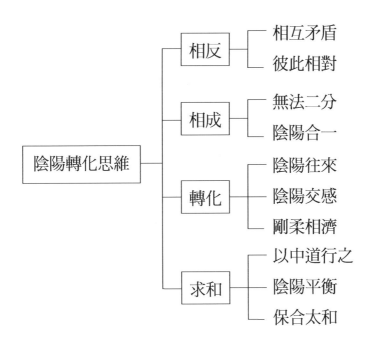

　　陰陽轉化思維是陰陽「易簡」之道，為《易》道之「理則」。《易經》認為宇宙萬物都是一個「動態整體」，這動態整體的運動、變化、發展的動力則在於事物內部的陰陽結構的變化，所以，陰陽轉化思維能幫助校長從陰陽結構、陰陽關係的變化中去認識事理，不但要肯定事物矛盾的對偶統一，而且重視事物本身的和諧統一，是能否發揮校長領導效能的重要關鍵。

第一節　一陰一陽之謂道

一　「陰」「陽」之涵義

　　許慎《說文解字》說：「陰，闇也，水之南山之北也。陽，高明也。[1]」陰陽造字形構乃與光影明暗、地形考量等有關。《說文解字》中陰（霒）陽（昜）字義皆與日光有關，日光朗照為「昜」[2]、日光被阻擋為「霒」[3]，而「陰陽」二字是由「霒昜」二字孳乳出來的，其陰陽觀念的發展是由二字之原始意義而變化產生的。所以「陰陽」二字是說明自然界中背陽、向陽的自然現象，而「背」和「向」本身即蘊含對偶二分的意思，且背陽、向陽原屬人類日常生活中，每天必須面對的現象，既具普遍性又容易了解。因此，當對偶二分的觀念必須用文字表述時，「陰陽」這組既具抽象性又具普遍性的詞彙便成為最佳選擇，這也是「陰陽」之所以會優於其他的表述詞語，而被重視與使用的原因。[4]此一說法，筆者亦十分認同。

　　陰陽兩字，在《易經》古經六十四卦中並未出現，記錄占筮情況和推測其人事應用的卦辭、爻辭中也未曾發現有「陰

1　〔漢〕許慎撰，〔清〕段玉裁注：《說文解字注》（臺北市：黎明文化出版公司，1994年），頁738。

2　〔漢〕許慎撰，〔清〕段玉裁注：《說文解字注》（臺北市：黎明文化出版公司，1994年），頁458。

3　〔漢〕許慎撰，〔清〕段玉裁注：《說文解字注》（臺北市：黎明文化出版公司，1994年），頁580。

4　劉馨潔：《易傳陰陽思想之研究》（臺北市：臺灣師範大學國文研究所論文，1999年），頁43-44。

陽」一詞。[5]未見一「陽」字，偶見個別「陰」字，僅代指光線投射所造成的暗面。〈中孚・九二〉曰：「鳴鶴在陰，其子和之」，此處的「陰」代指方位或是暗面。可見「陰陽」這一對哲學範疇在《易經》中還沒有抽象出來。進至《易傳》，則大道「陰陽」。

在《易經》的八卦乃至六十四卦，都是由陰「--」、陽「─」兩爻組合而成，雖然《易經》經文中並無陰陽二字，但透過陰陽的相摩激盪，構成了無窮的變化。伏羲氏發現萬物的動，並不是一往不返的動下去，而是在動中有規律可尋。兩儀只是相對待的關係，並以動態平衡的方式，達到高度和諧的境界。日升日落，暑去寒來，生老病死，都是另有大作用、大動能，伏羲氏以「─」代表第一個大作用，以「--」代表第二個大作用。「─」與「--」是一體的兩面，它們的作用相反，所以要用兩個符號表示，後人稱這兩個符號為「兩儀」。「─」的作用又稱為「陽」，「--」的作用又稱為「陰」，該一符號稱作「爻」，並非文字而為圖像；「爻」也可視為陰陽具體化之表示。「─」使日月上升；「--」使日月下降；「─」使事物前進；「--」使事物後退；「─」使生物生長，「--」使生物衰老。於是，萬物中凡顯示發動、剛健、進取性質的，都稱「陽性」；凡顯示承隨、柔順、反退性質的，都稱「陰性」。但兩儀在相待的往復運動中，地位是平等的。[6]所以卦象的變化

---

5 《周易》卦爻辭中，沒有「陽」字，而「陰」字只使用了一次。即〈中孚・九二〉：「鶴鳴在陰，其子和之。這裡的「陰」是「蔭」的借字，指樹蔭，這個「陰」字是指不易看見的地方，亦即隱蔽覆蔽之意。

6 參閱高懷民：《先秦易學史》（臺北市：臺灣商務印書館，1975年），頁63-65。

都由這兩個基本符號的變化運動而決定。如果不對這兩個基本符號作出解釋,《易經》的那種嚴整的框架結構就不能得到全面的解釋。[7]《易傳》的作者用陰陽範疇解釋了這兩個基本符號,《易經》的框架結構才得以全面的解釋。

二 一陰一陽之謂道

〈繫辭上傳〉說:

> 一陰一陽之謂道。繼之者,善也;成之者,性也。仁者見之謂之仁,知者見之謂之知,百姓日用而不知,故君子之道鮮矣。顯諸仁,藏諸用,鼓萬物而不與聖人同憂,盛德大業,至矣哉!富有之謂大業,日新之謂盛德。[8]

《易經》的基本原理可概括為「一陰一陽」。就乾坤兩卦以外的各卦,皆由陰陽二爻所組成,也是一陰一陽。《易經》作者將事物的性質及其變化的法則概括為「一陰一陽」。如:白天為陽,晚上為陰;君子為陽,小人為陰;男為陽,女為陰。從自然現象到人類社會生活,都同時存在著相對的一面,故為「一陰一陽」。而相對的陰陽之間是互相變通的。就如日月之

---

7 湯鶴逸:〈易經中的辯證法及唯物主義因素〉,見於黃壽祺、張善文編:《周易研究論文集》(北京市:北京師範大學出版社,1990年),第三輯,頁131。

8 〔宋〕朱熹:《周易本義》(臺北市:大安出版社,1999年),頁238。

相互推移，寒暑之往來，行動有屈伸……凡此種種變化，亦是一陰一陽。

所以，《易經》是承認萬物存在著「兩重性」，提示人們從陰陽兩方面，觀察事物的性質，既要看到陽的一面，又要看到陰的一面；只看到單一的一面，也就是只見仁而不見智，就是一種片面的觀點。例如太陽和月亮的盈虛，醫學中的寒疾和熱疾等等，都應是被整體看待才能完整描述。《易經》將為表述事物對偶性質的範疇，並且把對偶面的依序和轉化，抽象的概括為「一陰一陽」，看成是事物的本性及其變化的規律。此種抽象化的過程，是通過對筮法的解釋實現的。

簡言之，《繫辭傳》之所以說「一陰一陽之謂道」而不是說「陰陽之謂道」必有其分別，「一」字亦表「本」之義，即「萬物之生化是本於陰陽」。「一陰一陽」，就是又陰又陽，即有陰就有陽，有陽就有陰，陽可以變為陰，陰可以變為陽。所以，「一陰一陽」概括《易經》的基本原理、事物變化的法則及其概括事物的性質，以陰陽相對變化的法則，來解釋「道」，使得《易》道的具體內涵，可以由乾坤陰陽而呈現，進而由陰陽的性質具現於形而下的事物中，將《易》道彰顯出來。

由於陰陽兩個方面的對偶與統一是宇宙普遍法則，所以，繼承這一法則的便是完善的，這就是「繼之者善」；具備一陰一陽而完成其本性的，叫作「成之者性」。總之，陰陽的變易就是事物的本性。[9]能順此陰陽之道而行，即是善。這一宇宙的生

9　朱伯崑、李申、王德有等著：《周易通釋》（北京市：昆侖出版社，2004年），頁154。

成變化一旦啟動,便生生不息,產生了連續性的變化。

　　故可知天地之間的萬事萬物都有「道」的存在,而且都受「道」的支配。《易傳》所謂「仁者見之謂之仁,知者見之謂之知,百姓日用而不知」[10],道之全體流行於百姓日用之間,無論人們認識與否,「道」始終是個客觀存在。

　　若將「一陰一陽之謂道」應用到人事上看同樣真切,《老子》說:「禍兮福之所倚,福兮禍之所伏。[11]」可是,一般人都是直線式的思維方法,沒有足夠的智慧跳脫世俗的追求,總是看不到陰陽兩方面,或者見仁而不見智,或者見智而不見仁,以自己所見的一面以為是道,而無法周全的思考,而造成無謂的爭執。老子期待做人要:

　　　知其雄,守其雌,為天下谿。……知其白,守其黑,為天下式。……知其榮,守其辱,為天下谷。[12]

這裡知雄、守雌、知白、守黑、知榮、守辱都是具備常人期待之價值,卻要守住它的反面,這「相反相成」的道理,超越一般人的價值取向,是呼應了與《易經》「一陰一陽之謂道」的思維,如太極圖中陰中有陽,陽中有陰的人生與宇宙之圓滿圖像。

10　〔宋〕朱熹:《周易本義》(臺北市:大安出版社,1999年),頁238。
11　劉笑敢:《老子古今:五種對勘與析評引論》(北京市:中國社會科學出版社,2006年),上卷,第五十八章,頁563。
12　劉笑敢:《老子古今:五種對勘與析評引論》(北京市:中國社會科學出版社,2006年),上卷,頁312。

☆《易傳》作者將事物的性質及其變化的法則概括為「一陰一陽」，承認物存在著「兩重性」，並且要求人們從陰陽兩方面，觀察事物的性質，既要看到陽的一面，又要看到陰的一面。「一陰一陽之謂道」是《易經》所持有的「一分為二、亦一亦二、二合為一」的思維法則。是故，將學校組織或每一組織成員視為一個太極，所以也存在著「一陰一陽」的性質。而「一陰一陽之謂道」的「道」就是乾坤共變的道，乾元健而進，坤元柔而反，一往一來，才會生生不息。意即在學校中，身為學校校長，可應用「一陰一陽之謂道」全方位看待及思考問題，有助於校長澄清問題的本質及價值，尋找解決問題的新途徑。

第二節　陰陽相反相成

一　陰陽無法二分

　　從自然接到人類社會，萬事萬物普遍存在著相反對偶的兩方面：天地、陰陽、剛柔、動靜、乾坤、日月、寒暑、畫夜、幽明、鬼神、盈虛、消長、往來、上下、出入、遠近、方圓、進退、小大、內外、多寡、奇偶、本末、始終、道器、男女、生死、存亡、君民、尊卑、貴賤、安危、治亂、善惡、是非、吉凶、利害……。就如〈繫辭上傳〉云：「天尊地卑，乾坤定矣。卑高以陳，貴賤位矣。動靜有常，剛柔斷矣。[13]」這是說

---

13 〔宋〕朱熹：《周易本義》（臺北市：大安出版社，1999年），頁233。

卑高、貴賤、動靜、剛柔都是二元對偶相反的事物或性質，但卻又必須互有對照，才能成立。〈繫辭下傳〉又說：「寒往則暑來，暑往則寒來，寒暑相推而歲成焉。[14]」寒者是相反的，但是必須「一寒一暑」，才能成歲。

二程子亦認為天下萬事萬物莫不有對，無往則無對。程明道說：

> 天地萬物之理，無獨必有對，皆自然而然，非有安排也。每中夜以思，不知手之舞之，足之蹈之也。[15]

天地萬物，沒有孤立，只有對偶。明道又說：

> 萬物莫不有對，一陰一陽，一善一惡，陽長則陰消，善增則惡減。斯理也，推之其遠乎？人只要知此耳。[16]

> 事有善有惡，皆天理也。天理中物，須有美惡，蓋物之不齊，物之情也。[17]

天理猶必然之理。陰陽善惡之對偶，是必然的。物無無對的，此為宇宙根本原則。他又說：

---

14 〔宋〕朱熹：《周易本義》（臺北市：大安出版社，1999年），頁256。

15 〔宋〕程顥、程頤，《二程集》上冊（臺北市：漢京文化公司，1983年），卷十一，頁121。

16 〔宋〕程顥、程頤，《二程集》上冊（臺北市：漢京文化公司，1983年），頁123。

17 〔宋〕程顥、程頤，《二程集》上冊（臺北市：漢京文化公司，1983年），頁17。

天地之間皆有對，有陰則有陽，有善則有惡。[18]

可見，在事物的發展變化中，相反的東西總是在一起，而且互相需要。雖然陰陽是相對的抽象概念，但必須「一陰一陽」，才能成道。這是《易傳》對於二元對偶的概念，並給人「相反相成」的認識。相對義之發生，無先後，唯同時，此方之往，即彼方之來。

所以，《易》作者所建立的符號系統，不是各自孤立的單一符號，而是對偶符號相互依賴、彼此統一的機制。「—」與「--」是對偶的雙方，一方與另一方同時相互依存，互為對方存在的前提和條件。沒有「—」就沒有「--」；反之亦然。我們可以說，由「—」與「--」組成的八個經卦和六十四卦個重卦的符號系統，都是對偶統一的機制。[19]陰陽是宇宙的現象，沒有單獨存在的事理。陰陽為天地化育萬物之兩大主力，萬物皆由陰陽所生。故宇宙萬有之變化，每有兩兩相對待之現象，使人與物、自然彼此間，發生極密切之關聯。亦因此對待之律則，而變化不息，生生不已。

二　陰陽合一作用

《易緯乾鑿度》云：「陽動而進，陰動而退。[20]」乾坤二作

18　〔宋〕程顥、程頤，《二程集》上冊（臺北市：漢京文化公司，1983年），頁161。

19　劉玉平：《易學思維及其文化價值》（濟南市：山東大學出版社，2011年），頁51。

20　〔漢〕鄭康成注：《易緯乾鑿度》，卷上，頁6。見於嚴一萍選輯：《百部叢書集成》（臺北縣：藝文印書館，1965年）。

用，相輔相成，互為根本，生生不息。故六十四卦以〈乾〉
〈坤〉為首，宇宙萬物無殊，在宇宙這一個大化的洪爐中，人
與萬物生生滅滅，分合交錯。平常人站在生死一線之間，似覺
與他物殊異類，然而稍一思者，便知人在宇宙間宙人事的變
化，均由此兩卦而推演。人是宇宙間一物，其性命發生，其變
化現形，隨時與他物在交相聚散化合著，動與靜即是宇宙的本
體現象。[21]這與本書第二章所述量子力學揭示了次原子世界的特
質——物質的基本「恆動狀態」（restlessness）論點是一致的。

《易經》承認陰陽相對，但更強調合一所產生的作用。不
因為具有相對的屬性，而將事物發展的歷程侷限為對偶勢力相
互排斥、相互依存的關係，重要的是其根據客觀現象界中歸納
的陰陽二作用之本然特徵，強調的是對偶二面的合一關係。陰
陽二極的道是不可分的，單一的陽或陰，都不成其為道。亦即
陰陽二面是相互聯繫、相互依存、相互補充、互根相成的聯
繫，相互間不斷地起著作用，萬物才能產生。

《易經》為明此義，特於六十四卦排列次序上表現出來。
由卦爻的排列秩序來觀察，可發現陰陽對偶往來的形式是一相
錯與相綜的規則。六十四卦是兩兩相耦，非覆（相綜）即變
（相錯），從內容上看是相反的，從卦象看是顛倒的。[22]依此原

---

21 參自林超群：《周易之宇宙論及其人生哲學》（臺中市：國立中興大學中國文學研究所
　碩士論文，2004年），頁35-36。

22 相綜（如剝卦☶☷與復卦☷☳）稱為「覆」，相錯（如乾卦☰與坤卦☷）稱為「變」。《周
　易正義》疏曰：「今驗六十四卦，二二相耦，非覆即變。覆者，表裡視之，遂成兩
　卦，屯、蒙、需、訟、師、比之類是也。變者，反覆唯成一卦，則變以對之，乾、
　坤、坎、離、大過、頤、中孚、小過之類是也。」〔魏〕王弼、韓康伯注，〔唐〕孔穎
　達等正義：《周易正義》，見於《十三經注疏》（臺北縣：藝文印書館，1989年），第1
　冊，〈周易序卦第十〉，頁186-187。

理，則陰陽相綜相錯，八卦相盪，終成六十四卦。此一原則，顯示宇宙現象是物物對偶，又事事交感，往來變通，綿延恆久。

　　萬物的聯繫是相對偶的矛盾且又合一的，整個世界就是由這樣無數個聯繫著又矛盾著的事物之相互作用的現象所構成。張載曰：

> 兩不立，則一不可見，一不可見，則兩之用息。兩體者，虛實也，動靜也，聚散也，清濁也，其究一而已。[23]

《老子》亦云：

> 天下皆知美之為美，斯惡已；皆知善之為善，斯不善已。故有無相生，難易相成，長短相較，高下相傾，音聲相和，前後相隨。[24]

美與惡，善與不善，有與無，難與易，長與短、高與下、前與後等，均為同時出現，其義相反，其出同源，有此即有彼，失此即失彼，亦即柏拉圖（Plato, 427B.C.？-347B.C.？），之「一」與「非一」之辯是已。[25]《莊子》亦云：

---

23 〔宋〕張載撰，〔宋〕朱熹注釋：《張子全書》（上海市：商務印書館·1935年），卷之二，〈正蒙一·太和篇第一〉，頁25。

24 劉笑敢：《老子古今：五種對勘與析評引論》（北京市：中國社會科學出版社，2006年），上卷，第二章，頁101。

25 詳參高懷民：《大易哲學論》（臺北市：成文出版社，1988年），頁209。

夫物，量无窮，時无止，分无常，終始无故。是故大知
觀於遠近，故小而不寡，大而不多，知量无窮。[26]

萬物的能量是沒有窮盡的，時序是沒有止期的，得與失是沒有
一定的，始與終也是沒有不變的。大智慧的人是不會因小而以
為少，大的不以為多，不會因相對而有不同之分別，反而是見
到萬物「相通合一」之理。

《易經》認為任何事物的發生變化和發展都是陰陽矛盾相
對及合一的結果，沒有陰陽相對和合一的作用，就沒有事物的
存在和發展。而陰陽之所以能由矛盾相對合為和順，其關鍵在
於矛盾雙方能否交流、溝通與統一。所以，《易經》陰陽變化
的基本原則為陰陽的動態轉化協調，進而達成陰陽平衡，事物
才能保持自身穩定的狀態，則是下一節的重點。

☆《易經》的概念中，陰陽自然成為萬事萬物所具備的特質，
也自然的內化為事物的屬性。所以各項相對的事物、性質，都
可視為陰陽的象徵意義，陰陽成為所有相對關係的代表命題，
世界萬物無不可用陰陽來表示其屬性。天地萬物，沒有孤立，
只有相對偶。陰陽善惡之相對偶，是必然的。但在事物的發展
變化中，相反的東西總是在一起，而且互相需要。陰陽是對偶
的，但必須「一陰一陽」，才能成道，絕對無法二分，陰陽二
面是相互聯繫、相互依存、相互補充、互根相成的聯繫。所

---

26 〔晉〕郭象注：《莊子》（臺北縣：藝文印書館，2000年），第六卷，〈外篇・秋水〉，頁
319。

以，校長應正視任何事物的發生變化和發展都是陰陽矛盾對偶的，不應否定任何一方存在的事實與價值性，所以，身為領導者應建立陰陽兩面之間交流與溝通的平台，促成發揮學校組織內陰陽合一作用。

第三節　陰陽相互轉化

關於事物運動變化的原因，在《易經》看來，完全是由於事物本身具有的陰陽兩種勢力所決定的。陰與陽不是相反或敵對，而是互補與互生，然以動態轉化的方式相互衝擊、相互推移、相互摩擦等各種形式表現，但是陰與陽之間並不一定有緊張或敵意，只要順其自然運行，就會相互轉化，此一規律，使得世界永遠處於未完成中，也就是永遠在轉化中。

陰陽動態轉化是一種過程思維，所有的現實都是一種過程，宇宙就是這些過程的集合體。《易經》以〈既濟〉、〈未濟〉兩卦，一方面揭示事物的完成，並不代表事物發展的結束，而是一個無限發展的過程，說明兩者可以互相轉化。當事物發展到一個過程，就會出現陰陽矛盾，對偶，而後趨向和諧，統一。[27]所以，世界上的一切事物都是暫時的，透過陰陽往來、陰陽交感、剛柔相推、剛柔相濟的動態轉化歷程之中，是事物循環不變之道。

---

27 沈樹圭：〈從天地人看易經之現代實用價值〉，《國際易學大會台北年會論文集》（臺北市：社團法人中華國易經學會編印，2011年），頁261。

一　陰陽往來

　　許慎《說文解字》：「天，顛也。至高無上，从一大。[28]」許慎認為宇宙間第一大的東西只有「天」，故天「从一大」，又說「地，天氣初分，輕清陽為天，重濁陰為地，萬物所陳列也。[29]」從「元氣」混沌的景象，說到它分解為「輕」「重」二氣；「輕」者清虛，是為陽氣，上升為天；「重」者厚濁，是為陰氣，下凝為地。如此一升一降，一往一復的兩種大作用、大動能，交替不停地推動萬物，實為萬物動動不休的根源。

　　由於太極的運行，陰陽兩氣的結合，便能化生萬物。而此陰陽兩氣在宇宙中乃周遊不停，時聚時分，聚則物生，分則物滅。《易經》以陰陽二氣之運動變化，為宇宙演變生成的基礎，也就是以陰陽盈虛消長，來反映宇宙一切現象的生滅。《禮記・樂記》云：「地氣上齊，天氣下降，陰陽相摩，天地相摩，天地相蕩。[30]」天地不出陰陽二氣，氣是流行不息，整個宇宙為氣的宇宙，氣的流轉為生成萬物，整個宇宙乃為生命的整體，這種生命表現於萬物的存在。[31]如泰卦☷☰，〈坤〉上〈乾〉下，表示天氣下降，地氣上升，天地相交，以萬物通順。剛從上來下，柔從下往上，剛居於內卦，柔居於外卦，

28　〔漢〕許慎撰，〔清〕段玉裁注：《說文解字注》（臺北市：黎明文化出版公司，1994年），頁1。

29　〔漢〕許慎撰，〔清〕段玉裁注：《說文解字注》，頁688。

30　〔漢〕鄭玄注，〔唐〕孔穎達等正義：《禮記正義》，見於《十三經注疏》（臺北縣：藝文印書館，1989年），第5冊，〈樂記〉，672頁。

31　林超群：《周易之宇宙論及其人生哲學》（臺中市：國立中興大學中國文學研究所碩士論文，2004年），頁24。

〈乾〉天在下而〈坤〉地在上，似乎有背常理，然從變化運動的角度看，陰陽互變是常有的現象，〈坤〉陰由下而往，〈乾〉陽自上而來，所以說「小往大來，吉，亨。[32]」相反地，否卦〈乾〉上〈坤〉下。從世俗眼光看，天在上地在下，完全合乎實際，應為吉卦。但《易經》卻認為天氣上升，地氣下降，其氣不相交，象徵閉塞，所以為〈否〉。此卦柔從上來下，剛從下往上，柔居於內卦，所以說「大往小來」，「不利君子貞」。[33]

是故陰陽之氣能調和發生作用是具有下列意涵：「孤陽不生，孤陰不長。」陰陽是不可能分開獨自產生變化的，陽動極就生陰，陰靜極就生陽，是謂物極必反的定律，而且是陽中帶陰，陰中帶陽才能有作用，也就是說，陰陽要相輔相成，在〈繫辭傳〉看來，乾為純陽，坤為純陰，有此對偶往來，才有萬物生生不息之象。

二 陰陽交感

〈繫辭上傳〉云：「剛柔相摩，八卦相盪，鼓之以雷霆，潤之以風雨。[34]」此「相摩」即是彼此交互作用的意思，也就是〈泰‧彖〉：「則是天地交而萬物通也。[35]」所說的「交」，也因此「交感相摩」產生天地的變動。《彖傳》解〈否〉說：

---

32 〔宋〕朱熹：《周易本義》（臺北市：大安出版社，1999年），〈泰‧彖〉，頁72。

33 林超群：《周易之宇宙論及其人生哲學》（臺中市：國立中興大學中國文學研究所碩士論文，2004年），頁52。

34 〔宋〕朱熹：《周易本義》（臺北市：大安出版社，1999年），頁233。

35 〔宋〕朱熹：《周易本義》（臺北市：大安出版社，1999年），頁72。

否之匪人，不利君子貞。大往小來，則是天地不交而萬
物不通也，上下不交而天下无邦也。[36]

其解〈歸妹〉說：

歸妹，天地之大義也。天地不交，而萬物不興。歸妹，
人之終始也。[37]

以上二卦的解釋，都是講陰陽交感。〈繫辭下傳〉曰：「凡
《易》之情，近而不相得，則凶，或害之，悔且吝。[38]」《易
經》以爻位擬喻事物的情態，凡相近卻無法交感，就會出現不
好的結果，故〈否・象〉說：「天地不交而萬物不通也，上下
不交而天下无邦也。[39]」相對間的統一，表現在「感應」之道
上。「交感」就是陰陽交相感，如天地產生雲雨，夫婦交感生
出子女。而陰陽二性，相異而相感。以相異故，有相對；以相
感故，雖相對而趨合為一。[40]就如張載所言：

感而後有通，不有兩，則無一，故聖人以剛柔立本，乾
坤毀，則無以見易。[41]

36　〔宋〕朱熹：《周易本義》（臺北市：大安出版社，1999年），頁75。

37　〔宋〕朱熹：《周易本義》（臺北市：大安出版社，1999年），頁200。

38　〔宋〕朱熹：《周易本義》（臺北市：大安出版社，1999年），頁264。

39　〔宋〕朱熹：《周易本義》（臺北市：大安出版社，1999年），頁75。

40　高懷民：《大易哲學論》（臺北市：成文出版社，1988年），頁211。

41　〔宋〕張載撰，〔宋〕朱熹注釋：《張子全書》（上海市：商務印書館・1935年），卷之
　　二，〈正蒙一・太和篇第一〉，頁25。

可知，無兩則無謂一，無一則兩失為兩，有兩則能感通，惟有兩者相感，然後才能相通合一。因為自然界的生成是陰陽互相感應的結果，〈咸・彖〉云：

> 咸，感也。柔上而剛下，二氣感應以相與，止而說，男下女，是以亨，利貞。取女，吉也。天地感而萬物化生，聖人感人心而天下和平。觀其所感，而天地萬物之情可見矣。[42]

咸卦論述感應。這裡所說的二氣是指陰陽二氣，天與地的陰陽之氣互相感應，從而才能結合在一起而使萬物生生不息，故稱「二氣感應以相與」。觀察了天、地、人對偶兩方面的互相感應，則可見到萬事萬物普遍情理都是如此的。項退結在其所著之《人之哲學》一書也說：

> 陰陽交感的關係既及於天地萬物，因此天地間的一切都彼此感應，而陰陽交感則以化生萬物為目的。普遍的互相感應與生發作用正足以顯示出，宇宙為具生命的整體。[43]

值得注意的是，交感的對偶面既不會消滅對方，雙方也沒有打破統一體，而是調和，保持世界的和諧。

---

42 〔宋〕朱熹：《周易本義》（臺北市：大安出版社，1999年），頁131。

43 項退結著，中華文化復興運動推行委員會主編：《人之哲學》（臺北市：中央文物供應社，1982年），頁33。

三 剛柔相濟

　　《易》雖多義，但簡歸於陰陽，天地間事物雖然複雜，總不外乎有對偶因素的相互配合。《易經》告訴我們，大自然的變化是由於宇宙的原動力——陰陽交感、天人互動的結果。「陰」代表柔弱、柔順的力量；「陽」代表著剛健、剛強的力量。陽剛反映和體現著事物剛健、向上、進取、主導的性質，陰柔則反映和體現著事物柔順、平和、謹慎、輔助的性質。〈繫辭上傳〉說：

> 聖人設卦，觀象繫辭焉而明吉凶，剛柔相推而生變化。是故吉凶者，失得之象也；悔吝者，憂虞之象也；變化者，進退之象也；剛柔者，晝夜之象也。六爻之動，三極之道也。[44]

　　《易傳》以剛柔比喻晝夜，如白天到來，黑夜即退後。一進一退，也意味一長一消。

　　在客觀世界中，任何一種事物和現象都內含著剛柔相濟、陰陽和合的既對偶又統一的兩個方面。正是由於事物剛柔相濟、陰陽互補的對偶統一推動著事物轉化和無限發展。如果有剛而無柔，乃剛之過失。剛強而無陰柔輔之，陰柔而無剛陽濟之，都要走向死亡。「亢龍有悔」說明《易經》領導思維方

---

44 項退結著，中華文化復興運動推行委員會主編：《人之哲學》（臺北市：中央文物供應社，1982年），頁235。

式，並非只以「剛健不息」為美德。例如：〈姤・上九・象〉云：「姤其角，上窮吝也。[45]」是說，〈姤〉☰☰上九爻，為剛，又居此卦之上位，剛而又剛，故為「吝」；〈屯・上六〉：「乘馬班如，泣血漣如。[46]」其〈象傳〉解釋說：「泣血漣如，何可長也？[47]」表示陰柔居上位，無陽剛相應，故難以長久只動而無靜。[48]要能動靜、剛柔能互相轉化，才是萬物生生不息之源。

所以《易經》特別強調陰陽剛柔的兼濟並用。但二者之間仍有主次之別，即以陽剛為主，以陰柔為輔，陰柔從屬於陽剛才是吉利之象。雖然寧靜退守多是消極行為，勇於開拓多是積極行為，但二者都有存在理由。一個人不可能永遠開拓進取、剛強自信、開朗活潑，事事居於主動。當然，也不可能永遠寧靜退守、謙虛自省、沉穩冷靜、處處居於被動。唯有將乾坤二卦的精神結合，方可揚二者之長，避二者之短，立身行事安然穩健，遊刃有餘。[49]是為剛柔相濟之最佳運用。

在《易經》六十四卦中，剛柔相摩、陰陽轉化的思維得到了充分的體現。加上所言，在《易經》中，儘管乾卦為一純陽之卦，坤卦為一純陰之卦，但是，乾卦初九、九三爻辭卻十分清楚地強調謹慎陰柔的價值理念，諸如初九爻辭言「潛龍勿用」，九三爻辭言「或躍在淵」。而且，上九爻辭對陽剛過盛提出了警告，該爻辭言「亢龍有悔」。反過來，坤卦雖為純陰之

45 〔宋〕朱熹：《周易本義》（臺北市：大安出版社，1999年），頁172。

46 〔宋〕朱熹：《周易本義》（臺北市：大安出版社，1999年），頁49。

47 〔宋〕朱熹：《周易本義》（臺北市：大安出版社，1999年），頁49。

48 參見朱伯崑：《易學哲學史》（北京市：昆崙出版社，2005年），第四卷，頁420-421。

49 王慰：〈從〈乾〉〈坤〉兩卦論中國傳統的處世哲學〉，《邯鄲職業技術學院學報》第15卷第3期（2002年9月），頁20。

卦，但其中也隱伏和蘊涵了陽剛的屬性。展示出了「自強不息」與「厚德載物」的剛柔相濟、陰陽轉化的完美狀態。

☆《易經》領導思維中，「陰」代表柔弱、柔順的力量；「陽」代表著剛健、剛強的力量。陽剛反映和體現著事物剛健、向上、進取、主導的性質，陰柔則反映和體現著事物柔順、平和、謹慎、輔助的性質。而兩者之間的關係就如〈說卦傳〉所言：「故水火相逮，雷風不相悖，山澤通氣，然後能變化，既成萬物也。[50]」認為事物的對偶面可以轉化，安可以轉化為危，存可以轉化為亡，治可以轉化為亂。並且認為此種轉化是有條件的，治轉化為亂，其條件是安於其治。所以，校長在領導學校組織成員時，如果有剛而無柔或是只有陰柔而無剛陽濟之，都將使學校組織無法發揮學校組織其真正效能。所以，校長唯有應用《易經》陰陽交感的領導方式，促進學校組織內成員間陰陽得以交感的機會，彼此才能相輔相成，展現學校組織的最高效能是以，《易經》剛柔相濟的領導策略，展現領導學校組織的最高藝術境界。

第四節　尚中求和

　　《易經》思維是以陰陽相互轉化來闡釋萬象的。陰陽表面看來似乎是對偶，但就其功能或生化而言，卻是相需相成，強

---

50 〔宋〕朱熹：《周易本義》（臺北市：大安出版社，1999年7月），頁270。

調陰陽兩極的相互和諧，更重視解決矛盾、超越矛盾。相異不是彼此矛盾，而卻是盈虛相濟，有無相通之和諧。因此單一之物，不能圓滿自足，要得到另一相異之物的補足與濟通，始可圓滿自足。所以，陰陽，均同為一善之肯定，並無不善之否定。既然兩者均為善，而不可偏廢，那就必須兼執兩而為中，不可執一而偏，才有可能趨向和諧。故《禮記・中庸》曰：「中也者，天下之大本也。和也者，天下之達道也。致中和，天地位焉，萬物育焉。[51]」意即要求「尚中求和」才是正道。

一 「中」的涵義

「中」就是恰到好處，恰到好處就包含有看問全面、注意分寸、掌握火候、量力而行、適可而止等許多意思。當事物處於初始階段，《易經》總不忘告誡人們要謹慎，同時又鼓勵人們積極進取。而當事物發展到靠近頂點時，《易經》又告誡人們要當心物極必反。所以《易經》強調以「中」為度，保持事物向好的方面發展，避免向壞的方面發展。[52]所以「中」是《易經》的重要概念之一。在《易經》中有八處，〈彖傳〉及〈象傳〉分別有三十九卦及四十四卦論述了「中」。「中」在《易經》中的主要涵義有三[53]：

---

51 〔漢〕鄭玄注，〔唐〕孔穎達等正義，《禮記正義》，見於《十三經注疏》（臺北縣：藝文印書館，1989年），第5冊，〈中庸第三十一〉，頁879。

52 朱伯崑、李申、王德有等著：《周易通釋》（北京市：崑崙出版社，2004年），頁163。

53 參自徐道一：《周易與二十一世紀》（廣州市：廣東教育出版社，2000年），頁91-92。

（一）中間、當中之意

如〈中孚〉卦卦名為中孚。信發乎中，謂之中孚，即中（衷）心誠信。

（二）適中、適宜

若爻居中位，即為中或稱得中，象徵守持中道，行為適中，不偏不倚，合於陰陽和合的法則。故在《易經》，「中」或「中道」也一直被置於最高、最重要的論述位置。《易經》用各種方式來贊揚「中」，如正中、中正、中道、中行、中直、時中、位中、得中、剛中、柔中等。其基本涵義是能得到「中」則吉或无咎。如〈坤・文言〉：「君子黃中通理，正位居體，美在其中，而暢於四支，發於事業，美之至也。[54]」意即充分肯定「中」的重要價值。而「中」的意義在《易經》中是活用的，即不以「中」為一固定點，能「執兩取中」、「執中用權」。

（三）指爻處中位

爻的位置，指位中而言。八卦為三畫卦，從八卦初象上言，中間一畫象居中之義，重卦時，一由內外卦象而言，指二、五兩爻；一由全卦象而言，指三、四兩爻，及以三才之位言。關於爻位之理，〈繫辭下傳〉有一段重要的話：

　　《易》之為書也，原始要終，以為質也。六爻相雜，唯

---

54 〔宋〕朱熹：《周易本義》（臺北市：大安出版社，1999年），頁45。

其時物也。其初難知，其上易知，本末也。初辭擬之，
卒成之終。若夫雜物撰德，辨是與非，則非中爻不備。
噫！亦要存亡吉凶，則居可知矣！知者觀其彖辭，則思
過半矣！二與四同功而異位，其善不同。二多譽，四多
懼，近也。柔之為道不利遠者，其要无咎，其用柔中
也。三與五，同功而異位。三多凶，五多功，貴賤之等
也。其柔危，其剛勝邪？[55]

也就是說，三爻、五爻雖然同為奇位之陽功，但五以君位為
貴，三為賤。另外，即使五行意義上的五，也與《易經》的陰
陽之說存在某種關聯。許慎《說文解字》曰：「五，五行也。
從二，陰陽在天地間交午也。[56]」可見，五乃取義於陰陽之氣
的交互作用。然而二、五之吉，蓋因其居中也。就《易經》之
觀點言，「中爻」之吉，在於其「非極端」，是故二、五居中，
可得吉占。〈象傳〉亦屢申此義：

〈坤・六五・象〉：「黃裳元吉，文在中也。[57]」
〈履・九二・象〉：「幽人貞吉，中不自亂也。[58]」
〈泰・六五・象〉：「以祉元吉，中以行願也。[59]」
〈謙・六二・象〉：「鳴謙貞吉，中心得也。[60]」

55　〔宋〕朱熹：《周易本義》（臺北市：大安出版社，1999年），頁262-263。
56　〔漢〕許慎撰，〔清〕段玉裁注：《說文解字注》（臺北市：黎明文化出版公司，1994
　　年），頁745。
57　〔宋〕朱熹：《周易本義》（臺北市：大安出版社，1999年7月），頁42。
58　〔宋〕朱熹：《周易本義》（臺北市：大安出版社，1999年7月），頁70。
59　〔宋〕朱熹：《周易本義》（臺北市：大安出版社，1999年7月），頁74。

〈復・六五・象〉：「敦復無悔，中以自考也。[61]」

〈坎・九二・象〉：「求小得，未出中也。[62]」

可見，「中」是《易經》最重要的一個核心概念，它主宰著時、位是否趨向好的方向發展，即使不得時、不得位，整卦為吉。如陽爻居於陰位（亦稱剛居柔位），或陰爻居於陽位（亦稱柔居剛位），雖未當位，但因為居於上下卦之中的尊位，亦謂得中。[63]例如，升卦 ䷭ 九二爻以陽爻居下卦之中位，其〈象辭〉曰：「剛中而應，是以大亨。[64]」總之，《易經》的尚中思想內容廣泛，意義深刻，提醒人們在複雜多變的環境中，經常維持事物的最佳狀態有其積極意義。

二 以中道行之

中道與中行是《易經》的鮮明特色，旨在引導人們恪守中道，保持常「度」，做到「無過無不及」。例如：

〈離・六二・象〉：「黃離元吉，得中道也。[65]」

〈恆・九二・象〉：「九二悔亡，能久中也。[66]」

---

60 〔宋〕朱熹：《周易本義》（臺北市：大安出版社，1999年7月），頁85。

61 〔宋〕朱熹：《周易本義》（臺北市：大安出版社，1999年7月），頁112。

62 〔宋〕朱熹：《周易本義》（臺北市：大安出版社，1999年7月），頁125。

63 熊怡雯：〈析論《易傳》的時中觀〉，《宗教哲學》第64期（2013年6月），頁106。

64 〔宋〕朱熹：《周易本義》（臺北市：大安出版社，1999年7月），頁176。

65 〔宋〕朱熹：《周易本義》（臺北市：大安出版社，1999年7月），頁127。

66 〔宋〕朱熹：《周易本義》（臺北市：大安出版社，1999年7月），頁136。

〈大壯·九二·象〉:「九二貞吉,以中也。[67]」

〈蹇·九五·象〉:「大蹇朋來,以中節也。[68]」

〈解·九二·象〉:「九二貞吉,得中道也。[69]」

〈損·九二·象〉:「九二利貞,中以為志也。[70]」

〈萃·六二·象〉:「引吉無咎,中未變也。[71]」

〈巽·九二·象〉:「紛若之吉,得中也。[72]」

〈節·九五·象〉:「甘節之吉,居位中也。[73]」

〈未濟·九二·象〉:「九二貞吉,中以行正也。[74]」

上述義理,皆謂以行「中道」為佳。《彖傳》、《象傳》推崇「中道」,以居中為美德,以「中正」為行為的準則。以此解釋筮法中的體例,乃儒家倫理學說流行的產物。

持「中道」而行之,是謂行事不偏不倚、無太過與不及。故〈坤·文言〉云:

君子黃中通理,正位居體,美在其中,而暢於四支,發於事業,美之至也。[75]

---

67 〔宋〕朱熹:《周易本義》(臺北市:大安出版社,1999年7月),頁141。

68 〔宋〕朱熹:《周易本義》(臺北市:大安出版社,1999年7月),頁157。

69 〔宋〕朱熹:《周易本義》(臺北市:大安出版社,1999年7月),頁159。

70 〔宋〕朱熹:《周易本義》(臺北市:大安出版社,1999年7月),頁162。

71 〔宋〕朱熹:《周易本義》(臺北市:大安出版社,1999年7月),頁174。

72 〔宋〕朱熹:《周易本義》(臺北市:大安出版社,1999年7月),頁210。

73 〔宋〕朱熹:《周易本義》(臺北市:大安出版社,1999年7月),頁219。

74 〔宋〕朱熹:《周易本義》(臺北市:大安出版社,1999年7月),頁230。

75 〔宋〕朱熹:《周易本義》(臺北市:大安出版社,1999年7月),頁45。

只要凡事勿過與不及，就是得中道也。中道即正道，恰當之行
事與不易之法則乃匯集為中庸之道。不偏之「中」即是中道，
不易之「庸」即是正道。因此，中庸之道即是中正哲學。《禮
記‧中庸》云：

> 喜怒哀樂之未發，謂之中；發而皆中節，謂之和。中也
> 者，天下之大本也；和也者，天下之達道也。致中和，
> 天地位焉，萬物育焉。[76]

此乃說明，行中正之道即可致中和，而調和萬物，使世界充滿
和諧之氣，在陰陽消長之生生不息與天人合一之時位變動的情
況下，達到既中且正的宇宙動態平衡，如此，便可獲致亨通之
圓滿境界。[77]「守中」、「持正」，即是「合乎天道」，由前述可
知，處卦象之中且正者乃多為吉，〈夬‧九五〉云：「中行，無
咎」[78]，即此之謂也。

　　總之，人在宇宙中與天地變化合為一體，而人又居宇宙的
核心地位，但因常在陰陽消長中尋求動態平衡，故須不斷地尋
求解決各種矛盾、克服各種困難的不變法則。而《易》道告訴
我們這不變的法則就是取決於人們對事物的看法是否公正、無
私、中正，對事物或問題存著某種偏激的看法，都不能達到理

---

76 〔漢〕鄭玄注，〔唐〕孔穎達等正義：《禮記正義》，見於《十三經注疏》（臺北縣：藝
　　文印書館，1989年），第5冊，頁879。

77 鄭志宏：《周易原理領導思想之探究》（臺北市：國立政治大學公共行政研究所碩士論
　　文，1991年），頁163。

78 〔宋〕朱熹：《周易本義》（臺北市：大安出版社，1999年），頁168。

想的目的。[79]這深層本質中的不變法則，就是要具備積極與穩健的中庸之道，才能使學校組織趨向最佳之陰陽動態平衡狀態。

三 陰陽平衡

就太極圖來看，人只有在陰陽魚圓形的正中央，才是無矛盾的，即陰也不相多加、多減於我，陽也不相多加、多減於我，也就是處於無矛盾的狀態之中，萬物相盪與我不相害。但只要人的心念一動，向這個正圓中心邁出一步，陰陽就相加減於我了，矛盾就出現了。不是陰多就是陽少，不是陽多就是陰少，反之亦然。事實上，人與萬物是不可能長期處於陰陽各半的中性狀態，在陰陽的作用下，萬物並作，我與萬物相加相減，沖盪不能相和，矛盾的作用隨即產生了。

萬物雖消長起伏不已，但天道流行使萬物以不同方式相濟相成，使萬物在變化中趨於和諧平衡。《易經》中處處都是「陰陽平衡而行中道」的思想。簡明之意，就是要人在待人處事與自我修養上，凡事都要行中正之道，行事要恰到好處，都達平衡之態。所以，易卦的整體目的在於尋找維持系統平衡與穩定的方法。在《易經》許多卦辭裡，它們特別強調了以平緩、和諧的方式解決問題，使陰陽雙方達到協調而統一，以相互調節維護整體平衡的思想。〈繫辭下傳〉提到：「陰陽合德而剛柔有禮，以體天地之撰，以通神明之德。[80]」要陰陽合和，剛柔相互配合，萬物才能生生不已。

---

79 參自程振清、何成正：《易經與現代管理》（臺北市：中天出版社，1999年），頁123。

80 〔宋〕朱熹：《周易本義》（臺北市：大安出版社，1999年7月），頁259、260。

宇宙的存在和發展、大自然的存在和變化，皆由二者的平衡→不平衡→再平衡的關係決定。《易經》的陰陽往復，是兩個作用相對流行，以其為「相對」，我們說它們有平衡的條件；但以其為「流行」，則永無平衡的狀態。因為有平衡的條件，所以陰陽二作用遠有「求均衡」的意向；因為永遠沒有「平衡的狀態」，所以二作用永遠有「求平衡」的志向下流行不息。[81]人與萬物都循陰陽之氣而變動，並不斷地由一種不平衡態變為平衡態，復又變為另一種不平衡狀態，如此周而復始、不斷變幻、調衡，事物的發展會不斷的循環，如同陰陽變化之理，沒有止盡。用於人事上，我們應該正視這種「不平衡」事實之存在，正因為將人推入「不平衡」中，人才奮其「求平衡」的天性，所以《孟子》說：「人之有德慧術知者，恒存疢疾。[82]」意即人在艱苦中，處「不均衡」之環境中奮其「求平衡」的精神而後得成就。

因此在陰陽變化沒有止盡前提下，陰陽「平衡」的狀態是不可能長久的，俗話說得好：「人生不如意事十之八九」，所以，依照《易經》思維，人生的意義不在於享受平衡和諧的生活，而在於以平衡的生活為理想而共赴之，雖這一理想永遠不可能達到，但幸福更在此奔赴的途中。[83]也唯有堅持中道與正道，力求陰陽平衡，保合太和才是最後之目的。

---

81 高懷民：《大易哲學論》（臺北市：成文出版社，1988年），頁222。

82 〔漢〕趙岐注，〔宋〕孫奭疏：《孟子注疏》，見於《十三經注疏》（臺北縣：藝文印書館，1989年），第8冊，〈盡心章句上〉，頁232。

83 高懷民：《大易哲學論》（臺北市：成文出版社，1988年），頁224。

四　保合太和

(一)《易經》有關「和」的論述

　　《易經》中「和」出現的次數不多。在《易經》古經中「和」出現的次數二次。一為〈中孚・九二〉:「鳴鶴在陰，其子和之。我有好爵，吾與爾靡之。[84]」是描述一種和諧安定和歡樂的情景。這裡的「和」主要是相應的涵述。另一為〈兌・初九〉曰:「和兌，吉。[85]」〈兌・彖〉云:「兌，說(悅)也。[86]」這裡的「和」有萬物協調的涵義。由「和」產生的喜悅，才是吉祥。

　　〈彖傳〉中的「和」字出現三次。一是〈乾・彖〉:「乾道變化，各正性命，保合太(大)和，乃利貞。[87]」萬物要生存下來，每個爻要「各正性命」，充分發揮其個性，但也要發展「太和」，彼此互助互補。這裡的「和」，從根本上看乃是多樣性的統一涵義。二是〈咸・彖〉:「天地感而萬物化生。聖人感人心而天下和平。觀其所感，而天地萬物之情可見矣。[88]」天地之間互相的感應，使得萬物得以生成和發展;聖人與人民之間互相的感應，使得天下和平。三是〈夬・彖〉:「健而說，決而和。[89]」「夬」是決去的意思。剛健而喜悅，決去而平和。這裡

84　〔宋〕朱熹:《周易本義》(臺北市:大安出版社，1999年)，頁221。

85　〔宋〕朱熹:《周易本義》(臺北市:大安出版社，1999年)，頁212。

86　〔宋〕朱熹:《周易本義》(臺北市:大安出版社，1999年)，頁212。

87　〔宋〕朱熹:《周易本義》(臺北市:大安出版社，1999年)，頁30。

88　〔宋〕朱熹:《周易本義》(臺北市:大安出版社，1999年)，頁131。

89　〔宋〕朱熹:《周易本義》(臺北市:大安出版社，1999年)，頁166。

的「和」字有和諧的涵義。

〈文言傳〉中解釋乾卦時提到「和」字：「利者，義之和也。[90]」其義是思想行為符合一定的準則。所以「義之和」可理解為各種準則的會合和協調，也可說是一切的物皆各得宜，彼此和諧，「和」在此可解釋為和順、和睦、祥和的涵義。

「和」與「中」的聯繫，即為「中和」。「中」要求個體做事不求極端、要適度；「和」是講個體與個體、個體與群體的關係，要求與他人的關係要協調、要順暢。「和」往往以「中」為前提，「中」往往以「和」為歸宿。[91]《易經》的尚和思想體現在四個領導思維之中，它的六十四卦的整體架構，就是一個生命通達和順的一個整體。「和」就倫理學來講，是一種優秀的道德品質。所以唯有以《易經》「和」的思想來聯繫學校中體與個體、個體與群體之關係，使成員間的關係才能協調與順暢。

(二)陰陽和諧

《易經》陰陽轉化的思維不但重視事物矛盾的對偶統一，而且更重視事物本身的陰陽結構的和諧統一。天地的變化以陰陽為其基礎，而「保合太和」則是陰陽對偶面的中和統一。即宇宙變化的總過程，是陰陽相感相盪的過程，此一過程即「太和」。由此可見，和諧是一動態的過程，而不是靜態的結構。[92]

---

90 〔宋〕朱熹：《周易本義》（臺北市：大安出版社，1999年），頁32。

91 蘇木田：〈《易經》哲學之應用〉，《2013世界易經大會論文集》（新北市：聖環圖書出版社，2013年8月），頁314。

92 黃囉莉：〈中國人的和諧觀／衝突觀：和諧化辯證觀之研究取徑〉，《本土心理學研究》第5期（1996年6月），頁53。

朱熹在《周易本義》釋太和為：「陰陽會合、中和之氣也。[93]」
「保合者，全於已生之後。[94]」所以太和是陰陽和合之氣，
「和」也有「發而皆中節」的意思，陰陽均衡和合相感能創生
萬物，保持高度的陰陽相感相合才能生生不息，所以〈繫辭下
傳〉說：「天地絪縕，萬物化醇。男女構精，萬物化生。[95]」若
人事彼此對偶不相容、交相攻擊、取捨失當、情感虛妄不真
實，雙方無法相感取得和諧，那麼就會有不吉利、悔吝、有害
事發生。

　　《易經》太極原理是陰中有陽，陽中有陰，萬物中就是包
含著陰陽，是多寡的程度而已。求「保合太和」陰陽和諧只能
說是一理想狀態，而和合的過程，也就是一種矛盾的融通過
程。所以，「保合太和」也只能是一種存在著差異和矛盾的狀
態，它並不意味著沒有矛盾和差異。事實上，在《易經》六十
四卦中，除了乾坤兩卦屬於純陽純陰之外，其餘所有各卦都是
由陰陽二爻相雜而成。乾為純陽，然陽剛至極，也就出現了
「亢龍有悔」的結局。坤為純陰，但陰柔至極，也就導致了
「龍戰於野、其血玄黃」的局面。這說明，和諧並不排斥差別
和差異，只有陰陽兩種不同的勢力在既對偶又互補的情況下才
能形成統一的和諧狀態。

　　然而，在《易經》中，惟既濟卦 ䷾ 是陰陽等量對應的一
卦，三陽對三陰，而且各當其位。但既濟卦卻是《易經》中最
不吉利的一卦。就是說，和諧到沒有矛盾和差異了，事物本身

---

93 〔宋〕朱熹：《周易本義》（臺北市：大安出版社，1999年），頁30。

94 〔宋〕朱熹：《周易本義》（臺北市：大安出版社，1999年），頁31。

95 〔宋〕朱熹：《周易本義》（臺北市：大安出版社，1999年），頁258。

也就不和諧了。這說明，和諧是包含著矛盾和差異的和諧。可見，《易經》是承認差別和差異的。這就要求人們必須通過自己主觀努力，不斷地調節事物之間以及事物內部各個要素之間的矛盾和差異，從而使事物達到既對偶又統一的合和狀態。[96]所以，達到整體和諧的最佳狀態，也就是《易傳》陰陽思想的最高目的。但事實上，這種陰陽和諧的最佳狀態，只是短暫的，因為陰陽之間是以循環動態的模式交互在運作著，只要改變其中某一關係，「陰陽和諧」隨之又成為下一個目的。

　　陰陽互動的結果是為了「保合太和」，這個思想體現在人際關係中則是人人相和。宇宙萬物為一個動態整體，其運動變化及發展的動力，在於各事物間陰陽結構的變化，儒家和道家思想也重視太和的觀念。孔子重視「和為貴」[97]，提倡「和而不同」[98]，「和」並不排斥對偶面的存在，「和」是主張對偶面或多種不同因素和諧共存。在儒家看來，單一不能保證發展，對偶面只有無休止的鬥爭也不能保證發展，只有和諧才能使事物穩定地存在和發展。道家《老子》則說：「萬物負陰而抱陽，沖氣以為和。[99]」顯然強調陰陽二氣之自然變化與自然統合即是宇宙萬有的本體—「和諧」。《莊子》則說：「調理四

96　許爾忠：〈《周易》的管理哲學智慧〉，《蘭州大學學報》（社會科學版）第39卷第1期（2011年1月），頁105。

97　〔魏〕何晏等注，〔宋〕邢昺疏：《論語注疏》，見於《十三經注疏》（臺北縣：藝文印書館，1989年），第8冊，卷第一，〈學而第一〉，頁8。

98　〔魏〕何晏等注，〔宋〕邢昺疏：《論語注疏》，見於《十三經注疏》（臺北縣：藝文印書館，1989年），卷第十三，〈子路第十三〉，頁119。

99　劉笑敢：《老子古今：五種對勘與析評引論》（北京市：中國社會科學出版社，2006年），上卷，第四十二章，頁463。

時，太和萬物。[100]」成中英也說：

> 對於儒家來講，和諧乃是實在界的基本狀態和構成；衝
> 突則不隸屬於實在界，它不過是一種不自然的失序和失
> 衡，是沒有永久意義的。在儒家的眼光裡，這個世界是
> 一個變化和發展的過程。不錯，世界上確有相異、相
> 對、不和、敵視等現象，但儒家堅持：整個宇宙、人類
> 社會、個人生活的大方向是趨於和諧與統一的。整部
> 《易經》便表達了這種思想。[101]

　　《易經》以陰陽作為事物的對偶面，一凹一凸，正如木器
的榫頭一樣，合在一起，嚴密結實，這是一種整體的和諧。[102]
因此陰陽和諧是包含矛盾運動的最佳狀態，才是使事物穩定發
展的基本保證。

☆《易經》倡導中道，具有至深的意義。太極圖具有陰陽力量
平衡的態勢，負陰抱陽，融為一體，顯示了事物在發展過程中
不斷尋求均勢，又不斷打破均勢，呈現出一種生生不息的變
易之律。《易經》認為在對偶的兩極之間「動象取中」且以
「尚中求和」、「保合太和」為最後目的，若失其中，則雖可得

---

100 〔晉〕郭象注：《莊子》（臺北縣：藝文印書館，2000年），第五卷，〈外篇・天運〉，頁
　　284。
101 成中英：《世紀之交的抉擇——論中西哲學的會通與融合》（上海市：知識出版社，
　　1991年），頁177。
102 楊成寅：《太極哲學》（上海市：學林出版社，2003年），頁268。

意一時，但終歸天譴失勢。而「和」往往以「中」為前提，「中」往往以「和」為歸宿。是故在學校中，身為校長，校長可應用《易經》陰陽平衡的智慧，堅持中道與正道，力求使學校組織以陰陽和諧為目標，以確保學校運作能趨於保合太和之狀態。

第五節　學校領導應用《易經》陰陽轉化思維之道

陰陽轉化是太極的延伸和具體化，是一種理性思維，具有極強的統攝性和包容性。[103]陰陽只是標示事物的性質，並不代表某種具體的事物，因為事物發展在不同的時間序列和空間序列中也必然有不同的陰陽屬性及表現形式。校長如能應用陰陽轉化思維所帶來的啟示，必能轉化學校內的衝突，使學校組織能和諧運作，發揮應有之效能。

一　應用陰陽辯證全方位思考問題

陰陽辯證是中國古代辯證法的一對最基本的範疇，也是《易經》哲學思維的重要概念、範疇、命題，以至整個體系都是以陰陽的這種對偶結構（道與器、體與用、天與人、動與靜、內與外……）為最基本的範疇及基礎而展開的。所以，陰陽辯證的是以陰陽兩儀的對偶與統一出現的，從一陰一陽之謂道、

---

103 程振清、何成正：《易經與現代管理》（臺北市：中天出版社，1999年），頁60。

陰陽相剋而相生、陰中有陽，陽中有陰、陽極生陰、陰極生陽
等辯證思維為基本原理之外，同時又加上時間變化的因素。

　　《易經》承認陰陽對峙中，既看到「非此即彼」，同時也
看到「亦此亦彼」，這種陰陽相互轉化、相互參合情況，使人
們看待問題時變得更聰明一些：既看到事物顯現的一面，也要
看到它潛伏的一面。只有這樣才能全方位的看待問題，視萬物
在本體上是整體性、齊一性的，那麼衝突便可在此思維架構中
得以化解。

　　在學校裡，校長與學校組織成員或是成員與成員之間的互
動難免在目標、價值、信念上有所歧異，而產生某種程度的
「矛盾」或「衝突」。《易經》把矛盾的對偶雙方稱為「陰」和
「陽」，提出「一陰一陽之謂道」的最佳辯證思考命題，有助
於領導者澄清問題的本質及價值，尋找解決問題的新途徑。也
因校長透過對自我以及實在的了解，就能發現化解衝突的途
徑。而這化解對偶和衝突的過程便可稱作「和諧化的過程」。
然而，欲求和諧，就須先求得對偶雙方間的平衡，以期成就一
有機的整體。

　　運用陰陽辯證思考方式可使校長具備以不同角度來看待事
情的能力，唯有從不同角度的辯證方式去看待事物，才能夠促
進相互矛盾得以整合，並且因應內外在環境迅速的變遷，找出
解決問題之道。就如同 Morgan 在其所著《學校組織意象》
（*Image of Organization*）導言所言：

　　　　當一個人從「新角度」去解讀情況時，常常會有新見
　　　解，而從多方面廣泛的研究可以造成各式各樣的行動的

> 可能性。另一方面，那些低效能的管理人員和問題的解決者常是以一成不變的立場來闡釋一切。結果，他們經常踫上無法避開的障礙；他們的行為與態度往往僵硬而不靈活，成為衝突之源。一旦出現問題和意見分歧，他們便沒有選擇的餘地，只好因循守舊埋頭於問題，並且依靠說服他人「買進」他們對情況的特別見解，形成一致的共識。[104]

校長做決策時，應陰陽兼顧，聽取多方意見再予以判斷。陳述一件事時，也要陰陽兩面皆陳述。如在上位者只單執一方說法、單一思路，即使一開始的念頭是正確的，但卻無相關配套，終將紛擾不斷，無法真正協調落實在領導上而宣告失敗收場。

陰陽辯證思考方式，可以幫助校長跳脫舊有的習慣性思考，從對偶的角度審思，擺脫兩極化的對立觀點，用包容的態度，重新看待問題。例如接受了 A，並非就必定排拒 B，而是包容兩者，意味著朝向另一個深層次，因為萬事萬物有其共同點，相反而相成，必須承認對偶面存在的同一性，既相排斥又相聯合。《易經》認為陰陽兩方面總是相伴而生，相資為用，相輔相成，凡事不可只見陰不見陽，也不可只見陽而不見陰，只有全面把握陰陽兩方面才能全面認識事物。如能發現「相對的」裡面有連貫其他「相對的」的超越的價值時，那麼「與天

104 戴文年譯，Gareth Morgan 著：《學校組織意象》（臺北市：五南圖書出版公司，1994年），頁2。

地合其德」之層次就會實現。[105]所以具有陰陽辨證思考的能力，除了對校長在觀察和處理問題時，可藉著反思可以了解自己思考的盲點之外，同時也有助於其跳脫原有僵化重複的習慣所造成的預設陷阱。

二　轉化學校組織中的衝突為合作

「陰陽致動而生萬物」即謂陰陽對偶是一切事物運動的根本動因。大自然中生物體為尋求生長和繁茂，會在生存演變中建立起彼此的相依存性，藉由改變得以重新建立起彼此的相互關係，所以衝突和破壞不會長久存在。[106]衝突與矛盾就是事物存在和發展的動力，它不過是一種不自然的失序和失衡，是沒有永久意義的。差異與衝突之所以存在，正是為了要完成生命界的和諧，以及在變化世界的創造動能下，創化繼起的生命。

《易經》的陰陽轉化思維認為互依與互補是成就一個整體所必須的條件，沒有陰陽矛盾的對偶和統一，就沒有事物的存在和發展。《易經》認為世界是陰陽和諧的歷程，宇宙萬物之生長是基於依存共生的道理。因此，有矛盾有變化才是吉利，無矛盾無變化則不吉。[107]就像既濟卦是陰陽等量對應的一卦，三陽對三陰，而且各當其位，但卻是《易經》中最不吉利的一

---

105 參自朴正根：《易經之人生哲學研究》（臺北縣：輔仁大學哲學研究所博士論文，1987年），頁133。

106 邱錦娥：《運用「太極思維」輔導方案對幼兒教師輔導知能專業成長之探究》（高雄市：樹德科技大學兒童與家庭服務研究所碩士論文，2011年），頁21。

107 楊達榮：〈論《周易》對中國古代辯證法的影響〉，見於黃壽祺、張善文編：《周易研究論文集》（北京市：北京師範大學出版社，1990年），第三輯，頁135。

卦。就是說，和諧到沒有矛盾和差異時，事物本身也就不和諧
了。《易經》認為事物的對偶面可以轉化，相信事物是沒有明
顯的對錯及輸贏之分，而是要採取「轉化」與「兼容」的方式
來化解學校組織內的對偶和衝突。

　　將此思維應用於學校領導時，首先，校長切勿以為非正式
學校組織[108]是產生矛盾之源，甚至解讀「反對」的舉動為負面
的意圖。如果這時校長又以權位逼人，形成一種封閉的狀態，
接下來就是看到各持己見僵持的狀態發生，學校組織將無法得
到真正的和諧平衡。同時，如果只以負面情緒面對問題，人的
行動選擇會立刻窄化，進行複雜思考的能力也會大為降低[109]，
校長不可不慎。所以校長應在一組相互矛盾的正向價值中求得
各方力量平衡，避免盲目追求單一價值，陷入負向後果的泥
沼。[110]殊不知負面的回饋是有其價值的，是扮演著一種陰陽平
衡的角色，不應受到馬虎潦草的對待。因為任何領導所強調的
價值都不只是單面，而是都具有如同負陰抱陽之特性，其所形
成的副作用，也是校長要特別注意及預防的。

---

108 「正式學校組織」是經過精心設計、計畫而建立的個人地位和權責係；「非正式學校
　　組織」則是正式學校組織的產品亦為必然現象。非正式學校組織是由於人員間相互行
　　為之下所產生的認同關係所形成的結果，凡是共同點愈多者，其非正式學校組織的關
　　係也愈密切，只要具備任何一項相同點即可促進人員之間的認同，而共同點愈多，非
　　正式學校組織成員愈團結。摘自維基百科網址：http://zh.wikipedia.org/
　　wiki/%E9%9D%9E%E6%AD%A3%E5%BC%8F%E7%B5%84%E7%B9%94#.E7.89.B9.
　　E6.80.A7
109 參自謝傳崇譯，Sarah Lewis 原著：《職場正向心理學》（臺北市：學富文化公司，
　　2014年），頁19。
110 參自吳嘉欽：《易經管理哲學之探究》（臺北市：國立政治大學公共行政研究所碩士論
　　文，1997年），頁68。

　　其次，校長應察覺學校組織內衝突與對偶中含有的對偶性及相對性，同時肯定對偶面的存在。因為每樣事物之間都有一種多元的相對、相應、對立、互補、互成的關係，意即在表現出衝突和緊張之時，同時也進行著相互抵消、相互平衡的作用。從整個生命宇宙的發展來看，對偶、緊張、衝突都是達到更高層次和諧的過程和方式[111]，是必須也是必然的發展過程。校長應正視陰陽這兩種勢力的此消彼長，相互制約，互相轉化，必然推動事物的變化、運動和發展。

　　同時也應視衝突與對偶本身為學校組織成員參與和諧化的過程，校長更應積極轉而對「差異」應保持好奇，尊重每個人有不同的生命「進度」及其不可思議性，態度更為開放，更有耐心去接納不同的聲音。就如好的廚師會掌握調味以做出美食，尤其保持每一種味道都不會被其他味道所掩蓋，融而不同。

　　總之，校長如能同時看到一陰一陽之「道」，再經由自我思路調整（陰陽互補性）以及對實在（萬物有本體之齊一性）的了解，則其領導策略與方法就不會有太大的過失。如此，透過學校組織內的陰陽相互轉化的過程，循著中道及平衡的原則和目標前進，必定能化解衝突營造良好的學校組織氣氛，呈現良好之領導成效。

三　剛柔相濟才能相輔相成

　　剛柔相濟的領導方式是一種平衡的概念，〈繫辭上傳〉

111　成中英：《C 理論——易經管理哲學》（臺北市：東大圖書公司，1995年），頁24。

說：「剛柔相推而生變化。是故吉凶者，失得之象也；悔吝者，憂慮之象也；變化者，進退之象也。[112]」即萬物所能產生的力量，事物所以形成和發展，皆可溯源於剛性質的力量與柔性質的力量彼此相摩。

也就是說，在任何學校組織管理系統當中，都無一例外地呈顯著剛柔互補、陰陽互動的狀態。其內部都有相對屬於陽性的部門機構和陰性的部門機構。陽性部門負責該學校組織的主要職能，而陰性部門則是為主要職能提供輿論或智力的支持，它們二者是剛柔相兼、相互搭配、相輔相成、合作共處，雙方各以對方的存在為自身存在的前提和條件，如此才能獲得整個學校組織系統運轉的高效率和高效能。同樣的，學校中各部門之間的性質與功能不同，雖然反映著陰陽兩種力量的不同，但不論是陽性部門還是陰性部門，它們都是相互依賴、相互依存的。如果各個部門和學校組織成員間存在著不同的意見或不同的利益，其意見和衝突在整體範圍內是可以通過相互協調加以解決。

至於「柔性領導」是相對「剛性領導」而說的。事實上，校長實施剛性管理，有利於調動資源；而採用柔性方式，係指領導者能夠柔性管理情境，以靈活創新，並具高適應力的特點來領導學校組織成員，不是利用權力的影響力，也非強制命令，而是領導者藉由個人道德修養、人格魅力和被領導者產生良性的互動，逐步建立起超越利益交換的信任關係。如此可獲得多方支持，它的最大特點在於不依靠外力發號施令，而是相

---

112 〔宋〕朱熹：《周易本義》（臺北市：大安出版社，1999年），頁235。

信人的主體意志及自我覺知的能力，從內心深處來激發每個學校組織的內在潛力、主動性和創造精神，使他們能真正做到心情舒暢、不遺餘力地為學校組織效力。一個有效能的校長應適度地運用剛柔相濟之術，融合事理，調節得宜，從而使各個方面的意見和利益達到新的平衡。

在過去西方三百年來所追求的文化與價值態度太過強調陽剛理性的一面，將一切的思想、情感及價值與態度僅專注於陽，如外張、競爭、理性、分析、索求、進取，導致失衡現象危機頻頻發生，卻不自知原由，殊不知是忽略了陰柔有時是勝於陽剛的。《易經》乾卦上九爻辭就已對陽剛過盛提出了警告，該爻辭即示人「亢龍有悔」。所以，身為校長應適時以「自強不息」與「厚德載物」剛柔相濟的領導方式，才能展現領導學校組織的最高藝術境界。

四　追求陰陽平衡的和諧狀態

在《易經》陰陽轉化思維裡，強調陰陽兩對偶面雖然同時存在，相互依存，但是並非平行或是對等的，而是一居優勢一居劣勢，而居優勢者起主導作用，決定了當下統一體的性質。[113]在動態的變化過程中，充滿了相感相盪的衝突，但由於對偶面的相互滲透與相互轉化，再運用剛柔相濟的領導方式，致使衝突不會激化，統一和諧體不會破裂，最後以「太和」為依歸。

---

113 黃囑莉：〈中國人的和諧觀／衝突觀：和諧化辯證觀之研究取徑〉，《本土心理學研究》第5期（1996年6月），頁54。

　　校長應體悟萬物雖各具形體以及相異的屬性，但也必有相同的事理貫串其中，只要能在異中求和，在大同中也能保全小體的個體性，才能結合力量，有所作為。校長若只求凡事異中求「同」，那這個「同」的基礎就會顯得薄弱與表象化，應是「不同而和」。《易經》所重視的「和」，不是表象性的，是一種彼此互助互補、相互感應協調的平和狀態。也就是校長能從不同角度發展學校組織成員的專才，再依專才互補，以合作來調衡學校組織的對偶和緊張，才是真正能達成陰陽太和保合所謂之學校組織整體和諧，學校組織效能才能充分展現。

　　所以，和諧的人際互動是領導學校組織前進的第一步。陰陽協調，則諸事皆順；陰陽長期的不平衡或不協調，則弊病叢生。首先校長要能察覺學校組織成員之間在情感上的交流和溝通狀態，盡可能化阻力為助力，因為學校組織若一直處在對偶不協調的氛圍中，則事難通，事不通則業難成。若人事彼此對立不相容、交相攻擊、取捨失當、情感虛妄不真實，雙方無法相感取得和諧，那麼就會有不吉利、悔吝、有害事發生。〈繫辭下傳〉說：「變動以利言，吉凶以情遷。是故愛惡相攻而吉凶生，遠近相取而悔吝生，情偽相感而利害生。凡《易》之情，近而不相得，則凶，或害之，悔且吝。[114]」物與物間互動不良，失去和諧，是難有好結果的。是故，校長努力必須通過不斷地協調多方意見，轉化對立、緊張、衝突，視其為達到更高層次和諧的過程和方式，使學校組織保持相對和諧局面。從而創造良好的工作氛圍和合作基礎，才能帶領學校組織邁向更

---

114 〔宋〕朱熹：《周易本義》（臺北市：大安出版社，1999年），頁264。

高的目標。

綜上所述,校長如能以《易經》的陰陽轉化思維發揮在學校領導上,在堅守正道與權位相符的不易法則下,校長於配合恰當時機下,努力於陰陽消長中尋求其動態平衡,而徑不偏不倚、無過無不及的事。從而提升學校內部互動和諧,化解領導上的衝突,把握剛柔並濟、陰陽平衡並追求「保合太和」的狀態,必能達到「盛德大業至矣哉」的成效。

第五章
《易經》變易創新思維

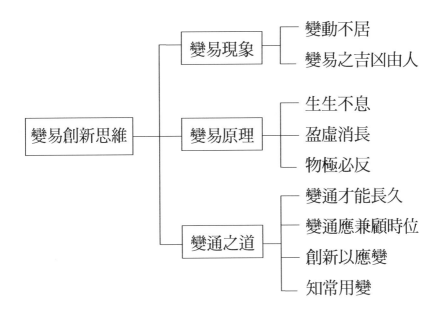

　　《易經》言變，是從爻的變動開始，爻的變動則因陰陽二氣的推盪，致引發六十四卦、三百八十四爻的變動。所謂「變易」就是「變化」、「變動」、「變通」的交互流轉。《易經》強調萬物的運作與變化，也可說是我國形上哲學的「一個偉大洞見」。[1]《易經》認為，若能認識自然宇宙無窮變化的本性，人們的智慧才能達到比較高的境界。變易創新動思維以「變易」

1　趙中偉：《周易「變」的思想研究》（臺北縣：輔仁大學中國文學研究所博士論文，1993年），頁433。

為《易》道之「用」，是《易經》領導思維理論之用。

由於任何學校組織都處在不斷變化的社會環境系統之中，並透過與環境系統多層次、多管道、多形式的相互聯繫、相互作用而存在和發展。能適應其變化的學校組織，就能存在下去，反之將被社會陶汰。身為一位有效能的學校領導者，如何在把握學校內運轉規律的前提下，又能全面掌握外在環境系統的現狀及發展變化的趨勢，就必須具備《易經》的變易創新思維。

第一節　變易現象

天地之間，每天日月更替，寒暑往來，四時的循環，都是改變。變易為《易》道之用，是說《易》道表現在形下的器世界中，隨時空的不同，各適其變。孔穎達在《周易正義》說：

> 夫易者，變化之總名，改換之殊稱。自天地開闢，陰陽運行，寒暑迭來，日月更出，孚萌庶類，亭毒群品，新新不停，生生相續，莫非資變化之力，換代之功，然變化運行在陰陽二氣。故聖人初畫八卦，剛柔兩畫象二氣也。布以三位象三才也，謂之為易。取變化之義，既義總變化，而獨以易為名者。[2]

故從宏觀到微觀無不時時、處處彰顯著變化。

2　〔魏〕王弼、韓康伯注，〔唐〕孔穎達等正義：《周易正義》，見於《十三經注疏》（臺北縣：藝文印書館，1989年），第1冊，卷第一，頁3。

一　變動不居

　　《易經》認為宇宙間的一切事物和現象都是有規律地運動、變化和發展的。《易經》把整個自然宇宙看成一個無窮變化的客觀面，以「變」為自然宇宙的根本屬性。自然生命的表現無時不在運動，人又何能保持無思、無為、寂然不動嗎？換言之，「變」體現著自然宇宙衍生的必然性及普遍性。

　　就變動的路徑來說，太極生陰陽二儀，陽為太極流行之剛健進升的一面，陰為太極流行之柔順退降的一面。所謂「陽動而進，陰動而退」陰陽之分實由太極之為「圓道周流」而起[3]，故〈繫辭下傳〉說：

> 為道也屢遷，變動不居，周流六虛，上下無常，剛柔相易，不可為典要，唯變所適。[4]

　　〈繫辭傳〉言「周流六虛」，《老子》言「周行而不殆」[5]，《莊子》言「始卒若環」[6]。由此觀之，《易》道之流行是以「圓道周流」的方式進行著，非是在一條軌道上循環流轉。在「圓道周流」的法則中有自由活動之餘地，而自由活動卻不影響其法則。「圓道周流」的法則是在流行中之屈曲變化，絕不可以固

3　高懷民：《大易哲學論》（臺北市：成文出版社，1988年），頁139。

4　〔宋〕朱熹：《周易本義》（臺北市：大安出版社，1999年7月），頁262。

5　劉笑敢：《老子古今：五種對勘與析評引論》（北京市：中國社會科學出版社，2006年），上卷，第二十五章，頁283。

6　〔晉〕郭象注：《莊子》（臺北縣：藝文印書館，2000年），第九卷，〈雜篇・寓言〉，頁498。

定軌道去想像。[7]所以其陰陽所產生的變化亦非單向直線之往來進行，是有如大小圓道，環環相結，周流不盡，整個宇宙之周流變化非人智所能窺，故為變化莫測。

而變動之力量是源自天地之間生生不息，不斷循環，如同一股力量在推動這變化，故〈乾‧象〉曰：「天行健，君子以自強不息。」懷德海（Alfred North Whitehead, 1861-1947）存有論也認為：「攝受」（prehensions，也是「動」之意）是各種現實物內最根本的活動，一方面有主動攝取，另方面亦有被動之接受。由於攝動的活動才使得現實物彼此有內在的、動態的關聯，因而形成有機之體系。[8]可見「變動」是化生過程不可或缺的重要因素之一。在陰陽矛盾作用之下，一切萬物都在變動不息，宇宙間沒有一物不在變，這個「動」是萬物共具的通性。〈繫辭下傳〉云：

> 日往則月來，月往則日來，日月相推而明生焉。寒往則暑來，暑往則寒來，寒暑相推而歲成焉。[9]

說明了宇宙是周流不停的，也就是變動不居的。揭露了自然現象隨時隨地、整體合一之全盤變動性。其說明宇宙間之每一事物均無時無刻不在變動，而且隨著事物所處之環境與地位不同，其變化之情形亦有差異，此即萬物因時因地之動態性；此

7　高懷民：《大易哲學論》（臺北市：成文出版社，1988年），頁140。

8　有關懷德海所主張，參自沈清松：《物理之後：形上學的發展》（臺北市：牛頓出版社，1991年），第十章，頁301。

9　〔宋〕朱熹：《周易本義》（臺北市：大安出版社，1999年7月），頁256。

外，宇宙萬物間之動態還會相互波及，造成彼此往來無窮之影響，此乃萬物動盪之聯繫性。

二 變易之吉凶由人

一件事情處理得好，那結果就是好的，就是「吉」，一件事情因為人考慮不周而處理不恰當，結果就是不好的，就是「凶」。[10]《易經》雖然可以推測未來的變化，但人事的吉凶，說到底，取決於人的行為，特別是人的道德品質，此種觀點，可稱之為吉凶由人說。無其德，所占雖吉亦凶。《左傳》言：「夫《易》，不可以占險」[11]，是說，對走險貪求的人來說，筮法並不靈驗。認為人的罪過，不是天神降給的，而是人自己造成的，是咎由自取。不大相信占筮可以決定人的命運，實際上是不迷信鬼神可以告示人的禍福，強調人的道德品質和執政者的政績決定人事的盛衰和國家的興亡，意即「利」與「弊」之間是要靠人與人之間的「義」來調和和抉擇，吉凶自然產生。

司馬遷在《史記・孔子世家》說：「孔子晚而喜《易》，序彖、繫、象、說卦、文言。讀《易》，韋編三絕。曰：『假我數年，若是，我於《易》則彬彬矣。[12]』」認為可以因學《易》而無大過。《論語》也有講到學《易》的重點不在占卜：

---

10 參自曲哲：〈淺論《周易》中的「人本」思想〉，《內蒙古煤炭經濟》第2010卷第5期（2010年9月），頁14。

11 〔晉〕杜預注，〔唐〕孔穎達等正義：《春秋左傳正義》，見於《十三經注疏》（臺北縣：藝文印書館，1989年），第6冊，〈昭公十二年〉，頁793。

12 〔漢〕司馬遷：《史記》（臺北市：河洛圖書出版社，1979年6月），下冊，卷四十七，〈孔子世家第十七〉，頁1219。

子曰：「南人有言曰：『人而無恆，不可以作巫醫。』善夫！『不恆其德，或承之羞。』」子曰：「不占而已矣。」[13]

「不恆其德，或承之羞」，乃《易經》恆卦九三爻辭。孔子強調的是重視道德修養更甚於去占卜。孔子也曾說：「獲罪於天，無所禱也。[14]」認為善學《易》的人，不必去占筮。按此說法，《易經》的用處，是提升人的道德境界，而不是卜問吉凶禍福。孔子對以前的文化典籍皆有新的理解，對《易經》強調其人道教訓之義，不迷信鬼神，是與吉凶由人的觀點相同的。可見儒家解《易》，始於孔子，注重卦爻辭的教育意義及事在人為，不太迷信筮法，此即後來如《荀子》所說：「善為易者不占」[15]。後來的《易傳》，特別是〈象辭〉，正是繼承孔子的這種學風，對《易經》古經進行解說的。

綜上所述，人要在這樣百變的世界中安處得宜，除了要「與天地合其德，與日月合其明，與四時合其序」[16]，更要秉持正道在此天地循環中才能取勝，〈繫辭下傳〉曰：

吉凶者，貞勝者也；天地之道，貞觀者也；日月之道，

---

13 〔魏〕何晏等注，〔宋〕邢昺疏：《論語注疏》，見於《十三經注疏》（臺北縣：藝文印書館，1989年），第8冊，〈子路第十三〉，頁119。

14 〔魏〕何晏等注，〔宋〕邢昺疏：《論語注疏》，見於《十三經注疏》（臺北縣：藝文印書館，1989年），〈八佾第三〉，頁28。

15 〔唐〕楊倞注，〔清〕王先謙集解：《荀子集解・考證》（臺北市：世界書局，2000年），卷十九，〈大略篇第二十七〉，頁460。

16 〔宋〕朱熹：《周易本義》（臺北市：大安出版社，1999年7月），〈乾・文言〉，頁38。

　　貞明者也；天下之動，貞夫一者也。[17]

「貞」訓為「正」；「貞勝」指以正道取勝；「貞觀」指以正道顯示於人；「貞明」指以正道放出光明。「貞夫一」就是天地萬物的變易統攝於一即正道。因此順其正道則吉、則勝，逆其正道則凶、則敗。故遇「變」時，不宜慌亂、喪志，只要秉持正道，黑暗終將因時間而過去的。

　　其次，人們也應體察內在及外在環境不停的變化，防微杜漸，並對自己的行為戒慎恐懼，以「敬」為動力而興起憂患意識，隨時秉持自強不息的精神，才能與時俱進，面對外界種種不同的變化所帶來的吉與凶。

☆《易經》把整個自然宇宙看成一個無窮變化的客觀面，以「變」為自然宇宙的根本屬性。在陰陽矛盾作用之下，一切萬物都在變動不息，宇宙間沒有一物不在變，「動」是萬物共具的通性。變動之力量是源自天地之間生生不息，不斷循環，如同一股力量在推動這變化。長期以來，尤其在中小學階段的學校，因組織成員的工作受到政府一定的保障，對於社會脈動敏感力較為不足。但近年來，教育改革的聲浪不斷高漲，學校經營若不求新求變，就如逆水行舟，不進則退。校長有此認知後，應帶領學校組織成員勇於踏出「舒適區」[18]。因為只有主動接受改變、不斷創新，也許才是安身立命的最佳辦法。

---

17 〔宋〕朱熹：《周易本義》（臺北市：大安出版社，1999年7月），〈乾・文言〉，頁252。

18 舒適區（Comfort zone）或舒適圈，指的是一個人所處的一種環境的狀態，和習慣的行動，人會在這種安樂窩的狀態中感到舒適並且沒有危機感。摘自維基百科網址：http://zh.wikipedia.org/zh-tw/%E8%88%92%E9%80%82%E5%8C%BA

第二節　變易原理

一　生生不息

　　「生生」顯於陰陽之不斷變化運轉，陰陽二氣之特性乃為相互交錯消長，且又往來循環不已，無有止境。萬物既均內含陰陽，因此乃有自發性消長的生生作用；除此之外，尚有萬物之間的相互消長。此種萬物間之自發的與相互的消長性，是為《易經》「生生不息」的變易原理。

（一）「生生」之義

　　〈繫辭上傳〉云：「生生之謂易」[19]，「生生」一辭，乃「生之又生」、「創造再創造」之義，乃動態往復之歷程。「生生」有兩層涵義：一是就筮法說，指卦爻象處於不斷變化的過程；二是就哲學說，指宇宙不斷變化及發展的永恆過程。[20]程顥說：「生生之謂易，是天之所以為道也。天只是以生為道，繼此生理者，即是善也。[21]」又說：「萬物之生意最可觀，此元者善之長也，斯所謂仁。[22]」認為天道的內容就是生生不息，生生之道是善的根源，也是仁的表現。

19　〔宋〕朱熹：《周易本義》（臺北市：大安出版社，1999年），頁239。
20　朱伯崑、李申、王德有等著：《周易通釋》（北京市：昆侖出版社，2004年），頁151。
21　〔宋〕程顥、程頤：《二程集》上冊（臺北市：里仁書局，1982年），〈河南程氏遺書卷第二上〉，頁29。
22　〔宋〕程顥、程頤：《二程集》上冊（臺北市：里仁書局，1982年），頁120。

（二）化生萬物

　　《易經》的宇宙觀完全是一個大化流行充滿生命力量的宇宙，一切現象都有了生命，生命成了主體，人在宇宙中，應效法天地「生生」的無私，即「天無私覆，地無私載，日月無私照。[23]」「生生」使宇宙運轉不息，是宇宙萬物存在的根本。

　　〈繫辭下傳〉：「往者，屈也；來者，信也；屈信相感而利生焉。[24]」陰陽相感，萬物化生，此是利益眾生之事。宇宙的一切事物是生生不息，川流運轉，變動不已，宇宙若未能變動，則一切都停頓。而此變動是陰陽交互，周流於宇宙六合之中，陰陽的交互變動有其大原則，所以《易經》六十四卦以〈乾〉、〈坤〉二卦為首，此為宇宙生生不已的原因。《易經》的內涵不離生生之德、生生之道、生生之理。也就是說明了變易就是由陰陽對偶、困而求通、相互消長、相互推移不斷作用而產生的。如果天地不交，陰陽不相往復，則根本無變動，無萬物之生。因此，其「生生」乃至廣大而化生及覆育萬物，故〈乾‧彖〉曰：「大哉乾元！萬物資始，乃統天。[25]」〈坤‧彖〉曰：「至哉坤元！萬物資生，乃順承天。[26]」乾元之「始」萬物與坤元之「生」萬物，是易學思想的起點。〈繫辭下傳〉曰：「天地之大德曰生。[27]」天地的大德即是化生萬物、生生不已。生生不已才能使宇宙不滅亡。

23　〔漢〕鄭玄注，〔唐〕孔穎達等正義：《禮記正義》，見於《十三經注疏》（臺北縣：藝文印書館，1989年），第5冊，〈孔子閒居〉，頁861。

24　〔宋〕朱熹：《周易本義》（臺北市：大安出版社，1999年），頁256。

25　〔宋〕朱熹：《周易本義》（臺北市：大安出版社，1999年），頁30。

26　〔宋〕朱熹：《周易本義》（臺北市：大安出版社，1999年），頁40。

27　〔宋〕朱熹：《周易本義》（臺北市：大安出版社，1999年），頁252。

綜而言之，天道變化的目的，即是使萬事萬物生生不息。
以復卦☳來看，一陽在下初生微動，雖處五陰積累之下，卻又
生機無限，此生生不已的動力，即是天地生生不已的德。關於
「生生」之義，孔穎達《周易正義》疏曰：

> 生生，不絕之辭，陰陽變轉，後生次於前生，是萬物恆
> 生，謂之易也。前後之生變化改易，生必有死，易主勸
> 戒獎人為善，故云生不云死也。[28]

《易》道所言的「生生」不只是言變化，而更重要的是言變化
中的「化生」，在其內有著自然的生機，且蓬勃的生氣，盎然
充滿，便生生不已，說明了萬物乃因陰陽消長之不斷變化與交
互感應而呈現其生生不息的聯繫性動態。

二　盈虛消長

《易傳》認為萬事萬物總是處於變動之中，將事物的變易
性，概括為盈虛、消長、興衰的過程。「盈、虛、消、長」清楚
地說明了變易的原理及現象。〈損‧彖〉說：「損，損下益上，
其道上行。……損剛益柔有時，損益盈虛，與時偕行。[29]」此
卦說明，對事物損益，不能違背其盈虛消長的趨勢，因為「損
剛益柔有時」，於人事為損益，而於天道為盈虛，而天道盈則

28　〔魏〕王弼、韓康伯注，〔唐〕孔穎達等正義：《周易正義》，見於《十三經注疏》（臺
　　北縣：藝文印書館，1989年），第1冊，頁149。
29　〔宋〕朱熹：《周易本義》（臺北市：大安出版社，1999年7月），頁161。

虛，虛則盈，循環無端。所以，《易經》認為從自然界到人類生活沒有不變的東西。〈豐・彖〉說：

> 日中則昃，月盈則食，天地盈虛，與時消息，而況於人乎？況於鬼神乎？[30]

意即：日中則西斜，月滿則虧損，天地萬物有盈有虛，因時而消長，不僅人類，鬼神也是這樣。又〈剝・彖〉說：

> 剝，剝也，柔變剛也。不利有攸往，小人長也。順而止之，觀象也。君子尚消息盈虛，天行也。[31]

此即君子以「消息盈虛」為貴，懂得事物變易的法則。而事物的盈虛消長也是一個反覆的過程，如〈復・彖〉曰：

> 反覆其道，七日來復，天行也。利有攸往，剛長也。復，其見天地之心乎？[32]

復者，回復也。是指事物在運動變化過程中的往復循環。而這種循環，即是盈虛和消長的循環。但在由盈到虛，由盛到衰的循環過程中，會由於發展到極點，而向其反面轉化。〈泰・九

---

30 〔宋〕朱熹：《周易本義》（臺北市：大安出版社，1999年7月），頁203。
31 〔宋〕朱熹：《周易本義》（臺北市：大安出版社，1999年7月），頁107。
32 〔宋〕朱熹：《周易本義》（臺北市：大安出版社，1999年7月），頁110。

三〉：「无平不陂，无往不復。[33]」〈蠱‧彖〉：「終則有始」[34]等等，都說明此反面轉化的「變道」。〈象傳〉解釋〈乾〉六爻曰：

> 潛龍勿用，陽在下也。見龍在田，德施普也。終日乾乾，反覆道也。或躍在淵，進无咎也，飛龍在天，大人造也。亢龍有悔，盈不可久也。[35]

由上文可以看出〈乾〉卦六爻，從初爻到上爻，是一個向上發展的過程。若以人的為官來說，初爻意味隱居未仕，即「陽在下也」，二爻意味開始為官，其才德得以施展，即「大人造也」。上爻表示發展到頂點，〈乾〉九五爻表示已到達高貴的地位，用九表示不能強居首位，要走向其反面了，所謂「盈不可久也」。[36]「盈不可久也」有兩個意思，一是陽剛進取太過，儘管是正面的、好的東西，也會有「過猶不及」之嫌，不符合天道；二是，事物發展到極限，就會向相反方向轉化，〈乾〉至上九，就要向〈坤〉之道轉化，反之亦然。[37]是故盈則戒也。

---

33 〔宋〕朱熹：《周易本義》（臺北市：大安出版社，1999年7月），頁73。

34 〔宋〕朱熹：《周易本義》（臺北市：大安出版社，1999年7月），頁93。

35 〔宋〕朱熹：《周易本義》（臺北市：大安出版社，1999年7月），頁31。

36 參自林超群：《周易之宇宙論及其人生哲學》（臺中市：國立中興大學中國文學研究所碩士論文，2004年），頁49-50。

37 陳洪波：〈《周易》的思維方式與哲學思想〉，《湖北第二師範學院學報》第26卷第11期（2009年），頁4。

三 物極必反

人與萬物係存在於自然環境中，不得不受自然秩序與環境的變化支配。宇宙雖是廣大的，但其運轉則有一自然法則，就是當事物發展到一定程度，就會走向反面——「物極必反」。陽極變陰，陰極變陽，乃宇宙常理。依據陰陽盈虛消長與生生不息的原理，當事物之變化發展超過其最適宜的階段時，就會朝其相反的方向而演變。此即「物極必反」與「事必有窮」的道理。

「物極必反」是〈序卦傳〉中的義理，〈序卦傳〉以屯卦為萬物之始生。剛柔始交，即天地相交和陰陽二氣相交之義，萬物因此而生，萬物初生後，經過生長、畜養、壯大、通順、窮困以及後退和前進等反覆變易的過程，此過程就是窮則變，極則反，並且認為其反覆變化沒有窮盡，所以，以未濟卦為六十四卦的終結。

《易》卦上爻常寓人反覆之理，如：

〈履‧上九〉：「視履考祥，其旋，元吉。[38]」
〈泰‧上六〉：「城復于隍。[39]」
〈否‧上九〉：「傾否，先否後喜。[40]」
〈豫‧上六〉：「成有渝。[41]」

---

38 〔宋〕朱熹：《周易本義》（臺北市：大安出版社，1999年），頁71。
39 〔宋〕朱熹：《周易本義》（臺北市：大安出版社，1999年），頁74。
40 〔宋〕朱熹：《周易本義》（臺北市：大安出版社，1999年），頁77。
41 〔宋〕朱熹：《周易本義》（臺北市：大安出版社，1999年），頁89。

〈明夷・上六〉：「初登于天，後入于地。[42]」

皆有高而反下之意，成有渝，終又變也。也就是，凡是產生出來的東西都註定要滅亡，又逐漸會被新的東西代替，這是不會改變的，因為「物極必反」。

《易經》認為，事物在變化的過程中，「否極泰來，剝極而復」、「合久必分，分久必合」都是由於發展到極展，向其反面轉化。〈象辭〉解釋乾卦說：「亢龍有悔，盈不可久也。[43]」〈文言傳〉進一步解釋乾卦上九爻辭說：

> 亢之為言也，知進而不知退，知存而不知亡，知得而不知喪。其唯聖人乎？知進退存亡，而不失其正者，其唯聖人乎？[44]

此是說，亢龍之所以有悔，是只知晉升，不知引退；滿足現狀，不懂得有喪失的危險，說明了事物之發展必有窮困與悖逆之時。聖人兼知進退存亡兩方面，又能符合中道，而不失正道，所以就不會走向反面。程伊川云：「物極必反，其理須如此。有生便有死，有始便有終。[45]」事物之演進，到達一定程度，則必反轉，此乃理之必然。所以為人處事應兼知進退存亡兩方面，又能符合中道，所以不會走向反面。

---

42 〔宋〕朱熹：《周易本義》（臺北市：大安出版社，1999年），頁184。

43 〔宋〕朱熹：《周易本義》（臺北市：大安出版社，1999年），頁31。

44 〔宋〕朱熹：《周易本義》（臺北市：大安出版社，1999年），頁39。

45 〔宋〕程顥、程頤：《二程集》上冊（臺北市：里仁書局，1982年），〈河南程氏遺書〉，卷第十五，頁167。

　　《易經》從剝卦▆▆到復卦▆▆的過程，即是陽剛從「消」到「息」的過程，所以稱為「天行」，即天道。亦即復卦▆▆的歷程既當溯至姤卦▆▆一陰始生以消陽，歷遯卦▆▆、否卦▆▆、觀卦▆▆、剝卦▆▆、坤卦▆▆，陰氣依次逐漸寖長以消陽至於其極，相對而言，則陽氣為消歇，陽氣消歇則天地閉塞，天地閉塞則其「心」隱藏。可見，天道陰盛之極則必衰，陽消之至則必復。陽氣既復則天地變化，天地變化則生機鼓盪，生機鼓盪則天地之心重現，故「復，其見天地之心乎」。

　　《老子》延續了《易經》變動的思維，他明白指出「反者道之動」[46]，強調變動是需要的，道以動為主，「反」是道動根本原因，物極必反，由正到反，雖是一體兩面，卻是相反而相成，相互消長。《老子》說：

　　物壯則老，謂之不道。不道早已。[47]

由遠即反的條件，得知壯就是由盛而衰轉化的起始點，也就是轉化的條件。就是事物發展的頂峰或頂點，一項事物發展到一定程度，就不得不面對必須收縮的壓力。人要避免過早衰落，不應該逞強求勝，物質的東西一壯大就會老死，不合乎永恆之道的，是早已注定要死亡的。所以人們就不應該一味追求正面情況的迅速壯大，也不應希望把反面的情況一舉消滅。這就

---

46 劉笑敢：《老子古今：五種對勘與析評引論》（北京市：中國社會科學出版社，2006年），上卷，第四十章，頁417。

47 劉笑敢：《老子古今：五種對勘與析評引論》（北京市：中國社會科學出版社，2006年），上卷，第五十章，頁536。

是道的「反」作用，一直循環不已。也就是《老子》「復」的
道理：

> 萬物並作，吾以觀其復。夫物芸芸，各復歸其根。歸根
> 曰靜，是謂復命。[48]

在這觀點上，《老子》與《易經》皆認為天道的運轉是周行不
殆的，「反」與「復」是天道流行具周期性的律則。

　　《易經》可以說是包容天地變化的法則，告知人們物極則
反，事極則改之理。《易經》所揭示的「物極必反」之精神內
容可歸納如下：它在肯定事物運動變化無窮無盡的基礎上，推
測事物發展到一定程度就不可避免的走向它的反面；同時，它
又把事物發展理解為各種矛盾趨向和諧統一與不斷往復的過
程。並且也明白揭示了：事物是靜止和變動的統一，在某種瞬
間內，既有靜止，又同時蘊含著某種變化，變化的結果走向自
己的反面，在新的基礎上建立新的統一體。[49]這是一連串變動
與調整的非線性過程。而《易經》終則有始、剝極必復、復極
反剝等關於事物發展循環性的論述，深深影響著後世，予人有
提醒之作用。

---

48 劉笑敢：《老子古今：五種對勘與析評引論》（北京市：中國社會科學出版社，2006
　年），上卷，第十六章，頁198。
49 劉笑敢：《老子古今：五種對勘與析評引論》（北京市：中國社會科學出版社，2006
　年），上卷，頁180。

☆萬物間之自發的與相互的消長性，是為《易經》「生生不息」的變易原理。而天道盈則虛，虛則盈，使人們認知到從自然界到人類生活沒有不變的東西。《易經》認為事物在運動變化過程中的往復循環。而這種循環是由盈到虛，由盛到衰的循環過程中，會由於發展到極點，而向其反面轉化，提醒學校領導者凡事「適可而止」，不應該逞強求勝，則可避免過早衰落，這是《易經》對於汲汲營營追求績效的校長最深沈的提醒。

第三節 變通之道

所謂變通，即在萬物逐漸演變與不斷動盪的變易現象中，於事物發展的初期階段及早發現其變動之機，研究因應措施，並把握適當時機而果斷採取行動，也就是防微杜漸並乘勢而為。《易經》變通之道是基於「變」之變易現象為切入點，而隨時改變以求其「通」。要人在萬物變動與陰陽消長循環不已的現象中，同時兼顧時與位，注重權變時也要堅持正道，使學校組織不斷創新，但也要能知常用變，以行其恰到好處，促使學校組織能具有持續挑戰外界變化的能量而不會枯窮。

一 變通才能長久

〈繫辭下傳〉云：「《易》窮則變，變則通，通則久。變化使窮而通，通乃久。久則生生不已，故變化為創造，為日

新。[50]」所謂「窮則變，變則通，通則久」，孔穎達《周易正義》疏曰：

> 所以通其變者，言《易》道若窮，則須隨時改變，所以須變者，變則開通，得久長，故云通則久也。[51]

按此說法，事物的變化，總是窮而後變，變而後通，通而後久。《易》是窮極則變化，變化則能通達，能通達則恆久，「窮—變—通—久」是天然之法則。

（一）窮則變

「窮」是失衡之狀態，就人來講，是物質生活與精神生活的雙重困乏，就自然來講，是生機的荒蕪。[52]窮則思變是自然之規律，也是人生之規律；「變」就是陰陽交合，〈繫辭上傳〉曰：「是故闔戶謂之坤，闢戶謂之乾，一闔一闢謂之變，往來不窮謂之通。[53]」坤卦純陰，其功能主闔閉，乾卦純陽，其功能主開闢，孔穎達疏曰：

> 一闔一闢謂之變者，開閉相循，陰陽遞至，或陽變為陰，或開而更閉，或陰變為陽，或閉而還開，是謂之變

---

50 〔宋〕朱熹：《周易本義》（臺北市：大安出版社，1999年），頁254。

51 〔魏〕王弼、韓康伯注，〔唐〕孔穎達等正義：《周易正義》，見於《十三經注疏》，（臺北市：藝文印書館，1989年），第1冊，頁167。

52 劉興明：〈《周易》生生創新思想探微〉，《周易研究》第2008卷第6期（2008年12月），頁70。

53 〔宋〕朱熹：《周易本義》（臺北市：大安出版社，1999年），頁248。

也。往來不窮，謂之通者。[54]

　　陰陽二爻互變，既開而閉，閉而復開，開而互易，就叫作「變」。事物永遠處於變易的過程中，對偶面的推移和轉化沒有窮盡。[55]「變」即改變現狀，打開一個新的局面。

(二) 變則通

　　《易經》討論「變」，是由自然的觀察著手，認為天、地、人都是處於變動不居的狀態。「天」有風、雨、雷、電之變；「地」有山、澤、水、震之變；「人」有生、老、病、死之變，正如同〈乾〉卦利用龍的具體形象，述及潛龍至見龍的變化過程，人得知此「變」而能「通」之。

　　「窮」是〈否〉之狀態：「天地不交，而萬物不通也」，「通」則〈泰〉之狀態：「天地交，而萬物通也」，如此相互推移，沒有窮盡，即循環不已，就叫作「通」。陰陽交合則天地通泰，圓道運轉無阻，乾陽坤陰一往一來，天地交泰則成生生之機。所以「變通」是指萬物的發展，若遇到阻滯，必須求通，才能持續不斷、無往不復的化生萬物之方式，從而萬物生生不已。變化、變通，必須依靠變動才能永續長久；而變動則因變化、變通的展現，而開物成務，立成器以為天下利。

　　〈繫辭上傳〉云：「通變之謂事。[56]」若通達卦爻所顯示之機宜，而知如何因應變化，則事功易成。〈恆·象〉亦云：「日

---

54 〔魏〕王弼、韓康伯注，〔唐〕孔穎達等正義：《周易正義》，見於《十三經注疏》（臺北縣：藝文印書館，1989年），第1冊，頁156。

55 參自朱伯崑：《易學哲學史》（北京市：昆崙出版社，2005年），頁101。

56 〔宋〕朱熹：《周易本義》（臺北市：大安出版社，1999年），頁238。

月得天而能久照，四時變化而能久成，聖人久於其道，而天下化成。[57]」乃言事物之發展須堅守其純正與變通之道，才得以持續長久。[58]〈解·彖〉亦云：「解，險以動，動而免乎險，解。[59]」即言欲脫離窮困之險境，必須以變動來解之；只要能檢討其缺陷並加以變化與調整，便可將不順與阻礙所帶來的危險予以化解。所以，變通之目的乃在於改善原有的缺失，而使學校組織的運作更上軌道，並因而使人盡其才、地盡其利、物盡其用、貨暢其流。故〈繫辭上傳〉云：

> 聖人立象以盡意，設卦以盡情偽，繫辭焉以盡其言，變而通之以盡利，鼓之舞之以盡神。[60]

此句是說，爻象的變化，有變有通；爻象的變通顯示所占之事的性質及其變化的趨勢，指導人們趨利避害，所以說「變而通之以盡利」。

（三）通則久

《易經》中的「變」是說明宇宙和世界運動、變化的普遍性。「通」說明運動、變化的連續性。「久」說明運動、變化的永恆性。[61]易言之，陰陽相抵叫作「變」，陰陽往來叫作

---

57 〔宋〕朱熹：《周易本義》（臺北市：大安出版社，1999年），頁135。

58 參自鄭志宏：《周易原理領導思想之探究》（臺北市：國立政治大學公共行政研究所碩士論文，1991年），頁167。

59 〔宋〕朱熹：《周易本義》（臺北市：大安出版社，1999年），頁158。

60 〔宋〕朱熹：《周易本義》（臺北市：大安出版社，1999年），頁250。

61 朱伯崑、李申、王德有等著：《周易通釋》（北京市：昆侖出版社，2004年），頁162。

「通」，往來無窮叫作「久」。「久」即恆卦：「恆，久也。[62]」即穩定性。《易經》的道理在教導人們，於行事窮困時就必須針對其弊而有所變化，如此其行事才能通達，才會保持長久。故〈繫辭下傳〉言：

> 《易》之為書也不可遠，為道也屢遷，變動不居，周流六虛，上下无常，剛柔相易，不可為典要，唯變所適。[63]

當事物發展遇到阻礙時，若能針對其弊而求其變，就要以「變通」來順應事物的發展，則可扭轉窮困之局面。唯有經由變通而產生變化之後就能通達，通達了就能持久，宇宙之生命方能不窮而久。

二　變通應兼顧時位

上述所謂之窮則「變」，並非毫無規律的亂變，而是考量其時與位。《易經》認為動的變化是包含時間與空間的轉變。所以，其所呈現的變易創新思維顯著的特徵是用卦爻符號代表不同時間與空間，以揭示先民社會生活發展進程的演變座標，直觀、具體地再現某人某事所處的時間與空間位置，並以此為據對事態結果作出符合生活邏輯的判斷推理。[64]也就是說，客觀世界的變化是絕對的，人只有「唯變所適」、「唯其時物」，

---

62 〔宋〕朱熹：《周易本義》（臺北市：大安出版社，1999年），頁134。

63 〔宋〕朱熹：《周易本義》（臺北市：大安出版社，1999年），頁262。

64 劉玉平：《易學思維與人生價值論》（濟南市：齊魯書社，2006年），頁145。

隨時注意自身所處時間和空間的變化，如能善於根據不同的時間地點、不同的情境條件，採取不同的方式和方法，才能立於不敗之地，故變通之道須兼顧時（時間）與位（空間、地位、立場），時位一變，人事就要做出合理的調整。

（一）不失其時

〈艮‧彖〉：「動靜不失其時，其道光明」[65]，即言在時機的掌握方面，如果錯失便不易作補救，因為大化遷流，時過則境遷，欲挽救已不可及。《易經》相信任何事物，皆會因為時間消磨而造成變革。孔子在〈十翼〉思想中，力言「時」的重要，六十四卦〈彖傳〉特明標「時」義者，竟有二十一卦之多。[66]也在〈乾‧文言〉中論大人之德，謂「與四時合其序」、「先天而天弗違，後天而奉天時」[67]，時的重要性可知。《彖傳》強調時間的重要性，言「時大矣哉」凡四，言「時義大矣哉」凡五，言「時用大矣哉」凡三：合計有十二次之多。[68]可知孔子深感「時」之極端重要，孟子也稱孔子為「聖之時者也。[69]」

六爻亦代表六個不同的位置，也就是六個歷程段落的境

---

65 劉玉平：《易學思維與人生價值論》（濟南市：齊魯書社，2006年），頁194。

66 詳參高懷民：《先秦易學史》（臺北市：臺灣商務印書館，1975年），頁187。

67 〔宋〕朱熹：《周易本義》（臺北市：大安出版社，1999年），頁38。

68 《彖傳》在頤、大過、解、革四卦，強調「時大矣哉」；在豫、隨、遯、姤、旅五卦，強調「時義大矣哉」；在坎、睽、蹇三卦，強調「時用大矣哉」。詳參黃慶萱：《周易縱橫談》（臺北市：東大圖書公司，1995年），頁136-141。

69 〔漢〕趙岐注，〔宋〕孫奭疏：《孟子注疏》，見於《十三經注疏》（臺北縣：藝文印書館，1989年），第8冊，〈萬章章句下〉，頁176。

遇，〈繫辭下傳〉所謂「周流六虛」[70]，故爻的位置也代表「時」，所以「時」的概念不能等同於單純的時間概念。黃慶萱將「時」的先後分為時機未到的「待時」、時機已到的「與時偕行」，而以「時中」保持穩定[71]，事物發展到終極，則創新才能應變。以下就「時」的先後分別述之：

1 待時

事物剛出生，力量比較薄弱，需要「待時」。〈屯・象〉說：「屯，剛柔始交而難生。[72]」說明事物初生之艱難。〈困・象〉云：「險以說，困而不失其所亨，其唯君子乎！[73]」言雖身處困境仍樂觀有為，不失其志。〈乾・文言〉曰：「君子進德脩業，欲及時也，故无咎。[74]」〈歸妹・九四〉爻辭：「歸妹愆期，遲歸有時。[75]」就是說要等待時機，故其〈象辭〉曰：「愆期之志，有待可行也。[76]」蹇卦䷦下卦艮為山，上卦坎為水。〈蹇・初六〉爻辭：「往蹇來譽。[77]」意即：當往前必遇險阻，不如回來籌畫對策，等待時機成熟再前往。〈繫辭下傳〉云：「君子藏器於身，待時而動，何不利之有？[78]」俗話說：「強摘

70　〔宋〕朱熹：《周易本義》（臺北市：大安出版社，1999年7月），頁262。

71　參自劉玉平：《易學思維及其文化價值》（濟南市：山東大學出版社，2011年），頁11-12。

72　〔宋〕朱熹：《周易本義》（臺北市：大安出版社，1999年），頁46。

73　〔宋〕朱熹：《周易本義》（臺北市：大安出版社，1999年），頁178。

74　〔宋〕朱熹：《周易本義》（臺北市：大安出版社，1999年），頁34。

75　〔宋〕朱熹：《周易本義》（臺北市：大安出版社，1999年），頁202。

76　〔宋〕朱熹：《周易本義》（臺北市：大安出版社，1999年），頁202。

77　〔宋〕朱熹：《周易本義》（臺北市：大安出版社，1999年），頁115。

78　〔宋〕朱熹：《周易本義》（臺北市：大安出版社，1999年），頁257。

的瓜果不甜；強撮的姻緣不賢」，所以等待不是在空待，不是消極的，而是積蓄能量，反身修德，靜待其變，並作充分準備，一有機會才能馬上行動。

2 與時偕行

當事物有所發展，利於行動的時機到來，就需要「與時偕行」。《易經》言「與時偕行」凡三：一是〈文言傳〉解釋〈乾・九三〉說：「終日乾乾，與時偕行。[79]」二是〈損・彖〉：「二簋應有時，損剛益柔有時，損益盈虛，與時偕行。[80]」三是〈益・彖〉說：「凡益之道，與時偕行。[81]」皆言權衡時勢與因時制宜之重要性。

「與時偕行」也可以說作「與時行也」。〈遯・彖〉：「遯，亨，遯而亨也。剛當位而應，與時行也。[82]」言在陰漸上侵，小人得意的時代，君子也只好暫時遯隱，待機復出。又如〈小過・彖〉：「小過，小者過而亨也。過以利貞，與時行也。[83]」小過卦䷽陰爻有四，陽爻有二。陰小陽大，故名「小過」，更應配合時局行事。〈艮・彖〉也說：「艮，止也。時止則止，時行則行，動靜不失其時，其道光明。[84]」這些都是「與時偕行」的落實表現。

---

79 〔宋〕朱熹：《周易本義》（臺北市：大安出版社，1999年），頁36。
80 〔宋〕朱熹：《周易本義》（臺北市：大安出版社，1999年），頁161。
81 〔宋〕朱熹：《周易本義》（臺北市：大安出版社，1999年），頁163。
82 〔宋〕朱熹：《周易本義》（臺北市：大安出版社，1999年），頁137。
83 〔宋〕朱熹：《周易本義》（臺北市：大安出版社，1999年），頁223。
84 〔宋〕朱熹：《周易本義》（臺北市：大安出版社，1999年），頁194。

3 時中

「中」並非指兩端之間等距離的那一點，也不是固定在一個點上，否則就是沒有變通。如《孟子》曰：「執中無權，猶執一也。[85]」執中而無權變，仍然只是執守一偏之見。因此「中」要加上「時」的概念，即「時中」，亦即隨著具體情況之變動而變化之靈活運動，也就是權宜性。

如何正確地把握事物演變的歷程，促進事物向好的方面發展，避免其起向反面，即衰落和滅亡，就需要懂得把握「時中」原則。所謂「時中」，根據客觀形勢的變化，隨時調整而執「中」，以達到靈活運用的和諧關係，是謂「得其時之中」也。〈蒙‧彖〉：「蒙，亨，以亨行，時中也。[86]」及〈既濟‧九五‧象〉：「東鄰殺牛，不如西鄰之時也。[87]」都是「時中」、「時宜」的意思。「時中」也就是「時宜」，時間上的適當也是整體和諧的重要關鍵。

漢代易學家惠棟在《易漢學‧易尚時中說》中指出：

> 《易》道深矣，一言以蔽之曰：時中。孔子作〈彖傳〉言時者二十卦，言中者三十三卦，〈象傳〉言中者三十卦。其言時者也，有所謂時者，時行者、時成者、時變者、時用者、時義者。其言中也，有所謂中者，正中

---

85 〔漢〕趙岐注，〔宋〕孫奭疏：《孟子注疏》，見於《十三經注疏》（臺北縣：藝文印書館，1989年），第8冊，〈盡心章句上〉，頁239。

86 〔宋〕朱熹：《周易本義》（臺北市：大安出版社，1999年），頁50。

87 〔宋〕朱熹：《周易本義》（臺北市：大安出版社，1999年），頁228。

　　者、中正者、大中者、中道者、中行者、行中者、剛中
　　柔中者。[88]

「時中」所涵指的是《易》道整體的方法論層面。時也，順時
而動、因時而立；中也，動而須中，中而有常。「時」與
「中」更互為表裡，互為陰陽。「時中」即是「得其時之中」，
應該抑止的時候就抑止，應該行動的時候就行動，行動或靜止
都不違反適時的原則，如此才符合「時中」的原則。倘若既失
其「時」，又不能守「中」者，則即自棄更為天所棄[89]，是因其
不符自然和諧之理。

（二）時與位的結合

　　「時」為時間的變化，它包括時間、時機、時序、時效、
時軸、環境和條件。要利用時間，提高時效，順理時序，等待
時機，捕捉時機，不失時機，乘時以越，因機而動，充分利用
和把握好時間的瞬時價值。
　　「位」則指位置和空間的變化。古人觀乎天文，既觀察時
間的變化，也觀察空間的轉換。《易經》視天地一體，既是
「空間」，亦是「時間」，「時間」（時）與「空間」（位）是交
織在一起的：空間是時間的表象，時間是空間的展開。「時」
與「位」共同構成了事物的規定性，是一種宇宙全息觀，也就

88　〔清〕惠棟：《易漢學》，卷六，第159頁，見於戴逸主編，《文津閣四庫全書清史資料
　　滙刊》經部二（北京市：商務印書館，2006年）。
89　參自辛子：《易學時間之門》（臺北市：大展出版社，2000年），頁103、104。

是時空共振、天人合一的宇宙圖式。[90]人居其中，自然地融合於時空變化之中，乃天地人三者相互聯繫，所構成的宇宙變化場域。

《易經》一卦六爻，自「初」至「上」，既是位的上升，又是時的漸進。每一爻都同時兼有「時」至「位」的象徵意義。[91]按六爻說，一卦之初、三、五爻為陽位，二、四、六爻為陰位。陽居陽位、陰居陰位為得位，或是當位。若陰爻居陽位、陽爻居陰位為不得位，失位。得位象人所處的職位或地位，或者人之才德與職位相當。相當者，人盡其才，才盡其用，用盡其功。失位者，或位不當者，對己對人都無好處，事業遭殃，人不得位則政息。得位者，有利之象；不得位者，不利之象。在領導管理中職位與德才相符則吉，不相符者則凶。吉，能使事業順利、發達、昌盛。凶，則為事業帶來不穩、凶險、憂患。

《易經》重視時間與空間的合體，這合體即是一整體可透過人類具有的時間與空間思維，來加以整合。但若去除了空間的變換，就無所謂時間的推移；而一旦沒有了時間的推移，也就不會出現空間的變換。由《易經》來看，一切宇宙萬物現象，皆透過「時」「空（位）」彼此之間有著「關係性」的聯繫，從靜態到動態的循環思考，就是要兼具時間和空間相互聯繫的。

《易經》將空間與時間作相結合來作為一整體的思考，時

---

90 李憲堂：〈中國傳統時空觀及其文化意蘊〉，《東方論壇》第3期（2001年3月），頁9。
91 劉玉平：《易學思維及其文化價值》（濟南市：山東大學出版社，2011年），頁13。

與位相結合成變之後，如同動態般向八方延伸。[92]《易經》的變易創新思維將空間與時間相連，無疑的是使每一件事情的發展都能在時間與空間的繫絡下，得到最清楚的解析，並把握著事情的關鍵之處。身為校長，除了須明瞭自己的處境和擺正自己的位置外，也只有認清位置、位勢、位情，才能更好地確定目標，清醒而不是過熱、審慎而不是輕率地進行決策，實施決策，[93]才不致招來相反的結果。

三 創新以應變

〈繫辭下傳〉云：「古者包犧氏之王天下也，仰則觀象於天，俯則觀法於地，觀鳥獸之文，與地之宜，近取諸身，遠取諸物，於是始作八卦，以通神明之德，以類萬之情。[94]」這是理論的創新。又云：「上古穴居而雜處，後世聖易之以宮室……古之葬者厚衣之以薪，……；後人聖人易之以棺槨，……上古結繩而治，後世聖人易之以書契。[95]」這是生產活動的創新。「耒耜之利，以教天下，……舟楫之利，以濟不通，致遠以利天下，……杵臼之利，萬民以濟，……弧矢之利，以威天下。[96]」這是生產工具的創新。而這種創新和創造，不僅有理

---

92 吳嘉欽：《易經管理哲學之探究》（臺北市：國立政治大學公共行政研究所碩士論文，1997年），頁97。

93 程振清、何成正：《易經與現代管理》（臺北市：中天出版社，1999年），頁737。

94 〔宋〕朱熹：《周易本義》（臺北市：大安出版社，1999年），頁253。

95 〔宋〕朱熹：《周易本義》（臺北市：大安出版社，1999年），頁254。

96 〔宋〕朱熹：《周易本義》（臺北市：大安出版社，1999年），頁253、254。

論的創新、器物的創新，亦有人類社會歷史的創新。

　　《易經》的「自強不息」（乾卦），「與時偕行」（隨卦），「革故鼎新」（革卦）、「日新其德」（大畜卦）、「日進無疆」（益卦）的思想，都是講宇宙萬物周流、生生不滅，自強不息的創新精神。沒有陰陽變的相剋相轉和交合流感，就沒有宇宙大化的「日新」與「日進」。宇宙大化流行的無限創生和無窮更新的本性，不僅見之於宇宙自然的生息繁衍，而且彰顯於人類社會的新陳代謝和進化發展。[97]所以，〈繫辭上傳〉言：「富有之謂大業，日新之謂盛德，生生之謂易。[98]」《易經》對於凡是具有創新意識和進行創新活動的人，都無一例外地稱之為聖人；凡是有利於民眾生產生活的發明和創造，都給予了熱情的讚揚和歌頌。方東美先生也認為《易經》的基本原理，就在於持續的創造性。[99]申言之，就是不斷的進化創生歷程。但值得一提的是，創新是創善的意思，並不是喜新厭舊，不是故者全拋，是要比以前更好，否則不如不變。

四　知常用變

　　《易經》通過觀察發現，自然界的許多事物的變化是周而復始的，如一年中四季的更迭、一天中的時間變化、樹木的循環生長……等等，建立生長、腐朽、死亡、再生的變化模式。

97　許爾忠：〈《周易》的管理哲學智慧〉，《蘭州大學學報》（社會科學版）第39卷第1期（2011年1月），頁105。

98　〔宋〕朱熹：《周易本義》（臺北市：大安出版社，1999年），頁238。

99　方東美：《生生之德》（臺北市：黎明文化，1982年），頁269。

事物的變動，有其法則，永恆不改則為「常」。〈恆‧彖〉即云：

> 恆，亨，无咎，利貞，久於其道也。天地之道，恆久而
> 不已也。利有攸往，終則有始也。日月得天而能久照，
> 四時變化而能久成。聖人久於其道，而天下化成。觀其
> 所恆，而天地萬物之情可見矣。[100]

意即恆久才有達致通的可能，唯有亨通才得无咎。「恆」是指
恆久，也是指常道，了解恆常之道，則天地萬物的性情就可以
明白了。恆久之所以能夠亨通，在於要能貞固守正，不隨波逐
流。天地按其法則而變動，日月的運轉則無過誤，四時的更替
則無差錯。聖人按其道而行動，當罰則罰，刑罰得當，則百姓
信服。

　　《易經》以為變化是一根本的事實，然其更認為變化是有
條理的，變化不是紊亂的，有其不易之則，即所謂「常」。在
變易的過程，惟有一陰一陽的道、生生不息的易才是易變中的
不變，是動中的「常」，即變化、運動的規律。[101]而變易的目
的，並不只求「變化」、「變通」、「變動」的萬物化生之道，還
要從萬物化生的「變」之中，發現不易的正道，體認「常」的
意義，達到知常用變，通變得常，了解恆常之道，則天地萬物
的性情就可以明白了。

　　明清之際的王夫之認為「變」與「常」不可分離，他說：

---

100 〔宋〕朱熹：《周易本義》（臺北市：大安出版社，1999年），頁134。
101 朱伯崑、李申、王德有等著：《周易通釋》（北京市：崑崙出版社，2004年），頁162。

「執常以迎變，要變以知其常」[102]，「取常以推變」。[103]宇宙萬物萬事均在「常」「變」之「道」中，則人之日常行事即不得不應合於「道」之「常」與「變」。王夫之云：

> 君子常其所常，變其所變，則位安矣。常以制變，變以貞常，則功起矣。象至常而无窮，數極變而有定。无窮故變可制，有定故常可貞。[104]

示人如果在不同的境遇中都能做到「順乎天而應乎人」，由常而制變，由變而貞常，處事能權衡時變，以符合常理常道。

　　但是如果拘泥於守常而不知道及時權變，則又不能亨通了，必須利有所往，隨時適變，方能久於「恆」道。唯其不變，所以不已，兩者相轉相成。譬如站崗的衛士，如果兩腿站得堅挺而筆直，動也不動，那種姿勢大概維持不了五分鐘。反之，如果兩腿站得挺立，卻偶而稍微鬆弛一下，那麼站崗時要維持同一姿勢兩小時也沒問題。所以權變是為了守常，守常過當，反而不能守常。[105]亦即「常」與「變」的對偶與統一。《易經》中的恆卦深刻地論述了常與變的對偶與統一，強調唯有執中才恆久，所以初、四兩爻處內外卦之初，而未及中，故拘泥

102　〔清〕王夫之撰，王孝魚點校：《周易外傳》（北京市：中華書局，1962年），卷五，〈繫辭下傳〉，第八章，頁195。

103　〔清〕王夫之撰，王孝魚點校：《周易外傳》（北京市：中華書局，1962年），卷五，〈繫辭下傳〉，第八章，頁196。

104　〔清〕王夫之撰，王孝魚點校：《周易外傳》（北京市：中華書局，1962年），卷五，〈繫辭下傳〉，第八章，頁141。

105　參朱高正：《易經白話例解》（臺北市：臺灣商務印書館，2000年1月），頁32-33。

守常而不知權變；三、上兩爻則已過中，好變而不能守常。故
懂得《易》中變化道理的人應了解在此無常的變化中，仍有一
「不易」的正道存在，也因此整個宇宙秩序才能保持平衡。

☆《易》是窮極則變化，變化則能通達，能通達則恆久，
「窮—變—通—久」是天然之法則。變通之目的在於改善原有
的缺失，而使學校組織的運作更上軌道。首先，《易經》提醒
校長在帶動學校組織變革時，必須「待時而動」，無論行事的
理由多麼正當，若太過剛斷，最後是不會有好結果的，要把握
恆常不變的正道是通權達變時唯一法則，與時偕行，以時權
變，如此一來，事物的發展才會被引回正道。同時，《易經》
也提示我們，動的變化是包含時間與空間的轉變。總之，逢其
時、得其位，一切都沒有問題。如果校長不懂得審時度勢，而
動靜失時，過猶不及，則是自取滅亡。無論行事的理由多麼正
當，若太過剛斷，最後是不會有好結果的。《易經》也同時提
醒身為學校領導者：帶領學校組織變革創新的目的是為了「創
善」，不是故者全拋，而是要能「知常用變」，堅持學校組織內
「不易」的正道，如果變革違反此「不易」的正道，則不如不
變。

第四節　學校領導應用《易經》變易創新思維之道

　　《易經》讓我們認知到變易是無法停止的，而且無處不
在，且在成長、適應與變化的過程中。但我們也必須承認「抗

拒改變是人類與生俱來的本能」[106]，變革創新不是一蹴可幾的，是由自強不息、洞察先機開始，把握物極必反的變易原則，隨時權宜變通並且奉行中道而行，校長帶領學校組織變革創新的目的是為了「創善」，不是故者全拋，把握「知常用變」的道理，就是《易經》變易創新思維所帶給校長在帶領學校組織變革時的重要啟示。

一　「終日乾乾」所以「見微知機」

天下所有之事都是漸漸的在變化，所有人、事、物、理皆是積因成果漸變而來，大至宇宙萬象，小至秋毫之末。也就是於事物發展的初期剛顯露出端倪時，就如〈坤・初六〉所言：「履霜，堅冰至。[107]」便應及早辨識其發展趨勢。〈乾・文言〉亦曰：「知至至之，可與幾也。[108]」知幾，可以從體會宇宙變化的定則來應用，例如對終而復始、消息盈虛的體認，可以藉此預測事態的發展規律。所以，「知幾」所表達的現代意義，則是要求領導者要能認識、解讀事物變化的內在規律，辨識出關鍵性的變遷起點，從發展的微妙變化中發掘吉凶的先兆，把握住發展變化的必然性。

相反的，很多領導者或管理者都有「沒有破洞就不修理」

106 林思伶譯，瑪格利特・惠特理（Margaret J. Wheatley）原著：《領導與新科學》（*Leardership and the New Science*）（臺北市：梅霖文化公司，2005年），頁192。

107 〔宋〕朱熹：《周易本義》（臺北市：大安出版社，1999年），頁41。

108 〔宋〕朱熹：《周易本義》（臺北市：大安出版社，1999年），頁34。

的心態，這表示其無法對問題有事先的察覺。[109]殊不知，
「變」是因「漸變」而來。如果校長對環境逐漸變化絲毫不
覺，表示其思維已養成以片段、專注於單一事件的習慣來處理
周遭的問題，對每一事件，都誤認為有明顯之因。其實，每件
事發生的背後，都有其長期的演變過程。因為舊的事件很快被
新事件所掩蓋，如又缺乏充實專業知識，就很難使得領導者能
以較長遠的眼光來看待每一事件背後變化的原由。可見，學校
組織的威脅常常不是突發的威脅，而是來自緩慢漸近的過程，
凡事以如此來理解，才能找出問題真正的原因。

　　然而，校長之所以具備察覺並把握住事物發展變化必然性
的能力，且認識它的發展的可能性，以掌握處理事務的主動
權。其重要前提是，校長必先做到〈文言傳〉所云：「君子終
日乾乾，夕惕若，厲无咎，何謂也？子曰：『君子進德修
業……是故居上位而不驕，在下位而不憂，故乾乾因其時而
惕，雖危无咎矣。[110]』」因為校長能自強不息、不斷自我進
修，才有運用對事物的洞悉能力及敏銳的眼力，就可看出緩慢
漸進的過程，注意細微不太尋常的變化，因而放慢放寬認知變
化的腳步，對校務的治理就有事半功倍的效用。透過正向「察
覺」學校組織成員當下的互動，才不會錯失重要的信號、訊息
與情緒，因此能有前瞻性的做出更正確的判斷與決策，進而能
掌握處理事務的主動權。

---

109 參自謝傳崇譯，Sarah Lewis 原著：《職場正向心理學》（臺北市：學富文化公司，
　　2014年），頁149-150。

110 謝傳崇譯，Sarah Lewis 原著：《職場正向心理學》（臺北市：學富文化公司，2014
　　年），頁149-150。

此外，要做到預知學校組織未來的改變，校長也必須具備憂患意識。因為能事先知道危懼的人則能平安，掉以輕心者將導致傾覆，而且掉以輕心的領導者是難有任何作為的。「煮蛙的隱喻」說明領導者往往專注於如何發展出對短期轉變的策略性回應，卻忽視長時間演變的基本趨勢，可能才是更深刻地影響學校組織持續生存的關鍵。[111]意即在提醒領導者應有憂患意識，在尚未發生前就應思考因應，而非以被動回應式的方式來解決問題。

總之，校長效法《易經》自強不息，居安思危，敏覺機微，見機而作，時時權衡情勢之演變與發展，同時集思廣益，謹慎的計畫與討論其因應措施，然後把握適當時機果決行動，以防微杜漸或乘勢而行，才能把握創新及改變的機會。

二　「適可而止」以防「物極必反」

《易經》認為事物在變化的過程中，所以由盈到虛，是由於發展到極點，向其反面轉化。根據事物變易的規律，《易經》認為自然宇宙的運行中，周而復始是常道，同樣的，在人事上，造成事物向反面發展，則是發展太過而造成的。校長應正確的把握事物演變的歷程，促進事物向好的方面發展，避免其起向反面，亦即懂得把握「時中」的原則。

在《易經》六十四卦中，幾乎每一卦都以盛極而衰，物極必反的必然道理，諄諄告誡，提示人必須時刻以戒慎恐懼的心

---

111 參自謝智偉：《學校組織變遷邏輯之探討：易經哲學的觀點》（臺北市：國立政治大學公共行政學系碩士論文，2000年），頁89。

態處世，時刻警惕適可而止的重要性，才能確保長久安泰。[112]
校長可從「物極必反」的法則中，引出防止或警惕走向反面的
經驗教訓。身為學校組織領導者的校長，在要求學校組織成員
時，應堅持必要的平衡性，不走極端。因為凡事用盡，禍必隨
至，這就是《易經》所警示我們：凡事皆不可太過極端、絕
斷，當留點空間給自己或別人，亦即是「適可而止」，不可
「過分」。在沒有確切了解變動將對所有有關人員產生什麼影
響之前，不應輕易改變一個職位的範圍和責任。部分校長認為
自己權力在握，呎三喝四。殊不知勢力一用盡災禍到來時，正
如「蜚鳥盡，良弓藏；狡兔死，走狗烹」[113]，後悔都來不及
了。就如蹺蹺板原理，一邊用力太大，反而適得其反，尤其是
新官上任，更要謹慎。

　　校長在領導學校時應審視當時的「時」與「位」，恰如其
分地把握奉行中道，注意物極則反的定規，尋求最佳「應人」
的時機進行變革，並隨時保持謹慎的態度看到伏藏的一面預作
準備，才能順利的帶領學校組織成員邁向變革之路。

三　「審度時位」並能「知常用變」

　　「唯變所適」是《易經》對客觀宇宙法則的最高認識，因
此，《易經》領導思維同時也是權衡事態發展的變通哲學。《易

---

112 黃文昌：〈內聖外王與《易經》〉，《2013世界易經大會論文集》上冊（新北市：聖環圖
　　書公司，2013年），頁453。

113 〔漢〕司馬遷：《史記》（臺北市：河洛圖書出版社，1979年），下冊，卷四十一，
　　〈越王勾踐世家第十一〉，頁1121。

經》強調事物變化受到「時」條件的制約，且透過爻「位」不同表徵，其處境之不同，行事也當有所不同。《周易王韓注》說：「不可立定準也。[114]」若拘泥於常識常理不知變通，就未能得到《易經》所講求的中道要義了。

　　《易經》的每卦都代表一個結構和變化，告訴我們世事萬物隨時都會有變化，所以學校組織也是在變化，校長也應順時應變。《周易略例‧明爻通變》曰：「是故卦以存時，爻以示變。[115]」意即學校組織內部的變化，也會導致學校組織整體的改變。所以，學校組織領導者必須體認事物恆常不變的真理來掌握變易，觀察變的趨勢，隨時變通，因時制宜，才能利用安身。

　　此外，校長除能因應不同的天道、地道、人道，所構成不同的「遇」，採取適當的行動與之相應，也應是能隨著時宜來處事的人。秉持「時止則止，時行則行」[116]的原則，要決定「行」「止」之前，必須考慮「時、地、人、事、物」之條件，評判其發展，審時度勢，始能做出「動靜不失其時」的明智決策。一旦情況發生了變化，「君子以慎辨居方」[117]，及時調整方略，尋求新的機遇和道路。同時亦揭示凡欲變化其事以求亨通者，皆需注意時勢之流轉，以乘其勢而順應其時。但要強調的是，在領導學校組織權宜變通之時，仍應以守正道、中

114　〔魏〕王弼、〔晉〕韓康伯注：《周易王韓注》（臺北市：大安出版社，1999年），頁229。

115　〔魏〕王弼、〔晉〕韓康伯注：《周易王韓注》（臺北市：大安出版社，1999年），頁254。

116　〔宋〕朱熹：《周易本義》（臺北市：大安出版社，1999年），〈艮‧象〉，頁194。

117　〔宋〕朱熹：《周易本義》（臺北市：大安出版社，1999年），〈未濟‧象〉，頁230。

道為前提,才有長期發展之可能。

當校長面對複雜的難題時,要先定下解決問題的目標,這便是「經」,然後考慮時空四時的四象環境來用「權」,以求通權達變。即把握權不離經,考慮內外環境的變易,適時適度和因時制宜。[118]《易經》強調欲求變通者,更需要考慮到時間、空間因素。如果沒有時間和空間認識的觀念,便無法正確認識身邊所發生每一件事物的相互因果關係,過去的管理忽略動態性及關聯性的考量,未能利用時間因子加以考量。[119]權變理論學者費德勒(Fred E. Fiedler)對領導行為做過數十年的研究,他認為領導模式的優劣,取決於一項重要因素——即時機(time)。[120]所以,環境在變動,條件在變動,所採取的戰略和策略也應在堅持既定發展目標的前提下隨之改變。

校長如有萬物皆在「變」的觀念,就能打破以往一成不變的限制與窠臼,否則將會受到時代的檢驗與淘汰。如果校長的思考模式被禁錮在某個窠臼中,在僵化與層層管制下,形成一個牢不可破的控管機制,對於事件的判斷,往往以「理所當然」來作為處事的指導原則,這種以不變應萬變的心態,將使學校組織面臨沒落。所以,任何領導者若想要有良好的領導成效,都必須先了解此種萬物消長變動的法則,才不會拘泥於一時一地的事物表象,迷惑於所謂的唯一最佳方法(one best way),而不知因應時空變化而權宜。

---

118 程振清、何成正:《易經與現代管理》(臺北市:中天出版社,1999年),頁30。

119 吳嘉欽:《易經管理哲學之探究》(臺北市:國立政治大學公共行政研究所碩士論文,1997年),頁98。

120 蔡培村:《學校經營與管理》(臺北市:麗文文化公司,1998年),頁376。

　　一位現代的校長，不能再以過去的方式帶領所有學校組織成員，必須保持其思維的動態性與彈性，對新穎事物抱持開放的態度，避免直線型理性思考之缺陷。唯有打破慣性、突破傳統，過去的經驗或許值得參考，但現實環境的改變則須適時加以因應。因為世界上沒有一種最好的學校組織型態可以作為所有學校組織的典範。所以，身為校長不僅要能應變，更要在變化之中找尋創新變通的出路。

　　就校長自身而言，當自強不息積極的學習、繼續不斷的自我成長，如此厚積才能博發，才有能力權變創新。只有不滿足於現狀，不斷地自我學習，充實自己，才能真正做到「與時偕行」。[121]如果不具備辯證的「時變」觀和前瞻意識，只能被不斷日新的潮流所淘汰。是故，無論是自變（指內部運作）或他變（指外在環境），隨時採取積極主動的應變思維，必能在多變的環境中生生不息地持續發展，始有改變、創新之可能。身為學校組織領導者若不支持創新，學校組織學習精神將成空言。

　　但在變化之中找尋創新變通的出路的同時，《易經》提醒領導者仍應以守正道、中道為前提，才有長期發展之可能。亦即把握「權」不離「經」，「權」就「易」，「經」就是「不易」，也就是領導者在帶領學校組織變革時，除了要適時適度、因時制宜外，也應把握恆常不變的正道。就如王夫之所

---

121 李璐楠：〈《周易》的管理思想〉，《東莞理工學院學報》第18卷第6期（2011年12月），頁28-29。

說：「執常以迎變，要變以知其常」[122]，由常而制變，由變而貞常，處事能權衡時變，以符合常理常道。領導者如果拘泥「守常而不知權變」或是「好變而不能守常」，都是走極端的做法，皆是不符《易經》變易創新思維的要旨。

122 〔清〕王夫之撰，王孝魚點校：《周易外傳》（北京市：中華書局，1962年），卷五，〈繫辭下傳〉，第八章，頁195。

第六章
《易經》人文圓融思維

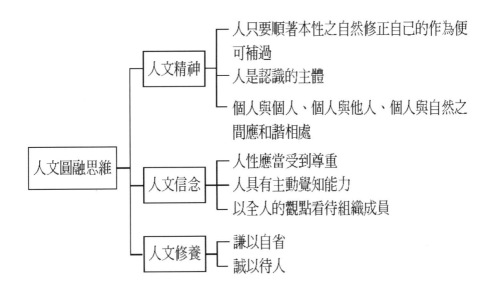

　　《易》道建構的天地人的體系，其最根本的還是在於人，最終目的還是人怎樣在杳然不可知的天地間安身立命。故而通過六十四卦中三百八十四爻的變動運行，指明了人可能會面臨的各種不同的境遇，而人在順應天道的前提下，去發揮人的主觀能動性，這是《易經》重視人文的精神所在。所以，《易經》領導思維的立足點就是「人」，「人」是起決定作用的，這是毋庸置疑的。

　　但以「人」為中心的人本領導方式，受到過去西方主流管理價值的排擠與忽視，導致人的個體性（Individuality）隱沒在

學校組織所安排的角色之中，學校組織往往以角色扮演的成功或失敗來判定一個人價值，而忘了人本身才是主體存在的第一位，其次才有角色關係的存在，這種角色的類化關係也會使學校組織人員把服務對象視為「非人」的存在。[1]

　　而人類設立學校教育下一代，是傳承做人做事的態度和方法，使人成為人的歷程，學校是提供師生進行學習互動的場所。校長唯有將以人為本的人文理念落實於學校的制度面、行為面、環境面，全體師生才能和樂融融在有「人味兒」的學校環境下進德修業，發揮教化的功能。就因如此，校長的在學校的領導行為是「人」領導「人」的行為，人既是執行管理的主體，又是被領導的客體，角色及地位是雙重的，任何客觀事物的領導都要通過以人為主體才能實現，所以校長對人性與人的本質更應有深入之了解。

　　現今在高度快速變化的社會環境下，理性的領導管理技術力量已漸感不足，筆者發現在領導的實務上，有兩個層面常常被忽略掉：修養與信念。所以才導致目前領導者在學校運作中，這些屬於「人」的問題層出不窮，如果領導者再無法正視之，就無法真正發揮領導效能，破解領導的困境。

　　所謂「領導者的人文修養」，乃領導群眾之人為了以良好的領導成效達成學校組織目標，所必須具備之良善生活態度、與人格修養，這是一種「道德羅盤」的內在指引[2]，這種內在的

1　張緯雯：《莊子之管理哲學》（臺北市：國立政治大學公共行政學系碩士論文，1996年），頁57。

2　謝傳崇譯，Sarah Lewis 原著：《職場正向心理學》（臺北市：學富文化公司，2014年月），頁113。

道德感，能使領導者安然面對多變的挑戰。而所謂「領導者的人文信念」是代表領導者的哲學觀念、意識型態，它會影響所有學校組織成員對教育工作的認知，以及領導者的決策與行為，也為學校組織滲入價值取向，所以不可不慎。

《易經》人文圓融思維強調以人性道德為出發點的領導行為，才能圓融領導作為中不足之處，創造學校的希望與活力，提升學校效能，才是啟動學校組織永續發展的最重要潛在的鑰匙。

第一節 《易經》人文精神之意涵

許慎《說文解字》中說「文」字是像兩紋交互之義。[3] 而中國「人文」二字運用最早見於〈賁・彖〉：

> 賁，亨；柔來而文剛，故亨。分剛上而文柔，故小利有攸往。剛柔交錯，天文也；文明以止，人文也。觀乎天文以察時變；觀乎人文以化成天下。[4]

故「人文」這名詞原是中國固有的。《說文解字》曰：「賁，飾也。[5]」「賁」字上面是一個「卉」，花卉的「卉」，下面是一個

3　〔漢〕許慎撰，〔清〕段玉裁注：《說文解字注》（臺北市：黎明文化出版公司，1994年），頁429。

4　〔宋〕朱熹：《周易本義》（臺北市：大安出版社，1999年），頁104。

5　〔漢〕許慎撰，〔清〕段玉裁注：《說文解字注》（臺北市：黎明文化出版公司，1994年），頁282。

「貝」字，都是有裝飾、修飾之意。賁卦䷕內卦是離卦☲，離卦是柔卦，離卦本身就有光明、文明、美麗、文采的意思。外卦是艮卦☶，是陽卦，是要能靜、能止。意即剛強與柔順交相錯雜，象徵人與人在動靜之間，以一種以文明、文采的方式交流互動著，這就是「人文」。

「文」的涵義應指自然、社會、人生的現象、過程、本質及規律。在古代的思想中「天文」對立的就是指「人文」。這裡的「天文」、「人文」是感性的、直觀的、具體的自然世界和人的世界。「天文」指天然的現象、自然的現象，即天道現象指一切自然現象以及自然現象蘊涵的本質規律。「人文」原指人類社會的倫理道德現象，今天，我們完全可以延伸擴大，指人道、人象，即人類社會運動變化的過程、本質和規律。

孔穎達《周易正義》釋「天文」曰：「剛柔交錯而成文焉，天之文也。[6]」王弼釋「文明以止，人文也」曰：「止物不以威武，而以文明，人之文也。[7]」宋朝程頤《伊川易傳》對此解釋是：

> 陰陽剛柔相文者，天之文也。止於文明者，人之文也。止謂處於文明也。質必有文，自然之理，理必有對待，生生之本也。有上則有下，有此則有彼，有質則有

---

6 〔魏〕王弼、韓康伯注，〔唐〕孔穎達等正義：《周易正義》，見於《十三經注疏》（臺北縣：藝文印書館，1989年），第1冊，卷第二，頁62。

7 〔魏〕王弼、韓康伯注，〔唐〕孔穎達等正義：《周易正義》，見於《十三經注疏》（臺北縣：藝文印書館，1989年），第1冊，卷第二，頁62。

　　文。……天文，天之理也。人文，人之道也。[8]

漢語中的「人文」原來是指人先天具有的道德倫理屬性。又據唐代孔穎達《周易正義》續云：「言聖人觀察人文，則詩書禮樂之謂，當法此教而化成天下也。[9]」而所謂「詩書禮樂」可理解成人類為充實生活所創造與表現的文化產物及文化制度，故聖人運用詩書禮樂為教材，旨在化育天下。

　　《易經》哲學思維以三才化生萬物，人與物界之關係一是由物交身而引起心之感覺觀念，此一由外而內之關係，為人之自然性。另一是由人之心主宰身而運物，此為由內而外之關係，是為人之精神性表現的一面。人與人交、人與物、人與天交是一由內而外、由外而內的互動關係，人之異於動物在於人能夠透過符號來了解這個世界，並且能將所認識到的累積起來，而人居於天地互動之間，人與天之交感，更是長久以來人類夢寐以求的最終歸宿。

　　至於「觀乎人文，以化成天下」是要化入自然之中，才會讓人有一種優美、輕鬆、愉悅的感覺，這就是「化」，也就是把自己與自然化二為一人了。可見，《易經》「人文」思想的源頭，就已經把人與自然化為一體──「天人合一」作為人文化成的最高理想。

　　《易經》不是出於一時一人之手，它由伏羲氏畫卦到孔、

8　〔宋〕程頤：《伊川易傳》，卷二，頁99。見於《叢書集成三編》第九冊（臺北市：新文豐出版公司，1999年）。

9　〔魏〕王弼、韓康伯注，〔唐〕孔穎達等正義：《周易正義》，見於《十三經注疏》（臺北縣：藝文印書館，1989年），第1冊，卷第二，頁62。

老的完成思想體系，上下亙四千餘年之久，在這一長久的發展歷程中，哲學思想與歷史時代一致前進，從中也就看出了人的地位冉冉上升的情勢。[10]其融通群經，昌衍人文，以人為主，以德為本，特重人性尊嚴的人文意涵。人文的重要意蘊是對人的生存、為什麼生存和怎樣生活的思考，是人對自身命運的理解和把握。[11]本節試從探析《易經》人文概念的形成開始，再從其人性論、知識論以及道論三方面去探究《易經》的思想裡所蘊含的人文思維的意涵。

一 《易經》人性論中的人文精神意涵

《易經》的人性論，是從人性超越的觀點來建構。天道的繼續不斷，不息不已，便即是善。由於不息不已，才建構出人生；亦由於不息不已，才在人生中完成人性。人性即是從人生的不息不已而來，從中推論可得人性係從道之至善中而來，形成了天人合一的人性論見解。〈繫辭上傳〉即曰：

> 一陰一陽之謂道，繼之者善也，成之者性也。[12]

「繼之者善也」之「繼之」，指承繼這「陰陽之道」。「善」字之義，若解作與「惡」相反的概念，其所指涉的必與人有關，要

---

10 高懷民：《大易哲學論》（臺北市：成文出版社，1988年），頁231。

11 徐衛林、車雪梅：〈《周易》中的科學與人文關係透視〉，《重慶文理學院學報》（社會科學版）第29卷第2期（2010年3月），頁99。

12 〔宋〕朱熹：《周易本義》（臺北市：大安出版社，1999年），頁238。

人效法學習、承繼陰陽之道，才符合於善。「成之者性也」，孔穎達《周易正義》疏曰：「若能成就此道者，是人之本性。[13]」意即一陰一陽之道是人性中本具有的，而且是正的、善的。人性既由天地之善形成，保此人性，生生不息，自然流出種種道義來。實踐道義，即是人以合天，參贊天地。天地是不息不已的永久存在，則人生努力若依循在善之上，則亦能在此永久存在之上。[14]可知，《易經》是如此善世的哲學，它是從天道人心的共同感應上立論，告訴人們如何去效法《易》道，是注重「行」的學問。

　　人性雖係從道之至善中而來，但由於人處於天地之間，在陰陽作用之下，人事紛雜，人往往在慾念、環境的影響下，失去正途，誤入歧路。西方思想以人的「原罪」來定之，但《易經》更要人勉力「補過」，清代李道平的《周易集解纂疏》在〈繫辭上傳〉中「无咎者，善補過也」一句下疏云：

　　　　過而能改，故曰善補過者也。孔子曰退思補過，孝經及宣十二年左傳文。論語曰：假我數年，五十以學易，可以無大過矣。是周易為補過之書。而補過之道在乎无咎，无咎之道存乎能悔，悔則咎之所由无而過之，所由補者也。三百八十四爻，一言以蔽之曰：善補過。[15]

13　〔魏〕王弼、韓康伯注，〔唐〕孔穎達等正義：《周易正義》，見於《十三經注疏》（臺北縣：藝文印書館，1989年），第1冊，頁148。

14　裴學賢：《人文主義哲學及其在教育上的意義》（高雄市：高雄復文圖書出版社，1998年），頁66。

15　〔清〕李道平：《周易集解纂疏》，見於《續修四庫全書》第30冊（上海市：上海古籍出版社，2002年），卷八，頁267。

　　《易經》依照犯過「得失」的輕重將人的行為分作五類：「吉」、「凶」、「悔」、「吝」、「无咎」。除了「吉」以外，其他「凶」、「悔」、「吝」均可謂「咎」。「凶」是過之大者，「悔」是犯小過而興補過之心者，「吝」是犯小過而不興補過之心，「无咎」是犯過而善補過者。不犯過只居五類其一[16]，可見《易經》視人犯過為常情。《易經》中的「善補過則无咎」，就是強調人具有自主意志的主動性，〈益‧象〉曰：「君子以見善則遷，有過則改。[17]」程頤《易程傳》注：「風烈則雷迅，雷激則風怒，二物相益也。君子觀風雷相益之象，而求益於己。為益之道，无若見善則遷，有過則改也。見善能遷，則可以盡天下之善，有過能改，則无過矣。益於人者，无大於是。[18]」對於「无咎」之義，王弼云：

　　凡言「无咎」者，本皆有咎者也，防得其道，故得无咎也。「吉，无咎」者，本亦有咎，由吉故得免也。「无咎，吉」者，先免於咎，而後吉從之也。或亦處得其時，吉不待功，不犯於咎，則獲吉也。或有罪自己招，无所怨咎，亦曰「无咎」。故〈節〉六三曰：「不節若，則嗟若，无咎。」〈象〉曰：「不節之嗟，又誰咎也？」此之謂矣。[19]

---

16 高懷民：《大易哲學論》（臺北市：成文出版社，1988年），頁410。

17 〔宋〕朱熹：《周易本義》（臺北市：大安出版社，1999年），頁164。

18 〔宋〕程頤：《易程傳》（臺北市：文津出版社，1987年），卷五，頁373-374。

19 〔魏〕王弼、〔晉〕韓康伯、〔宋〕朱熹注：《周易二種》（臺北市：大安出版社，1999年），〈周易略例‧略例下〉，頁267。

所以，《易經》從不把犯過一事視為嚴重的罪惡，人犯過是常有的事，重要的在於知「過」以後的「補」與「不補」。能夠善補其過，等於無過；有過而不補，才真算是犯過。[20]所以孔子說：「過而不改，是謂過矣。[21]」。所謂「過」，便是違逆了性命中的自然，人只要順著本性之自然修正自己的作為便可補過。

但人由於天生的欲念所障，只有少數的強者才毅然破除欲念而復於本性之善道，故老子說：「自勝者強」[22]，身為領導者能以身作則做到「善補其過」，將能與「這些少數的強者」並列。《易經》嘉勉善補過者，例如，〈訟‧九四〉：「不克訟；復即命，渝，安貞，吉。[23]」〈剝‧六五〉：「貫魚以宮人寵，无不利。[24]」當然，最好的補救方法是對犯過的預防，所以〈乾‧九三〉戒以：「君子終日乾乾，夕惕若，厲无咎。[25]」「厲」義為危，即已瀕臨到了過失的邊緣，一不小心就會犯過。其他戒以「厲」之卦甚多，例如，〈大畜‧初九〉：「有厲，利已，不犯災也。[26]」〈旅‧九三〉：「旅焚其次，喪其童僕，貞厲。[27]」也就是必須是透過積極學習來增長智慧進而「无咎」，即言事後「沒有後遺症」。

20　參自高懷民：《大易哲學論》（臺北市：成文出版社，1988年），頁408、409。

21　〔魏〕何晏等注，〔宋〕邢昺疏：《論語注疏》，見於《十三經注疏》（臺北縣：藝文印書館，1989年），第8冊，〈衛靈公第十五〉，頁140。

22　劉笑敢：《老子古今：五種對勘與析評引論》（北京市：中國社會科學出版社，2006年），上卷，第三十三章，頁347。

23　〔宋〕朱熹：《周易本義》（臺北市：大安出版社，1999年），頁58。

24　〔宋〕朱熹：《周易本義》（臺北市：大安出版社，1999年），頁108。

25　〔宋〕朱熹：《周易本義》（臺北市：大安出版社，1999年），頁29。

26　〔宋〕朱熹：《周易本義》（臺北市：大安出版社，1999年），頁116。

27　〔宋〕朱熹：《周易本義》（臺北市：大安出版社，1999年），頁207。

　　《易經》尤嘉獎那些犯了過以後，回頭向善的人，如〈復‧初九〉之「不遠復，无祗悔」[28]為「元吉」。強調「善補過」是人與人的和諧關係的道德基礎，是為維持人在社會中協調的互動關係。《易經》認為人在經過內省與自覺之後，更具備改善的能力，人因有過失而能改進，改過就是主動性的展現。所以人只要能積極反省，同時採取積極的「補過」措施，還是可以回復到天性，也就是宇宙之善。此為《易經》人文精神之一。

二　《易經》知識論中人文精神意涵

　　《易經》的所有思想都是以人作為出發點，透過人的主體，探討天人之間的相處之道，順乎天而應乎人，藉由對天的觀察，進而推演至為人處事與進德修業之道，並藉之以「明天人之際，通古今之變」，從天地與人的交感中，體察對自我的認知與實踐。因此，透過這樣的一個議題，《易經》雖然講天、說地兼論人事，其實大部分的內容是在說明人的問題，人既是討論的主體，也是認識的對象。[29]《易經》哲學思維中關於由人之經驗導向的知識論觀點，早在〈繫辭下傳〉，即已表現出知識研究的方法：

　　　　古者伏犧氏之王天下也，仰則觀象於天，俯則觀法於

---

28 〔宋〕朱熹：《周易本義》（臺北市：大安出版社，1999年），頁110。

29 黃輝聲：《《周易》自然生成觀所體現中和思想之研究》（臺北縣：華梵大學東方人文思想研究所碩士論文，2009年），頁99。

地，觀鳥獸之文，與地之宜，近取諸身，遠取諸物，於
是始作八卦，以通神明之德，以類萬物之情。[30]

因此，我們必須經由個別事象的認識，轉而了解世界的全貌。
執一以馭萬物，而不滯於一地，也不蔽於一時。所以人是認識
的主體，人是知者，知的對象則包括自己和自己以外的一切現
象和事物。據此可見，先哲已把「自己」列入明察秋毫之中，
從思考、比較與判斷，來認識自己。[31]

　　此以人為經驗主體的知識論，其重要價值在於形成日後我
國的教育思想基礎。明白指出，知的歷程由從觀察而進入思
維，在思維中作比較和判斷。每個人都是一個「知者」，每個
人皆可求知與獲得知識，從知的過程中，知道了和自己存在的
同時，便體認出自己的責任。[32]此為《易經》人文精神之二。

三　《易經》道論中的人文精神意涵

　　「易之道」下落而為各卦之道、六爻之道、自然之道、人
事之道，就成分殊的了。「道」的作用是指陰陽對立、相感而
化生天地萬物，「道」的作用遍行於宇宙，由自然以至於人
事，都可以「道」貫穿其中。萬物皆有道，也就是萬物都有陰

---

30 〔宋〕朱熹：《周易本義》（臺北市：大安出版社，1999年7月），頁253。

31 裴學賢：《人文主義哲學及其在教育上的意義》（高雄市：高雄復文圖書出版社，1998
　　年），頁92。

32 裴學賢：《人文主義哲學及其在教育上的意義》（高雄市：高雄復文圖書出版社，1998
　　年），頁94。

陽的共性，這種共性就構成了客觀世界普遍的規律性。它普遍
存在於天地人之間，即存在整個的自然界和人類社會中。但由
於天地萬物的形態與屬性不同，對「道」的稱謂也不同，就如
《老子》所說：「道可道，非常道」[33]之謂。

在〈繫辭上傳〉有言：「形而上者謂之道，形而下者謂之
器。」「道」為原理或原則，是事或物的本質，這種性質應該
是本來就有，但是人因為過分依賴感官，往往只看見了一些表
面的現象，或只看到了一部分的事實，如果能把人的真正的認
識能力發揮出來，那便是「道」。所以《易經》的道論，是從
天地之道的運動變化為出發點，主要是乾坤兩元的功能。老子
也肯定天地萬物的生成，必有它所以生成的總原理，故曰：

> 道生一，一生二，二生三，三生萬物。萬物負陰而抱
> 陽，沖氣以為和。[34]

〈繫辭上傳〉謂：「生生之謂易」[35]所以，「生」和「生命
的發生」皆在於乾坤二元的功能，成為《易經》重視「天人合
一」「重視和諧」的根源。而「天人合一」即是萬物皆包含在
「道」之中，以「道」為統攝萬物的形上體，作為宇宙的根
本。「道」的作用在創生宇宙萬物，因此萬物皆包含在此

---

33 劉笑敢：《老子古今：五種對勘與析評引論》（北京市：中國社會科學出版社，2006
  年），上卷，第一章，頁91。
34 劉笑敢：《老子古今：五種對勘與析評引論》（北京市：中國社會科學出版社，2006
  年），上卷，第四十二章，頁435。
35 〔宋〕朱熹：《周易本義》（臺北市：大安出版社，1999年），頁238。

「道」中。[36]由於受《易經》以父為天，母為地，人與萬物都來自天地的影響，隱然萌生了萬物與人同類的思想，將人的生命與天地萬物緊緊結繫在一起，建立天、地、人三位一體，呈現一種對等存在的關係，整部《易經》可以說隨處都在揭示人法天地之道行事。

由上可知，宇宙為一個整體，這個整體的根源就叫作「道」，而這整體的根源落實於人，把它實現出來，就是「德」。受《易經》道論的影響，中國古來最重要的教育就是教人如何與這個世界和諧相處，而這就稱為道德。《禮記》曰：「天命之謂性，率性之謂道，修道之謂教。[37]」《孟子》亦云：「知其性，則知天矣。[38]」所以，人的心靈可以透過修身、教育，將宇宙生成變化之道與人自身生命契合起來，體會人可以擴自德性，並實踐天人合德的弘大境界。把人的功能與天合一，人的地位和價值就與天齊一，故人文的真正意涵亦是在包含個人與他人，以及個人與整個自然與社會之間的互動性與共融性，此為《易經》人文精神之三。

☆我們可以從《易經》的人性論、知識論、道論中所蘊涵的人文精神意涵，了解《易經》對於位處於天地之間的人，有特別深入見解。認為人性由道之至善中而來，但在天地陰陽之作用

---

36 裴學賢：《人文主義哲學及其在教育上的意義》（高雄市：高雄復文書局，1998年），頁244。

37 〔漢〕鄭玄注，〔唐〕孔穎達等正義：《禮記正義》，見於《十三經注疏》（臺北縣：藝文印書館，1989年），第5冊，〈中庸第三十一〉，頁879。

38 〔漢〕趙岐注，〔宋〕孫奭疏：《孟子注疏》，見於《十三經注疏》（臺北縣：藝文印書館，1989年），第8冊，〈盡心章句上〉，頁228。

下以及人事的紛雜，可能誤入歧途。《易經》也勉勵人們要積極學習，就可以透過「補過」來修正行為，毋須否認人性，人性是可教育的。其次，人是認識的主體，可以自覺並認知自己和自己以外的一切現象和事物，肯定人的主體性，人具有主動覺知的能力，可透過「自省」來修正行為。最後，《易經》道論認為天、地、人三位一體，是呈現一種對等存在的關係，萬物皆應受到尊重，使人能圓融的與這個世界（包括人與自己、人與他人、人與自然）和諧相處。以上所述的人文精神意涵，也就是《易經》人文圓融思維中強調領導者應具備之人文信念及修養的重要基礎。

第二節　《易經》人文圓融思維中校長應備之信念

　　信念等同於價值取向與行動。要改變一個人的行為，絕不能只從行為表現上去加以矯正，而應設法從改變他的知覺或信念著手。因為人是由不同的信念，然後才會產生出不同的行為。從本章第一節探討《易經》的人性論、知識論以及道論中，筆者歸納出《易經》人文圓融思維中校長應具備之人文信念有三：

一　人性應當受到尊重

　　天有好生之德，此即宇宙之善的表現。而人性乃天賦，故曰天性。《易經》所表達的人性的觀點是一整體的觀感。人有

善惡之別，就如同整體中有陰陽之變，有善就有惡，有陰就有陽，善惡同一源。然陰陽在未劃分之前，是為太極無善惡之分，人應從二元的分化回歸到整全。《易經》在人性論的堅持上是心物一元，善惡並立，然人擁有自由意志可以超脫善惡之兩端，而達到與天地融合。在未達到天人合一之前，在客觀現實中仍有著善惡並立之情。所以人性的本來面貌是部分理性、部分情緒、部分受習慣所限、部分靈性，所以領導者在依據人性善惡作處理時，仍不可偏廢單面的善惡觀點，需作兩者的兼容並用。[39]所以，校長不宜以單一性惡的一面來看組織成員的任何表現，以免有所偏頗而影響決策。

　　另一方面，人也不可能在缺乏人性互動的環境之中，而使自我得以自主開展與實現。在了解人與自己、人與他人、人與自然的關係後，所產生的道德自律是個體本於尊重「人性」、善待「人性」，只能把「人性」當成目的，而不可作為手段看待。因為道德的自律是為了善本身而為善，是發自內心的自然表現，不是為了博得別人好感或尊敬，也就是非善以外的因素可以來決定自己為善的行為。

　　〈說卦傳〉曰：「昔者聖人之作《易》也，將以順性命之理。[40]」《易經》人文思維的內涵展現世界萬物的變化規律，窮天下之理，人道依天道而行，可以使人的性命得到全然的安頓，而完美領導應是要求組織與個體的需求平衡。所以，校長的領導信念之一首重對「人性」的尊重，設計一套以兼顧人性

---

39 參自吳嘉欽：《易經管理哲學之探究》（臺北市：國立政治大學公共行政研究所碩士論文，1997年），頁110。
40 〔宋〕朱熹：《周易本義》（臺北市：大安出版社，1999年），頁268。

基本需求及達成組織目標為考量之制度，而非以圍堵人性為手段，因為如此不符人性錯誤的信念及作法，終將不會被組織成員所認同，也不會獲得長久的支持。

二　人具有主動覺知能力

《易經》中強調發揮人的主體性，然而這種主體性的闡揚並不是要與外在相抗衡，也就是說，彼此並不是對立的立場，不是以一種強勢的相對力量去控制外在的世界，而是相對力量因相對待而覺知自己的責任，願意主動學習並以包容之心與外在環境相融合。

「天行健，君子以自強不息」就是著重人的主動性，是在於能以人本身先順者天時地利，對外在環境先不弗違順天時地利而行，以謙卑之人心敬天，承認人有所欠缺，不是完美，但這不完美只是一時，可以運用人的主動性來彌補過錯，而達到盡善盡美。因為每個人都是一個「知者」，每個人皆可求知與獲得知識，從知的過程中，知道了和自己存在的同時，便覺知自己的責任。而且《易經》強調人是可以透過自主努力，而得到上天的庇佑，〈繫辭上傳〉即云：

> 《易》曰：「自天祐之，吉，无不利。」子曰：「祐者，助也。天之所助者，順也；人之所助者，信也。履信思乎順，又以尚賢也。是以『自天祐之，吉，无不利。』也。[41]」

---

41 〔宋〕朱熹：《周易本義》（臺北市：大安出版社，1999年），頁250。

強調可以透過人為主動的努力，而使外在處境產生相當程度的轉換，以致能趨吉避凶。

　　每個人都可視為一個小太極，可以自我覺知自己本身或目前可能所處情境之優勢和劣勢，並做出選擇，也就是從人的內命生發而作出一種主體性的價值性選擇。這種人的主體性的價值性的決定，是基於人的意志自由所決定，正是道德行為的基礎。[42]因為有此主動性的自覺過程，就能產生對整體的生命所存有的「意義」，從而為過有意義的人生，而主動且持續地去付諸行動。故人性程度的差別是在於初始之機。

　　總之，身為一校之長應肯定人是具有主動覺知能力，認為每位學校組織成員都是專業的成熟個體，可以自我成長、發展並負起責任，並相信組織成員能透過自覺的過程，體會到存在的真正本質與工作意義。因為唯有校長具備此一重要信念，學校組織氣氛才有圓融和諧之可能。

三　以全人的觀點看待組織成員

　　在《易經》的「天人合一」觀點下，強調人是介於天地之間承天立地，可見人於天地的重要性。然而所表達的人的主動性不是與天地相對立之觀念，而是與天地相合，因相合而能達到人的主動性，這與西方思想所強調的人本有絕大的不同。西方的人本主義過度以人為中心膨脹個人，造成唯我獨尊的思維方式，凡事從我思的主體中心出發，忽略了人我、人與天地之

42　成中英：《C理論——易經管理哲學》（臺北市：東大圖書公司，1995年7月），頁30。

間深層的互動關係。所以再一次強調《易經》人文思維的重
要，是在於它能實現人的意義、人與他人、人與自然能和諧共
生共存，實踐人之價值的根本所在。

太極所統治的萬物間是一體互感相映，構成一有機的，不
可分割的整全性宇宙觀（holistic worldview）。〈繫辭上傳〉云：

> 「鳴鶴在陰，其子和之；我有好爵，吾與爾靡之。」子
> 曰：「君子居其室，出其言善，則千里之外應之，況其邇
> 者乎？居其室，出其言不善，則千里之外違之，況其邇
> 者乎？[43]」

故個體是與外界息息相關，唯有自我開放由小我趨向大我，以
實現全人的觀點，才能重拾自我肯定之路。

由於受《易經》道論的影響，中國古來最重要的教育就是
教人如何與這個世界和諧相處，所以，人生存在世間，並不只
是只有自己的生存，還有他人的存在，這種與他人存在著關係
包含人與自然界的關係，人所建構的制度組織與著生態環境彼
此互動影響。[44]所以，「全人」的概念是肯定人是由許多部分所
組成的整全個體，理性效率、情緒偏見等多元的特徵，均可能
同時存在於一個人的身上，自我是無法割裂的，人性的任何特
徵皆不應刻意壓抑。《易經》的「一物一太極」即是一種「全
人」觀點，不但肯定人可以為自己的生命注入意義，而且肯定

---

43 〔宋〕朱熹：《周易本義》（臺北市：大安出版社，1999年），頁241。

44 吳嘉欽：《易經管理哲學之探究》（臺北市：國立政治大學公共行政研究所碩士論文，
1997年），頁56。

人的生命可以跟自然或其他人有著密切的內在關係。

人既是多元的組合,具有潛藏多元的潛能與可能,若僅以單一的角度看待,把人在某一時空之下所表現的部分即下定論,將會遺落人性真實的面貌。意即人本身之價值更不是由單一的角色功能所認定,應著重在不同連接點的發揮與價值的認定。

所以,校長應視「人」為一個具有完整知識與行為功能一的有機體,其身心任何一部分的變化成長都與整體的發展有關,容許每一個體都有其不同的自我實現背景與目標。以全人的觀點來看待所有組織成員的整體表現,根據其組織成員已有之才能潛力,妥當協助其達到自我實現的最高表現。

☆身為校長應具備三種人文信念:一是人性應當收到尊重,也就是能以彰顯人性的善的循環,二是肯定人有主動覺知的能力,三是能以全人的觀點看待組織成員。如此,學校組織內人與人的內在心靈以及人與外在環境才能得到了安頓。總之,校長是否具備此三種人文信念,將對其決策時的價值判斷與行為抉擇有著非常重要影響。當然,此亦是檢視一個學校是否真正落實人文教育的重要指標。

第三節　《易經》人文圓融思維中校長應備之修養

《易經》作者總是先明於天之道,再發於人事,然後察於為君之政,〈泰‧象〉曰:「天地交,泰。后以財成天地之道,

輔相天地之宜，以左右民。[45]」意即君主要調理實現天地交和的大道，輔助扶持適宜於天地化生的事業，以此保佑百姓，達到自己施政的目的。故身為領導者當以順天地之德修養自我才能「佑民」。

過去的領導理論過度重視外領導的行為與技術，而忽略了領導者本身內在的人文修養、信念層面，導致校長常未能以身作則，又以外在環境無法配合為由，致使其辦學理念無法伸展為由，故未能充分發揮其應有的領導效能。事實上，因為良好的道德修養，是與人互動時的基本要求，校長的人文修養如何，對於其領導成效和學校組織目標的達成與否具有一定程度的影響力，也是根本之道，十分重要。筆者從《易經》人文圓融思維歸納出校長至少應兼備「謙以自省」以及「誠以待人」之人文修養。

一 謙以自省

《易經》由八卦重為六十四卦是周文王所為，當文王被殷討囚於羑里，在生命受到威脅之際，仍定下心演《易》，且於六十四卦中立謙卦以表彰「謙」德。殷紂蠻橫傲世，卻震於文王的道德所感化之擁護者的力量而不敢加害於他，終不得不釋放他回去。周公續將「謙」德化為眾人遵守之「禮」，透過制禮作樂，使謙德擴而大之。[46]然《易經》之提倡「謙」德，實

---

45 〔宋〕朱熹：《周易本義》（臺北市：大安出版社，1999年7月），頁72。
46 參自高懷民：《大易哲學論》（臺北市：成文出版社，1988年），頁420。

由於「謙」為天地精神使然。人既為天地所生而又為萬物靈，則人上對天地應該謙卑，下對萬物應該寬容，唯有如此才能一體共存，〈謙・彖〉曰：「謙尊而光，卑而不可踰。[47]」謙德正是表現出「卑而不可踰」的精神，能虛心自省寬容愛護萬物乃使人「尊而光」。所以，謙卑之德是領導者首先該具備的，也是必須必備的人文修養。

（一）謙卦爻辭皆吉

《易經》強調凡事要「執其兩端而守其中」，以防止走向反面的方法，其解則為謙卦。謙卦的卦象☷☶是艮下坤上，即山在下，地在上。地者，卑下也；山者，高峻也。高峻之山卻潛藏於卑下之地中，象徵了山雖高卻不恃其高而自處於較其低下的大地之中，也就是勉人要「內高外低」；此乃說明了身為領導者所應具備的不自恃、不自滿、不自誇的謙卑修養之精神所在。

謙卦卦辭曰：「謙：亨，君子有終。[48]」〈彖辭〉解釋說：

> 謙，亨。天道下濟而光明，地道卑而上行。天道虧盈而益謙，地道變盈而流謙，鬼神害盈而福謙，人道惡盈好謙。謙尊而光，卑而不可踰，君子之終也。[49]

謙者，卑以自處也，先人後己之禮讓也，凡事能謙卑而禮讓則人必不與之爭，因而所在皆通，故曰「謙，亨」。日月損其盈

---

47 〔宋〕朱熹：《周易本義》（臺北市：大安出版社，1999年7月），頁84。
48 〔宋〕朱熹：《周易本義》（臺北市：大安出版社，1999年7月），頁83。
49 〔宋〕朱熹：《周易本義》（臺北市：大安出版社，1999年7月），頁83。

滿，即日中而西下，月滿而虧，正是減損盈滿者，而增益謙虛者，即落而復升，虧而復圓，這是天道的法則；大地改變其丘高的勢，卻流布水土於溝窪之中，使其豐滿，正是改變盈滿者，充實謙虛者，這是地道之謙；鬼神降災驕盈者，卻賜福於謙退者，此是鬼神的法則。人們厭惡驕滿之人，卻愛好謙虛之人，此是人道的法則。意即，能謙之人，尊者愈光大，卑者則不可凌越，君子有謙的美德，總有好的結果，此即「君子之終也」。

謙卦初六爻辭云：「謙謙君子，用涉大川，吉。[50]」其〈象辭〉曰：「謙謙君子，卑以自牧也。[51]」乃謂謙而又謙之君子以至柔處至下，並以謙卑之道自養其德行，用涉險難亦無患害，且無往而不利，自是吉也。

謙卦六二爻辭云：「鳴謙，貞吉。[52]」其〈象辭〉曰：「鳴謙貞吉，中心得也。[53]」乃言謙卑之美德需真正出自於內心，而非為了沽名釣譽，如此謙卑乃能充積其中，且聲名震於外，故必貞正乃吉。

謙卦九三爻辭云：「勞謙君子，有終，吉。[54]」其〈象辭〉曰：「勞謙君子，萬民服也。[55]」即說明了勤勞而謙卑的君子能得眾心且服萬民，如此必可獲最終之成功，故吉。〈繫辭上傳〉曰：

---

50 〔宋〕朱熹：《周易本義》（臺北市：大安出版社，1999年7月），頁83。
51 〔宋〕朱熹：《周易本義》（臺北市：大安出版社，1999年7月），頁83。
52 〔宋〕朱熹：《周易本義》（臺北市：大安出版社，1999年7月），頁85。
53 〔宋〕朱熹：《周易本義》（臺北市：大安出版社，1999年7月），頁85。
54 〔宋〕朱熹：《周易本義》（臺北市：大安出版社，1999年7月），頁85。
55 〔宋〕朱熹：《周易本義》（臺北市：大安出版社，1999年7月），頁85。

勞而不伐，有功而不德，厚之至也，語以其功下人者
也。德言盛，禮言恭。謙也者，致恭以存其位者也。[56]

即說明勞謙君子乃因其勤勞而不自誇、有功而不自以為德、敦
厚至極，且有功勞還謙卑下於人，故才能得到萬民之擁戴。

謙卦六四爻辭云：「无不利，撝謙。[57]」其〈象辭〉曰：「无
不利，撝謙，不違則也。[58]」乃言若對上對下皆盡力發揮其謙
之德行，則將無往不利；然而，謙之太過則近於諂佞，不及則
涉於驕傲，因此必須動作得宜而合於適中之法則，乃能將謙之
美德發揮無遺而無不利。

謙卦六五爻辭云：「不富以其鄰，利用侵伐，无不利。[59]」
其〈象辭〉曰：「利用侵伐，征不服也。[60]」即謂一位具有謙卑
德行之領導者，以柔順居於尊位而能謙讓接下，致使眾心歸
之，故雖不以財富亦能動用其鄰眾，即使用之以為侵伐之事亦
是順利無阻，可見謙卑德行所產生的影響力之偉大。不過，若
有不服者才不得已而征伐之，若其已服尚興師用眾則黷武，故
戒之曰「征不服也」。

謙卦上六爻辭云：「鳴謙，利用行師，征邑國。[61]」朱熹
《周易本義》釋曰：「謙極有聞，人之所與，故可用行師。然

56 〔宋〕朱熹：《周易本義》（臺北市：大安出版社，1999年7月），頁241。
57 〔宋〕朱熹：《周易本義》（臺北市：大安出版社，1999年7月），頁85。
58 〔宋〕朱熹：《周易本義》（臺北市：大安出版社，1999年7月），頁85。
59 〔宋〕朱熹：《周易本義》（臺北市：大安出版社，1999年7月），頁86。
60 〔宋〕朱熹：《周易本義》（臺北市：大安出版社，1999年7月），頁86。
61 〔宋〕朱熹：《周易本義》（臺北市：大安出版社，1999年7月），頁86。

以其質柔而无位，故可以征己之邑國而已。[62]」亦此之謂也。

以上謙卦各爻或謙謙、或鳴謙、或勞謙、或撝謙，其所持之謙雖不同，然均示人以謙卑必吉無不利，而說明了處世宜謙而戒盈滿。

綜觀《易經》六十四卦，皆喻人避免窮極，於〈乾〉、〈坤〉、〈泰〉、〈益〉等吉卦之上爻，多繫以凶辭，故就理論上，似無一卦可獲全吉。謙卦卦辭曰「亨」，初、二、三爻曰「吉」，四、五、上爻曰「利」，全卦並無「吝」、「厲」、「悔」、「咎」、「災」、「凶」等字，亦無「无悔」、「无眚」、「无咎」等凶中求吉之占辭，故為全吉。由此可見作《易》者「尚謙」之觀念。[63]乾卦「亢龍有悔」就是最典型的表現。蓋因人事莫不戒盈，若不以「謙」為上，老子給出一個直接的答案就是：「自見者不明，自是者不彰，自伐者無功，自矜者不長。[64]」可見，唯獨謙下之態度多而無害，亦不受時、空之限制，故於任何情況皆為吉，這是《易經》給在上位的領導者最深沈的勸戒。

（二）謙卑自牧

謙卦䷎只有九三這一陽爻，上下其他陰爻都來歸向它。九三地位如此重要，卻不居上卦，而居下卦並剛健中正，比喻有

---

62 〔宋〕朱熹：《周易本義》（臺北市：大安出版社，1999年7月），頁86。

63 黃沛榮：〈《易經》形式結構中所蘊涵之義理〉，《漢學研究》第19卷第1期（2001年），頁37。

64 劉笑敢：《老子古今：五種對勘與析評引論》（北京市：中國社會科學出版社，2006年），上卷，第二十四章，頁279。

功勞的君子居下守中正，君子雖勞苦卻不誇耀，有功績卻不自認為有德，這是德行敦厚的表現，故有好結果並得吉。德行要講求盛美，禮節要講求恭敬，而謙虛能使人保存自身的地位。在此「不伐」、「不德」是不誇耀、不自居有德，是謙虛美德的表現，也顯示出對於自身言行謹慎戒懼的態度。〈謙・初六・象〉曰：「謙謙君子，卑以自牧也。[65]」朱熹《周易本義》釋曰：「以柔處下，謙之至也，君子之行也，以此涉難，何往不濟？[66]」只有君子才能持之以恆，因為謙虛是用來修養內在德行，亦可做為行事的原則。

〈乾・上九・象〉曰：「亢龍有悔，盈不可久也。[67]」其〈文言傳〉亦云：「亢龍有悔，窮之災也。[68]」蓋物極必反，盛極必衰，滿則必溢，此自然之理也，故《老子》曰：「飄風不終朝，驟雨不終日。[69]」「物壯則老，是謂不道，不道早已。[70]」即此之謂也。為了避免這種「動而有悔」局面，最好方法就是領導者時時處處「以虛受人」[71]，敬重所有與自己發生聯繫的人，故待人處事宜守「謙」之道、修養「謙」之德行。

謙卑的人在修養品德上追求隆盛，禮節則講究要恭敬，謙卑的人致力於謹守恭敬反而保存住他的地位，《周易程傳》曰：

---

65 〔宋〕朱熹：《周易本義》（臺北市：大安出版社，1999年），頁84。

66 〔宋〕朱熹：《周易本義》（臺北市：大安出版社，1999年），頁84。

67 〔宋〕朱熹：《周易本義》（臺北市：大安出版社，1999年），頁32。

68 〔宋〕朱熹：《周易本義》（臺北市：大安出版社，1999年），頁35。

69 劉笑敢：《老子古今：五種對勘與析評引論》（北京市：中國社會科學出版社，2006年），上卷，第二十三章，頁268。

70 劉笑敢：《老子古今：五種對勘與析評引論》（北京市：中國社會科學出版社，2006年），上卷，第三十章，頁327。

71 〔宋〕朱熹：《周易本義》（臺北市：大安出版社，1999年7月），〈咸卦・象〉，頁132。

致其恭巽以守其位，故高而不危，滿而不溢，是以能終吉也。[72]

謙卑恭敬行事，明瞭自我的不足，戒慎恐懼地自我修省，所以不會目中無人，能以謙卑敬慎的態度行事，就算身處高位也不易招致險咎。也就是說，自然之道均不喜自滿自恃者，而喜好自謙自抑者，滿招損，謙受益。表面上看，謙退有所減損，實際上卻換來光大豐盛，只有謙卑可以防止驕盈的惡果。亦是利用對偶面轉化的法則，防止走向反面。因為謙卑，認識到自己的能力有限，注重克驕防矜，謙敬為尚，才會敬畏天道、人事，處處小心。〈明夷‧象〉曰：「君子以蒞眾，用晦而明。[73]」說明領導者應藏其明智，以免過察而傷眾。〈繫辭上傳〉云：「謙也者，致恭以存其位者也」[74]，對人事之敬慎來自於有感於己之不足，因為有感己之不足方能謙卑自己、對人恭敬。

對於「謙卑」之釋義，高亨做了一個很好的註解，他說：

謙者，才高而不自許，德高而不自矜，功高而不自居，名高而不自譽，位高而不自傲。[75]

「才」、「德」、「功」、「名」、「位」五者，幾乎是人們所努力追求的，然而當達到高成就時，自我意識卻在不知不覺中膨脹起

---

72 黃忠天：《周易程傳註評》（高雄市：高雄復文圖書出版社，2006年），頁142。

73 〔宋〕朱熹：《周易本義》（臺北市：大安出版社，1999年），頁146。

74 〔宋〕朱熹：《周易本義》（臺北市：大安出版社，1999年），頁241。

75 高亨：《周易大傳今注》（濟南市：齊魯書社，1987年），頁179。

來，和人講話總是自以為是，氣焰總要凌駕於他人之上，亦常常導致緊張的氣氛，但終究只能站在高崗，獨自吹著冷風。[76] 所以唯有持「謙」才能使在上位者擁有更多的支持者。

同時，〈序卦傳〉也指出：「有大而能謙必豫，故受之以〈豫〉。」[77]就是說，雖然領導者在身分、地位、威望等方面處於優勢地位，但仍然能夠保持謙遜的品質，這樣就能盡享安樂。有名譽地位而能保持謙虛且動機純正，有功勞、辛勞而謙虛，可驕而不驕，才是真正謙虛。[78]這樣，謙卑就變成了領導活動中無往不勝的利器。一個有為的領導者若能謙讓且自處卑下，則人益尊之；雖其自晦，然其德益顯光明，非常人所能超越，因而所在必多助也，如此乃可獲最終之成功。《易經》要求領導者以身作則，誠信待人，將謙卑的美德落實在自己的生活實踐中，對學校組織成員動之以德，使學校組織成員信服，才有利各項計畫之推動。

（三）虛心自省

《易經》人文圓融思維基礎是起於自我省察，也止於自我省察，要人嚴格自我要求，以自省成德為重。所以，《易經》中凡是有「內省」的含意之爻辭皆是吉的，例如：〈乾・九三〉之「夕惕若，厲无咎。[79]」訟卦卦辭之「有孚窒，惕中

---

76 吳國榮：《《易傳》內聖外王思想研究》（高雄市：高雄師範大學經學研究所碩士論文，2009年），頁119。

77 〔宋〕朱熹：《周易本義》（臺北市：大安出版社，1999年），頁274。

78 程振清、何成正：《易經與現代管理》（臺北市：中天出版社，1999年），頁743。

79 〔宋〕朱熹：《周易本義》（臺北市：大安出版社，1999年），頁29。

吉，終凶。[80]」〈同人・九四〉之「乘其墉，弗克攻，吉。[81]」
等，例多不煩舉。

〈繫辭上傳〉中「憂悔吝者存乎介」[82]，便是內省工夫。
君子不論遭逢任何環境，都要懂得反求諸己，藉此窮理盡性。
好比〈遯・彖〉曰：「遯，亨，遯而亨也。剛當位而應，與時
行也。[83]」認為君子要能法天，見機行事，知時而退，所以只
要能夠退隱，則身雖退而道亨。〈蹇・彖〉曰：「蹇，難也，險
在前也。見險而能止，知矣哉！」[84]以及初六爻辭：「往蹇，來
譽，宜待也。[85]」都是相同的道理。

但是，面臨行走艱難之情狀，君子應該以何自處？同一卦
〈象傳〉說：「山上有水，蹇。君子以反身修德。[86]」此時此刻
須「待時而動」。另外，需卦卦辭又說：「有孚，光亨；貞吉，
利涉大川。[87]」涉川渡水是險事，切記躁進，必待而後進。此
與《孟子》所說的：「行有不得者，皆反求諸己。[88]」完全符合。

君子在進德修業過程中，還要不斷反省自身，以增進美
德。〈蹇・象〉云：「君子以反身脩德。」是要君子通過反省自
身，修美道德。君子以虛懷受物，故〈咸・象〉曰：「山上有

80 〔宋〕朱熹：《周易本義》（臺北市：大安出版社，1999年），頁29。

81 〔宋〕朱熹：《周易本義》（臺北市：大安出版社，1999年），頁79。

82 〔宋〕朱熹：《周易本義》（臺北市：大安出版社，1999年），頁236。

83 〔宋〕朱熹：《周易本義》（臺北市：大安出版社，1999年），頁137。

84 〔宋〕朱熹：《周易本義》（臺北市：大安出版社，1999年），頁155。

85 〔宋〕朱熹：《周易本義》（臺北市：大安出版社，1999年），頁155。

86 〔宋〕朱熹：《周易本義》（臺北市：大安出版社，1999年），頁155。

87 〔宋〕朱熹：《周易本義》（臺北市：大安出版社，1999年），頁53。

88 〔漢〕趙岐注，〔宋〕孫奭疏：《孟子注疏》，見於《十三經注疏》（臺北縣：藝文印書
館，1989年）第8冊，〈離婁章句上〉，頁126。

澤，咸。君子以虛受人。[89]」澤性潤下，山土受潤，兩者間相
互感通，不分彼此，來者受之，虛心接納他人，如此才能廣泛
的與他人感應溝通，能虛心受教者才能反躬自省。〈益·象〉
曰：「風雷，益。君子以見善則遷，有過則改。[90]」便是說明了
領導者宜在虛心自省之後，若發現自己有所過失則須予以改
正，若見有較自身為佳之思想或行事則予以學習，藉以充實自
己而增益其本身之德行修養。曾子曰：「吾日三省吾身：為人
謀而不忠乎？與朋友交而不信乎？傳不習乎？[91]」即是此意。

　　西方心理學家榮格（C. G. Jung, 1875-1961）在《易經》英
文版的引序中曾經論道：「《易經》的目的在引出使用者的『自
知之明』（self-knowledge），而『自知之明』出自反省思量自己
的動機、人品和行為等等。[92]」由於人的內省與自覺表現出實
現人性的意義，透過具有反思精神的自覺與內省，可擺脫外在
學校組織控制等因素，展現出人本有自主性的價值。[93]亦即反
省係建基於我們自身的意識，成功的領導者能虛心自省，不時
反問自己，思考問題的陰陽正反兩面，去澄清問題的本質和價
值，才能以身作則，成為所有組織成員之典範。

89　〔漢〕趙岐注，〔宋〕孫奭疏：《孟子注疏》，見於《十三經注疏》（臺北縣：藝文印書
　　館，1989年）第8冊，132頁。

90　〔漢〕趙岐注，〔宋〕孫奭疏：《孟子注疏》，見於《十三經注疏》（臺北縣：藝文印書
　　館，1989年）第8冊，164頁。

91　〔魏〕何晏等注，〔宋〕邢昺疏：《論語注疏》，見於《十三經注疏》（臺北縣：藝文印
　　書館，1989年），第8冊，〈學而第一〉，頁6。

92　引自程石泉：《易學新探》（臺北市：文景書局，1999年），頁22。

93　李璐楠：〈《周易》的管理思想〉，《東莞理工學院學報》第18卷第6期（2011年12月），頁
　　46。

二　誠以待人

　　「誠」之所以可貴，在於它的單純而專一，「單純」則內實而無雜，「專一」則外不二。《易》中稱「旁行而不流」，是乾元之始動，為一「誠」精神。至坤元之順承乾元，厚載含弘，專而不失，同樣是一個「誠」的精神。乾坤由其「誠」，萬物才得生，所以「誠」一義的揭示，是《易傳》對《易》道的深入探討[94]，這也是身為領導者所必備的。

　　中孚卦☲為風澤卦，其象為澤上有風，意為風將濕潤的空氣吹向澤水的四方，它喻示著領導者必須廣施誠信。〈雜卦傳〉說：「中孚，信也。[95]」中孚卦進一步對誠信做了深入探討：

　　　　〈中孚·象〉：「中孚以利貞，乃應乎天也。[96]」

指人的誠信，源於天道之誠，天道即為人道之根據，人道中之誠信，則源自於法天之道。又如〈繫辭下傳〉所言：

　　　　子曰：「君子安其身而後動，易其心而後語，定其交而後求。君子脩此三者，故全也。危以動，則民不與也；懼以語，則民不應也；无交而求，則民不與也。莫之與，則傷之者至矣。《易》曰：『莫益之，或擊之，立心勿

94　高懷民：《大易哲學論》（臺北市：成文出版社，1988年），頁382、383。

95　〔宋〕朱熹：《周易本義》（臺北市：大安出版社，1999年），頁277。

96　〔宋〕朱熹：《周易本義》（臺北市：大安出版社，1999年），頁220。

恆，凶。⁹⁷』」

孔子認為君子要先安定自身然後才行動，先平和內心然後才說話，先確定交往的關係然後才求助，唯有能培養樹立這三種美德，才能獲得保全。假如危險的時候行動，百姓就不會配合他；假如恐懼的時候說話，百姓就不會響應他；假如尚未確定交往關係而求助，百姓就不會益助他。沒有人益助他，損害他的人也就到來了。

所以，對於領導者來說，無論在什麼情境下，心懷誠信，以德服人，並且樹立真誠守信的榜樣，做到「損上益下」，就能使學校組織成員能「上下交感」。

（一）損上益下

從卦體看，損卦☶☱與益卦☳☴互為上、下卦形反轉顛倒的綜卦。正如〈泰〉、〈否〉是對偶統一聯繫一樣，作為一體的兩面，損之必有所益，益之必有所損，關鍵在於所損為何，所益為誰，領導者要以其誠信作為判斷。

〈益·彖〉曰：「損上益下，民說无疆；自上下下，其道大光。『利有攸往』，中正有慶；『利涉大川』，木道乃行。⁹⁸」也就是說，領導者要有自我犧牲的精神，為了學校組織成員的利益而甘願犧牲自我利益，則「民說无疆」，大大贏得人心。居上位者施利於下，惠於民，這種道義必能發揚光大，是領導者不斷增強學校組織凝聚力的源泉所在。

97　〔宋〕朱熹：《周易本義》（臺北市：大安出版社，1999年），頁542。
98　〔宋〕朱熹：《周易本義》（臺北市：大安出版社，1999年），頁163。

　　〈益・九五〉又說：「有孚慧心，勿問，元吉。有孚惠我德。[99]」朱熹注：「上有信以惠於下，則下亦有信以惠於上矣。不問而『元吉』可知。[100]」可見，以在上者施惠於下屬，下屬必將湧泉相報，不必問就知道必大獲吉祥。學校組織的維繫並不完全靠金錢、權勢，也要靠人與人之間的理解、同情、信賴和相互幫助。而這些屬於人的精神生活方面的東西又往往不是用金錢可以買得，或用權勢可以掠取的。

　　再者，領導者能夠「厚下安宅」[101]，「容民畜眾」[102]，「寬以居之」[103]，對學校組織成員的一些小是小非問題，高明的領導者能「赦過宥罪」[104]，而絕不一棍子打死人。當領導者取得了重要成就時，或當他們贏得了崇高榮譽時，能「以其功下人」[105]，《老子》亦云：「持而盈之，不如其已……；富貴而驕，自遺其咎；功成身退，天之道。[106]」把功勞歸之於全體成員同心協力的結果，而不記在個人的功勞簿上。蓋天地之能長且久，在其無私，故《老子》又曰：「是以聖人終不為大，故能成其大。[107]」當出現決策失誤時，能「見善思遷，有過則

99　〔宋〕朱熹：《周易本義》（臺北市：大安出版社，1999年），頁165。

100　〔宋〕朱熹：《周易本義》（臺北市：大安出版社，1999年），頁166。

101　〔宋〕朱熹：《周易本義》（臺北市：大安出版社，1999年），〈剝・象〉，頁107。

102　〔宋〕朱熹：《周易本義》（臺北市：大安出版社，1999年），〈師・象〉，頁60。

103　〔宋〕朱熹：《周易本義》（臺北市：大安出版社，1999年），〈乾・文言〉，頁37。

104　〔宋〕朱熹：《周易本義》（臺北市：大安出版社，1999年），〈解・象〉，頁158。

105　〔宋〕朱熹：《周易本義》（臺北市：大安出版社，1999年），頁241。

106　劉笑敢：《老子古今：五種對勘與析評引論》（北京市：中國社會科學出版社，2006年），上卷，第九章，頁152。

107　劉笑敢：《老子古今：五種對勘與析評引論》（北京市：中國社會科學出版社，2006年），上卷，第六十二章，頁626。

改」[108]，不歸於下，才是領導者應有的氣度與境界。

（二）上下交感

　　學校成員與領導者之間的交互行為，是影響學校組織氣氛的重要因素，就像六爻間是上下交互作用的。以陰陽來說，萬物交感才能和諧運動，才能創生不已。人與人之間亦是如此，彼此有和諧的感應，情感得以交流，溝通順暢，就能避免誤會衝突產生。大家心志一同，其利斷金，人和為貴，事情才會成功，即所謂「上下相交而其志同也。[109]」咸卦卦辭言：「亨，利貞，取女，吉。[110]」其〈彖辭〉曰：

> 咸，感也。柔上而剛下，二氣感應以相與，止而說，男下女，是以，亨，利貞。取女，吉也。天地感而萬物化生，聖人感人心而天下和平，觀其所感，而天地萬物之情可見矣。[111]

值得注意的是，交感重要的是「感」。感是交的前提，無相應則無感也無交。在性質上，應的條件是陰與陽，在卦爻象上是初、四爻相應，二、五爻相應，三、上爻相應。這種相應的思想，就人事思想上言，也有其道理。大凡人與人間相感應，「位」是其中很要緊的因素之一，所處環境地位接近、年齡職

108　〔宋〕朱熹：《周易本義》（臺北市：大安出版社，1999年），〈益‧象〉，頁164。
109　〔宋〕朱熹：《周易本義》（臺北市：大安出版社，1999年），頁72。
110　〔宋〕朱熹：《周易本義》（臺北市：大安出版社，1999年），頁131。
111　〔宋〕朱熹：《周易本義》（臺北市：大安出版社，1999年），頁131。

業相當的人，其感受也近同而易於彼此相應，所以〈乾·文言〉說：

> 同聲相應，同氣相求。水流濕，火就燥：雲從龍，風從虎；聖人作而萬物覩，本乎天者親上，本乎地者親下，則各從其類也。[112]

這是說聲音相類似的生物彼此感應，氣息相類似的生物彼此求合。各種事物都是依其同類而相從。又咸卦中有感通的意思，〈雜卦傳〉說：「〈咸〉，速也。[113]」「感」是一種極微妙契應，稍有不慎就會失去彼此的感通。是故，言語和行為是身為領導者立身的關鍵，〈繫辭上傳〉云：

> 子曰：「君子居其室，出其言，善則千里之外應之，況其邇者乎，居其室，出其言不善，則千里之外違之，況其邇者乎，言出乎身，加乎民，行發乎邇，見乎遠。言行君子之樞機，樞機之發，榮辱之主也。言行，君子之所以動天地也，可不慎乎。[114]

因此，領導者應以善言、善行為出發點，與人互動首重至誠信實的心意。〈咸·九四〉爻辭曰：「貞吉，悔亡，憧憧往來，朋

---

112 〔宋〕朱熹：《周易本義》（臺北市：大安出版社，1999年），頁35。

113 〔宋〕朱熹：《周易本義》（臺北市：大安出版社，1999年），頁277。

114 〔宋〕朱熹：《周易本義》（臺北市：大安出版社，1999年），頁505-506。

從爾思。[115]」《易程傳》釋曰：

> 感者，人之動也，故皆就人身取象。……若往來憧憧
> 然，用其私心以感物，則思之所及者有所感而動，所不
> 及者不能感也。是其朋類則從其思也。[116]

又王弼注曰：

> 處上卦之初，應下卦之始，居體之中，在股之上。二體
> 始相交感，以通其志，心神始感者也。凡物始感，而不
> 以之於正，則至於害，故必貞然後乃吉，吉然後乃得亡
> 其悔也。[117]

意即咸卦的第四爻，象徵以貞正之道交感於下，可獲吉祥，悔
恨亦將消失。是故，領導者重視人際關係的和諧往來，以至誠
與他人相感，才能獲得學校組織成員的信任。〈咸‧象〉曰：
「君子以虛受人」[118]，是說領導者能以虛懷含容，讓學校組織
成員漸漸放下自我防衛機制，是需要領導者長時間釋出誠意來
培養感情。而這種感應的力量，到後來在儒家學說中統攝於一
個「誠」字中，因為以誠相感才有應，所以《禮記‧中庸》

115　〔宋〕朱熹：《周易本義》（臺北市：大安出版社，1999年），頁133。
116　黃忠天：《周易程傳註評》（高雄市：高雄復文圖書出版社，2006年），頁276。
117　〔魏〕王弼、〔晉〕韓康伯：《周易王韓注》（臺北市：大安出版社，1999年），頁
　　99。
118　〔宋〕朱熹：《周易本義》（臺北市：大安出版社，1999年），頁132。

說：「誠者自誠也，而道自道也。誠者，物之終始，不誠無物。[119]」

此外，德性完備的人，不但自身精神飽滿，神采奕奕，在領導學校組織時，還能以自己非凡的精神魅力，使學校組織成員自然親附，而受到感化。《周易程傳》曰：「聖人至誠以感億兆之心，而天下和平。[120]」中孚卦卦辭：「豚魚吉；利涉大川，利貞。[121]」《周易正義》釋曰：「魚者，蟲之幽隱。豚者，獸之微賤。人主內有誠信，則雖微隱之物，信皆及矣。[122]」如果內心有誠信之德，則亦能感之隱微低下之物與人。

☆一位有修養的校長要能謙以自省、以誠待人，做到謙卑自牧、虛心自省、損上益下、上下相感才能形成凝聚力，並取得學校組織成員的信任和支持，才有助於日後之領導。也就是說，要實施有效領導，領導者必須堅持以誠信取眾，只有以德服人，才能取得事業的成功與長久。

第四節　學校領導應用《易經》人文圓融思維之道

中國人在群經之首《易經》人文圓融思維的引領下，強調

---

119 〔漢〕鄭玄注，〔唐〕孔穎達等正義：《禮記正義》，見於《十三經注疏》（臺北縣：藝文印書館，1989年），第5冊，〈中庸第三十一〉，頁896。

120 黃忠天：《周易程傳註評》（高雄市：高雄復文圖書出版社，2006年），頁273。

121 〔宋〕朱熹：《周易本義》（臺北市：大安出版社，1999年），頁220。

122 〔魏〕王弼、韓康伯注，〔唐〕孔穎達等正義：《周易正義》，見於《十三經注疏》（臺北縣：藝文印書館，1989年），第1冊，頁100。

人存在的責任是與人自身、與他人、與自然建立和諧的關係，儒家傳承此一人文觀點，重視全人的教育，以行仁、性善的觀點出發，發揮人的價值，強調中庸之道，這些都是《易經》的人文圓融思維的要旨。

反觀西方人文思想在形成的過程中，是不斷的與高壓的宗教壟斷去做對抗。只相信經驗理性所能及的範圍，導致人更加以自己為世界的中心，西方資本主義興起後，人也日益的墮落與物化，在近代文明的各種病態中，可看出人也漸漸自失其尊嚴。而現代學校的內外環境也正受外界西方資本主義思想的影響，逐漸遺忘我國固有之人文精神，在缺乏《易經》人文信念與修養的情況下，造成一些怪異現象，所以，校長應從《易經》的人文圓融思維中獲得啟示，實踐校園人文精神從自己做起。

一　校長缺乏人文圓融思維之現況

（一）校長自身缺乏《易經》人文圓融思維之人文信念

1 迷信外在權威控制的力量

孟子曾提醒領導者：「域民不以封疆之界。固國不以山谿之險，威天下不以兵革之利；得道者多助，失道者寡助。[123]」如果迷信以增加外在權威的力量來控制人民，終將無法得民心。

123　〔漢〕趙岐注，〔宋〕孫奭疏：《孟子注疏》，見於《十三經注疏》（臺北縣：藝文印書館，1989年），第8冊，〈公孫丑章句下〉，頁72。

　　當校長認為人性是惡的，只重視表面效能，而且在缺乏思考與理念的情況下帶領學校成員，就容易迷信外在控制的力量。也由於太強調管理效率，時時以外控方式緊盯著學校組織成員是否有遵循命令，反而疏忽教育價值實踐，將使學校經營陷入最大的危機。殊不知，教育本質本應是重人更甚於重事、重道德的培養甚於重知識的累積、重體會更重於分析。但臺灣教育長期以來，學校領導階層的人在實施領導作為時，是重事更甚於重人，重知識的累積甚於重道德的培養，重分析更重於體會，重高喊口號更甚於以身作則，重技能更甚於人文素養之培養。導致校長言行不一，貪污事件頻傳，為求個人考績及績效，只重視學校對外比賽之表面成績，未能尊重教師專業自主及其他各項權利，致使教師申訴案件日以俱增。

2 造成學校成員患有「價值缺乏症」

　　過去管理者以為效率是具體數字的提升，毫不關切其他人文之價值，以為一味以外在的物質報酬滿足學校組織人員的欲望，不去提升學校組織成員工作自覺，發展其優勢，終將造成人員「價值缺乏症」，即在逐物中漸被「物化」[124]，喪失人的內在價值及存在的真正意義。

---

124 所謂物化（reification/verdinglichung），依據 P. L. Berger & T. Luckmann 在其所著之《社會實體的建構》所說：「物化是一種將人類現象作為事物的了解，也就是在非人或超越人類角度的觀點來看人類現象。」根據這個定義，物化世界即是一非人的世界（dehumanized world）。也就是人類的意義已不再被視為世界的創造者而只是被創造的產物，人類已成為「物性」（epiphenormenon）的產品。引自鄒理民譯，彼得·柏格 Peter L. Berger，湯姆斯·樂格曼 Thomas Luckmann 著：《社會實體的建構》（臺北市：巨流出版社，1991年），頁103。

早在十九世紀愛默生（Ralph Waldo Emerson, 1803-1882）已經警告：「物正在開始掌權和支配人類。」二十世紀中葉，現代科學的新世界已經開始受到廣泛和嚴厲的批評：技術正在接管一切，並使人喪失人性。[125]這是當代行政學校組織中最嚴重問題之一即是物化問題。物化的影響造成領導者對學校組織中的角色、法規制度、結構關係視為客觀不變的物體，並將此視於主體人之上，人員有了物化的思考後，將一切的事物訴諸於外在環境，人只不過被動接受外在的宰制，摒棄人的主動性。角色可能以制度被物化的相同方式被客體化。因為角色之自我意識的部分已被客體化，而角色也視其為不可避免的命運時，角色個體可能會拒絕承擔責任。這種角色物化的範例公式是這麼說的：「在這問題上我沒有選擇的餘地，由於我的職務我必須這麼做」。[126]所以，把個人行動結果的道德責任全推給外界權威或標準。這樣的物化思考方式會在無形中影響個人責任行動之程度，而這種角色被物化的社會氛圍，就是目前教師無法對教育工作產生價值感的主要原因。

　　過去對於學校組織角色中的要求越加嚴厲，其所具有的控制特性就越增強，如同我們要求學校組織員工培養專業精神，然而當學校組織對專業人員的活動控制過高時，將會發生「工作異化」[127]的現象，缺乏內在的尊榮感。學校的病態現象「工

125 王又如譯，理查・塔那斯（Richard Tarnas）原著：《西方心靈的激情》（臺北市：正中書局，1995年），頁427、428。

126 吳瓊恩、陳秋杏、張世杰譯，Michael M. Harmon 著：《公共行政的行動理論》（臺北市：五南圖書出版公司，1993年），頁191、192。

127 所謂「工作異化」（Work Alienation）包含五個面向：無力感（Powerlessness）、無意義（Meaninglessness）、無規範（Normalessness）、無根感（Isolation）、自我疏離

作異化」也就在此種情形下孕育。也就是對於個人無法自我肯定，有很低的自我期許，重視外在價值而忽略內在的生活素質，加上人們創建的制度成為行為的標準，當人員無法獲得內在價值的原動力，逐漸棄守，隨著外境逐流，並也失去了自主性與內在的自覺。這也就是大部分當前受敘薪體制保護下的小學教職員工所面臨的心理狀況。

(二)校長自身缺乏《易經》人文圓融思維之人文修養

校長不以自身修養來號召「有志之士」，反而帶著知識份子的驕傲，試圖以外在權威控制的力量，認為只有按照他的想法去做才是正確的，一味的模仿他校做法卻無法成功，這是因為校長缺乏《易經》人文修養所致。

1 受「知識份子的傲慢」的心理作崇

校長居於學校最高領導地位時，容易產生所謂「知識份子的傲慢」態度。學者高敬文曾提出避免知識份子的傲慢，應持「謙遜」的看法如下：

> 「知識份子的傲慢」來自於「無知」。自以為已經「得道」而看輕別人、排斥別的說法，……種種「傲慢」與其惡果，都是來自「無知」。進一步來說，以「知識即力量」為名義，忽略其他形式的生命體驗，進而強求獨尊

（self-Estrangement）。詳參蕭武桐：《行政倫理》（臺北縣：國立空中大學，1995年），頁274。

> 一說之言，也是一種「無知的傲慢」。……「謙遜」始於
> 對「知識有限」的體會。[128]

以上提醒可以提供校長因自認「無知」，就更能以謙卑及恭敬
的態度去廣納建言，自然向心力會將領導者推向更高峯的境
地。高懷民也提示今日人類所表現的普遍作為，已經犯了兩項
錯誤：一是自大驕狂，一是不知反省。前者使人奔向窮極而登
升「亢龍」之位，後者則使人雖至「亢龍」而不知「悔」。至
「亢龍」已入危亡，已是「不道」；而不知「悔」，則更加速危
亡之來。[129]身為校長可謂已居六爻之上，如不以「亢龍」為
惕，去除知識份子的傲慢，則恐難以安處。

2 仿效他校外在的做法而不知自省

　　一味的想要仿效他校外在的做法，以為只要外在命令由上
而下即可，但卻又始終納悶為何無法成功。其實在《莊子・天
運》篇的故事中就已經給了最佳的答案：

> 西施病心而矉其里，其里之醜人見之而美之，歸亦捧心
> 而矉其里。其里之富人見之，堅閉門而不出，貧人見
> 之，挈妻子而去之走。彼知美矉，而不知矉之所以美。[130]

醜女看西施捧心皺眉很美，卻不知道西施的美是本質所散發而

---

128 高敬文：《質化研究方法論》（臺北市：師大書苑，1999年），頁326。

129 高懷民：《大易哲學論》（臺北市：成文出版社，1988年），頁575。

130 〔晉〕郭象注：《莊子》（臺北縣：藝文印書館，2000年），第五卷，〈外篇・天運〉，頁
290。

出的美。同理，如果領導人不內省自己本身是否具有人文修養
與信念，是否具足了所有好氣，只知一味的仿效他校外在的做
法，是永遠也無法發現為何同樣「如法炮製」，卻始終無法成
功的原因。

另一方面，審視目前學校成員也傾向於為符合外在環境對
他的期望，儘量表現和他人沒有什麼差別，把「自我」壓抑下
去，只為求得生存與安全感。這種傾向使得學校組織成員放棄
了自發、自覺的原動力，人成了機器，只相信所謂專家及權威
人士的話。學校教育目標也被設定為造就一個對現存社會「有
用」的人，而非發展個性，教師更是被貶抑或是甚至自貶為傳
達知識的工具。

二 《易經》人文圓融思維對學校領導之啟示

（一）人文信念方面

1 以人性出發尊重學校組織成員的階段需求

處於當今急速變遷的時代，我們已察覺到創造持續性且一
致性最好的方法不是透過外在的控制，而是透過無形且可感知
的內在力量。[131]校長應從人性觀點尊重學校組織成員的階段需
求開始，因每個人在不同的工作階段、不同性別、不同學校組
織文化、不同人生階段中，都會有不同的人性需求重點，就像
《易經》乾卦的六個陽爻處於六個不同的時位，它代表著某一

---

131 林思伶譯，瑪格利特‧惠特理（Margaret J. Wheatley）著：《領導與新科學：在混沌的
　　世界中發現新秩序》（臺北市：梅霖文化出版，2005年），頁38。

事物或現象在其自身發展的過程中所處的不同時空環境和發展階段，每一個時空環境和每一個發展階段所面對的情況都是不相同的，這就是要求領導者必須採取不同的方法來因應。[132]所以在領導過程中，如果採用同樣的方式對待所有成員，反而會導致困難與不認同。

根據研究顯示：學校組織成員長期處在強制的情境條件，欠缺正向強化鼓勵的情境條件下，會產生逃避、閃躲的行為。[133]如果校長與學校組織成員只是維持最低程度的屈從關係。我們常可看到的一些行為：「我會達成目標，但一達成目標我就停止」、「我會去參加被指派的研習，但你管不到我在研習會場眼睛的視線」、「開教師晨會時，你不斷的嘮叨、威脅、指責，我仍然充耳不聞」，像這種單一由上而下，或想由外控方式來迫使其內心屈就的領導方式，終將無法得到學校組織成員的共鳴。

易言之，校長切不可因校內部分教師缺乏進取意願與抱持抗拒心態，就採取由上而下施壓方式，或極力於設置一些防堵措施，這是非常不符《易經》人文圓融思維的做法。

2 以正向鼓勵促使學校組織成員主動覺知自己的責任

校長除應觀察學校組織成員目前所處之人生階段之不同需求，給予適當的尊重，以傾聽方式深入了解學校組織成員個人發展階段及動機與態度外，唯有相信「自覺」才是「自療」的

---

132 許爾忠：〈《周易》的管理哲學智慧〉，《蘭州大學學報》（社會科學版）第39卷第1期（2011年），頁106。

133 參自謝傳崇譯，Sarah Lewis 原著：《職場正向心理學》（臺北市：學富文化公司，2014年），頁64。

開始，並且破除以防弊考慮為首要的心態，相反的，要賦予成員工作偉大的意義及重要性。而協助學校組織成員自覺的方式是藉由正向語言和支持的方式幫助其建立自尊。因為正向語言如螺旋般的引發正向情緒，使人更願意去嘗試探索替代方案以解決目前問題，如此善的循環就會在學校組織內開始流轉。於是成員的優勢就容易被發覺，校長就如「打光師」般使其專長得以展現，進而內化為自我認同的一部分，與成員間產生互補作用，這些來自正向的鼓勵才是使其自覺工作是充滿意義和價值。

校長能以正向鼓勵的方式，全力支持學校組織成員實現更好的自己，提供其發展優勢的機會，以驅使其充分表現自我能力、學習新觀點，從中獲得工作的意義與信心，促使學校組織成員覺知自己的責任重大，願意將其原本只視為「職業」的工作，進而轉化為「事業」或是「志業」之可能。

同時提供良好的工作氛圍，使學校組織成員感受來自參與學校組織的幸福感，提高學校組織內良好關係之建立與互動的品質，力量自然由內而外（心悅誠服）產生，才是影響學校組織效能的關鍵。

3 「養賢求才」使學校組織成員表現更好的自己

部分校長受到權力的「絕對論」觀點所影響，被「我是唯一主宰者」的武斷想法所支配，因而經常怪罪和羞辱那些引起他挫折憤怒和窘況的人，造成學校組織氛圍的對偶與不安定感。校長必須學習如何與學校組織成員建立正面的相互關係，而提升協商、傾聽和諮商技能，是接受他人觀點的起步。如果

學校組織成員只是一直被告知「他們必須怎樣……」，校長認為自己是專家，沒有足夠的機會讓成員產生對計畫的責任感，是會喪失工作動力的。[134]管理大師杜拉克非常強調管理者要用人的長處，不要執著在如何減少學校組織成員的弱點上。他說：

> 有效的管理者的人事決策不在於盡量減少人的弱點，而在於盡量發揮部屬的長處。[135]

對學校組織來說，最重要和最寶貴的財富就是「人才」，有了好人才，才有學校組織的創造力和革新精神，所以，校長應本著《易經》人文的思維，視培植人力為一種投資，強調了人在創造價值過程中的重要性。當一名新的成員進入學校組織後，需要經過一段培養過程，這時我們可以利用「乾」卦六爻階段的思考。當培養階段結束以後，新成員正式走上了工作崗位，慢慢地經過歷練，能夠承擔更重大的責任，於是可以用「乾」卦其他五爻的思想領導學校組織成員，進行相應的激勵，從而促使成員不斷成長，為學校組織做出更大的貢獻。[136]校長用人貴在「養賢」更要主動「求才」，〈鼎‧彖〉曰：「聖人亨以享上帝，而大亨以養聖賢」[137]，〈頤‧彖〉又云：「天地養萬物，聖

---

134 黃乃熒等譯，Tony Bush、David Middlewood 原著：《教育領導與管理》（臺北市：華騰文化，2008年），頁22、23。

135 上田惇生編，齊思賢譯，彼得‧杜拉克（Peter F.Drucker）著：《變革的哲學》（臺北市：商周出版社，2005年），頁7。

136 參自曲哲：〈淺論《周易》中的「人本」思想〉，《內蒙古煤炭經濟》第2010卷第5期（2010年9月），頁15。

137 〔宋〕朱熹：《周易本義》（臺北市：大安出版社，1999年），頁187。

人養賢以及萬民」[138]，不僅要給予賢人以優厚的物質保障，而且應在精神上給予支持，故〈大畜‧彖〉：「剛上而尚賢，能止健，大正也」[139]領導者的智慧就在於此。《老子》亦云：「是以聖人處無為之事，行不言之教。[140]」對於校長而言，不妄加個人的主觀意志和私欲，放手讓賢才去做，才能使有才之士在足夠自由和寬廣的空間發揮智慧和才華，做出創造性的成就。[141]禮賢下士，知人善用，將賢才放在合適的位置上，發揮其最大優勢。

在養賢及知人善任就是要能區別不同能力和特點的人，並且盡可能把他們安排到最能發揮能力特長的崗位上去，真正做到人盡其才、才盡其用、人事相宜，這樣才能使學校組織系統發揮相對穩定、持續、有效率而又靈活地運轉效能。同時，責任的賦予與認同，亦是激發學校組織成員成就動機的關鍵因素，有助於整合個體與各部門力量，有效達成學校目標。

（二）人文修養方面

1 謙以自省、功成不居

校長因為效法《易經》謙卦之德，能以謙卑敬慎的態度行事，只有謙虛可以防止驕盈的惡果，就算身處高位也不易招致險咎。校長能謙卑恭敬行事，認識到自己的能力有限，注重克

---

138 〔宋〕朱熹：《周易本義》（臺北市：大安出版社，1999年），頁118。

139 〔宋〕朱熹：《周易本義》（臺北市：大安出版社，1999年），〈大畜‧彖〉，頁115。

140 劉笑敢：《老子古今：五種對勘與析評引論》（北京市：中國社會科學出版社，2006年），上卷，第二章，頁101。

141 李璐楠：〈《周易》的管理思想〉，《東莞理工學院學報》第18卷第6期（2011年12月），頁27。

驕防矜，謙敬為尚，才會敬畏天道、人事，處處小心。以「亢龍」為惕，去除知識份子的傲慢，所以不會目中無人，不論遭逢任何環境，都懂得反求諸己。

能反省的領導者，其特徵是不武斷、保持好奇和學習的心態，並擁有開放和正向的思維模式。擁有這些特徵的反省將指向學習而不是自責、指向未來而不是過去、指向訊息處理而不是責備他人。[142]隨時反思並重新界定問題，不將外在因素，如法規、制度、科層學校組織內外關係的種種現象，視為僵化不可變動的事實。因此，校長無論面對何種困難和何種挑戰，都能始終自為反省，那麼又何須時時施壓於學校組織成員呢？

2 誠以待人、接納關懷

校長能以誠待人，必與學校組織成員有所感通，以至誠的心意來面對學校組織成員，才能帶來和諧的氣氛。相反的，學校組織內上下級之間如果僅以「利」相合，學校組織成員對學校組織的生存和發展就缺乏道義感和認同感。一旦學校組織遇到挫折，他們其中的一些人就會利斷義絕，甚至反過來危及或損害學校組織的整體利益；如果領導者利欲薰心，無法以誠待人，在有意無意中將學校組織成員視為其追求功利目標的工具，只想從學校組織成員的身上攫取更多的工時與努力，以光耀自己，這無疑是對人的價值和尊嚴的一種貶抑與自私自利的做法，導致學校組織成員對領導者保持警惕甚至迴避的態度，從而達不到上下溝通相應的目的，長期下去，這樣的學校組

---

142 謝傳崇譯，Sarah Lewis 原著：《職場正向心理學》（臺北市：學富文化公司，2014年），頁117。

織就會缺乏凝聚力，日久必弊病叢生，則難以發揮學校組織效能。

在此，筆者要強調的是，身為領導者要能謙恭下視、誠信待人，尊重教師及其自尊、人格、意見、建議、職責、權利和工作成果，才能讓學校組織成員漸漸放下自我防衛機制，是需要長時間釋出誠意來培養感情，這些都是領導者能調動人的主動性之基本前提。

綜上所述，校長唯有透過《易經》人文圓融思維，認知到每個「人」也是一個小太極，應以一個整體的、互動的、和諧的、根源的思考方式來思考問題，啟發人文器識、建立人文視野，將個人生命理想與宇宙普遍價值合一，事實上，「異化」問題是可以超越和消解的。高懷民在《大易哲學論》中就說明了中華中「人文」之盛，是因《易經》哲學中有四個信念是確定不疑的：一是世界誠然不美滿，但人將努力去改善它。其次是人心誠然已雜入邪惡之念，但人將努力作糾正。再次是人生誠然是艱苦的歷程，但克服艱苦才見人生的意義。最後是人與人間的障礙誠然難以祛除，但人應當努力去達成。[143]因為《易經》就是強調天人合一的思想，要人與自身、人與他人、人與自然建立和諧的關係。

校長如能具備此《易經》的人文信念與修養，在學校中注入一股人文價值，將可使目前所產生的一些領導困境獲得解決。也唯有《易經》人文的思維在校園全面發揚，整體教育成效才能真正獲得改革與提升。

---

143 參自高懷民：《大易哲學論》（臺北市：成文出版社，1988年），頁560、561。

第七章
結論及應用途徑

　　《易經》是完全根據宇宙自然發展出來的一套系統，是一部重整體、講陰陽、重變化、講人文為思維基礎的哲學經典。《易經》透過卦爻的符號和爻辭來象徵天地的變化，全書雖只有三萬多字，但《易》道廣大、無所不包，彷彿具有無盡的智慧力量，它的思維方式蘊藏著無盡的智慧內涵，對現代領導者有著極為重要的指導意義，具有永恆的開發與研究價值。

　　筆者總結以上各章節有關《易經》領導思維的四個面向間之關聯性及提供解決學校領導困境之八項策略，統整如圖7-1所示，並分別以本章第一節及第二節歸納本書意旨：

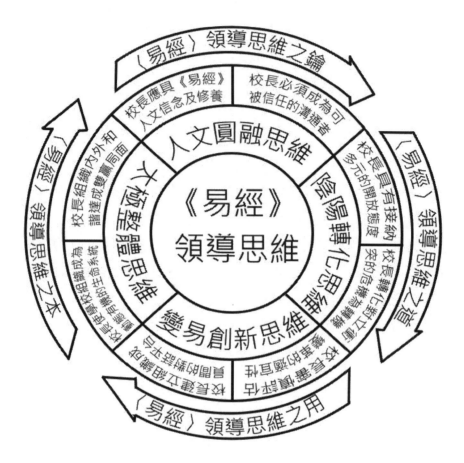

圖7-1 《易經》領導思維應用到學校領導示意圖

第一節 《易經》領導思維應用到學校領導思維 模式

　　雖然本書之《易經》領導思維的四個面向都各有其重要性，以下則為筆者提出的一套符合我國文化背景之學校領導思維模式如下：

一　人文圓融思維是《易經》領導思維之「鑰」

　　首先筆者認為，成功的領導者應首重具備《易經》人文圓融思維。校長首先以人文圓融思維——《易經》領導思維之「鑰」去「開啟」學校組織成員的「心門」，以自身人文的修養及信念去圓融與學校成員間的關係，給予成員支持並得到學校組織成員的信任，願意不遺餘力地為學校組織效力。如果領導作為只停留在注重一些領導「術」（技巧、方法）的運用，只是短期表面的「一場熱鬧」，想要永續卓越領導將淪為空談。

二　陰陽轉化思維是《易經》領導思維之「道」

　　再者，校長應以剛柔並濟、尚中求和及陰陽辨證思考的方式去轉化危機成轉機，此即校長所須依循之《易經》領導思維之「道」。因為只有從多元的視角去看待事物發展的脈絡係為陰陽交互之作用，所以，蓄積能量依時位變化才能有效施展權變領導。

三　變易創新思維《易經》領導思維之「用」

　　校長瞭解變動原理、法則，因應時、位之不同運用變通之道，整合學校資源以進行變革創新發展，促使學校組織成員願意跟隨校長的腳步一同進行變革與創新，即是《易經》領導思維之「用」。

四 太極整體思維是《易經》領導思維之「本」

位居一校之長，更需具備宏觀全局、預見未來、整合內外資源的太極整體思維能力，帶領所有學校組織成員朝向學校組織目標共同成長，才能發揮強大的學校組織力量，並在堅持實踐教育理念（對學校有利、對學生有利為先）下，達成學校教育目標。亦即隨時不忘依循天道，回歸天地人的本源──太極，是為《易經》領導思維之「本」。

第二節　解決學校領導困境之策略

茲以上述所建構出的符合我國文化背景之學校領導思維模式，提出以下解決學校領導困境之八項策略如下：

一 校長應具《易經》人文信念及修養

《易經》認為天高明，無所不覆，地博厚，無所不載，人居其中，應效法天地變化，才能開啟智慧。也當發揮思慮能力和天地感應，逐漸改善自己的言行最為有效。《易經》在強調客觀規律的決定作用的同時，又強調人在一定程度上可以把握自己的命運，認為人應該加強自己的道德修養，要做到以誠信待人，要正確處理人際關係，要與人「和同」，以充分利用集體的力量克服困難。

校長秉持《易經》人文信念來凝聚學校組織成員的向心力，並以《易經》人文精神修養自己，從以身作則開始，擴大

自己的視角及使命感，並以坤卦厚德載物及謙卦的謙虛態度成為成員們的典範。如此，才能使學校組織成員受到感化而自然親附，並使之相信校長是有實力和能力可以帶領成員們達成學校組織目標。這就是為什麼在某些學校有許多人在沒有支領加班費的情況之下，仍然願意辛勤加班，為學校目標全力衝刺、奉獻所有智慧之主要原因。

二　校長必須成為可被信任的溝通者

《易經》認為天人的關係是和諧共存的，尤其學校是一個教育單位，是講求人與人之間信任與尊重的地方。校長應尊重每個人都是一個「小太極」，肯定其為「完整之個體」，尊重每個人各處於自己人生不同的六爻階段，將學校成員看成夥伴而非下屬，讓成員增加承諾。校長剛到一所學校，必須懂得利用觀察學校組織成員並於適當時機與學校組織成員「談話」。從這些談話中，了解學校組織成員的想法及需求，從而提供成員個別的支持與關心，也能提高決策品質。

同時，以達成學校組織內的和諧為原則建立制度，公開的平台（制度、會議）使學校組織成員間產生彼此的信任，因為學校組織需要的人文潤滑劑，便是彼此的信任。所以建立良好信任感的策略是，校長能設身處地，以身作則，主動傾聽，認定教師工作的專業性，是對教師最基礎的信任。校長與學校組織成員間彼此建立良好的信任感，很多的問題都可以在無形中得到很好的化解。

三 具有接納多元的開放態度

《易經》領導思維認為要認識事物必須從陰陽對偶的兩方面入手，並不是非 A 即 B，而是發現在 A 與 B 之間是有相互轉化的可能性，才能認識事物的真實性質及狀態，把握事物的內在本質和發展趨勢，從而以事物的兩端來看中間變化。所以，校長在對於解決和處理各種矛盾問題時，要多考慮各種不同的方案，肯定學校組織內多種聲音的投入是必要的。同時也要肯定每個人都是學校組織發展的重要因素，他們不是學校組織發展的旁觀者，他們甚至分享權力、意見參與，可避免單向溝通有利釐清盲點，每位成員都是學校組織裡的主角之一，各自肩負學校組織裡重要的職責。

另一方面，校長必須了解只要有正式學校組織的存在，跟著就會有非正式的學校組織。這是人們自動形成的學校組織，是成員接觸互動後，情感交流認同所自然結合成的，可以滿足正式學校組織所無法給予滿足的需要。學校內部非正式學校組織有其正功能，亦有負功能，在學校校經營時，必須加以細心分析診斷，任何的行政措施皆不宜忽略非正式學校組織的正負向功能，以免產生不利的影響。

校長秉持接納多元的開放態度，進行多元面向的領導，因為單一面向的領導，均各偏一隅，未能以整體的、宏觀的視野，推究其原因，就容易有所誤導。秉持外柔內剛、內方外圓的方式，以柔軟的身段及方法去貫徹教育理念。

四 轉化對偶衝突的危機成為轉機

　　《易經》領導思維認為人事的吉凶，在於是否善於處理對偶面的聯繫。認為要認識事物必須從陰陽對偶的兩方面入手，才能認識事物的真實性質和真實狀態，把握事物的內在本質和發展趨勢，從而以事物的兩端來看中間變化。萬事萬物無時不在變化，都沒有絕對的錯和絕對的對，應有更寬廣的視界去看待眼前的人與事。在此要強調的是，事物的轉化是需要條件的，注重條件、把握時機是十分重要的。同時，也要肯定人是可以經過對自我以及實在的了解，來發現化解衝突的途徑。

　　所以，校長應以正式或非正式溝通管道及機制與學校組織成員充分溝通，以「陰柔」的方式接納關懷及解決成員的需求，並以「陽剛」的方式表達教育理念，並表態執行全體共識共決之制度的決心。如此，柔性領導與剛性領導交互並用，適時運用陰陽相互轉化的思維，從人的需求出發，就如太極圖的曲線原理，都是要有一些過渡，找到化解衝突的途徑、趨吉避凶，減少很多不必要的衝突，使學校成員更能專注在專業領域的成長上。

五 審慎評估變革的適宜性

　　筆者以為，在當代學者們不斷鼓吹學校組織變革並進行大刀闊斧的再造之際，校長所要面對的不僅是一波波教育改革所帶來的「變」，而且要有更深一層思考：我要「變」的是什麼？「不變」的又是什麼？不宜盲目學習他校做法。如果校長

對於學校變革創新的本質，若未能以《易經》領導思維的角度
先予釐清，任何形式的變革恐將淪為盲動、躁動，甚至稍一不
慎變革將反噬其身，造成學校組織的無法穩定。一般校長對於
「求新求變」有些誤解，盲目的把「新」當作「進化」的象
徵，認為舊的不如新的好。如果一味的求變，就容易忽略「不
易」的重要性。

　　《易經》是同時注重事物的「易」與「不易」，意即校長
應堅持的「不易」是教育理念——以學生的學習需要與利益為
學校政策的核心重點，在領導學校面臨衝突與挫折時，仍應堅
定體現教育信念；其可「易」的則是，了解萬物萬事無不在變
動中，「唯變所適」是《易經》對客觀宇宙法則的最高認識，
是提醒校長權衡事態發展不應固執己見、不知權宜變通。故在
當前鼓勵創新、打破框架的特色學校風潮中，更應把握「學校
係以學習為核心」的「不易」本質。並在堅守正道與權位相符
的不易法則下，以領導者的中心角色地位配合恰當的時機，努
力於陰陽消長中尋求其動態平衡，而行不偏不倚、無過無不及
之事。

六　建立學校組織成員間的對話平台

　　學校組織變革需要組成雁行團隊及一些配套措施或是先前
經驗。首先須從校長以身作則不斷追求自我成長開始，並建立
成員之間或成員與外界不同的人（家長、學者、受訪者）以不
同的對話形式（主管會議、行政會議、領域會議、學年會議、
校務會議、專業社群、參訪活動）之平台，強化其心智模式之

後，學校組織才有創新之機會。此即運用陰陽轉化思維，使學校組織成員有「陰陽交感」之機會，有助於促進學校組織成員思維逐漸朝正向變化遷移，以達陰陽平衡的境界。也唯有透過社群對話，利用不斷的自我參照的過程，強化學校組織成員對工作的意義與專業成長動機，成員有了改變的動機，就會願意不斷學習與付出心力，為追求學校組織共同願景而努力。如此，當變革的能量是由下而上時，才能持續、才能深化。

七 使學校成為動態有機的生命系統

《易經》哲學思想認為太極運動而產生陰陽，一動一靜，互相作為對方的根據，化生萬物，生生不息。各種內外在系統同時影響著學校運作，都有可能成為學校經營的阻力或助力。校長面臨許多的困境和挑戰，校長的角色，往往具有關鍵的地位。故不能只專注於學校組織系統內本身的變化，更應積極主動了解外部系統的動態，努力擴大自己的認知範圍，廣結善緣，適時的引入社區資源，如人才資源、物質資源、訊息資源做最佳配置，透過正式與非正式合作、彼此相互參與、建立聯盟、調整學校內部學校組織結構及作為，與外部環境保持良性的互動模式，由點到面，形成一個合作圈，也就是《易經》整體動態有機生命系統的概念。使學校從一個封閉系統，演進成為一開放的社會系統。雖然引進外力也許會帶來短暫的混亂打破原有的秩序，但是唯有引進外力，才能促使學校內有機會進行重整，並使整體系統影響的範圍逐漸擴大，其所發揮的力量常有出乎意料的收穫。

八 學校組織內外和諧達成雙贏局面

　　和諧為配合得適當和勻稱，為上順之天理，為下順之民意。〈繫辭下傳〉曰：「天下之動，貞夫一者也。[1]」《易經》是以天人合一的觀點看待世界及一切事物，目的在求得整體之和諧，是一種求善的思維，要強調的是，和諧並非只求表面上的和諧，而是重視天時、地利與人和相互搭配下的和諧。要配合適當，則要協調，不協調則事難通，事不通則業難成。而西方的領導理論皆以「促進學校組織目標的達成，創造卓越的學校組織績效」為領導行為的首要目的，是以目標為導向的思維方法。然而，在我國的文化背景影響下，領導績效應非僅以在表象上做領導技巧之加強，更應從校長本身思維方式去做調整和改變、從了解天人關係以及領導者自身修養出發，從對生命的尊重開始，相信每一個生命都圓融具足，才能在領導過程中信任並肯定學校組織成員的付出。更因為校長懂得協助學校組織成員實現更好的自己，使學校組織成員的優勢能獲得發展，提升學校組織成員對學校組織的投入動機，學校組織氣氛就容易和諧溝通，自然能帶動學校組織變革與創新。因為學校組織成員的自發力量勝於強制力量，學校組織內外和諧，才能達成學校組織目標與個體發展的雙贏局面。

1　〔宋〕朱熹：《周易本義》（臺北市：大安出版社，1999年），頁252。

第三節　《易經》領導思維應用於學校之途徑

　　《易經》哲學思維是將天、地、人三才有機的結合起來，是人類認識宇宙、自然、社會不可或缺的思維方式。筆者最後在本書之末，希冀與現今學校校長共同重新發掘《易經》領導思維的奧秘，並使之能在學校領導方面獲得闡發與應用：

一　整合學校內外部資源

（一）與家長會建立良好關係

　　太極是天地萬物之理，事物發展的規律都在太極之中。太極從符號來看是一個圓；從眾物來看是一個範圍，象徵一個整體。這個整體中有人、事、物的存在；範圍內的人、事、物是一個整體，一個系統，彼此屬性不同卻互相關聯，學校家長與學校成員是教育夥伴的關係，因此，家長不可能置身於此學校系統之外，即所謂教育的「生命共同體」。

　　太極默運陰陽生成萬物，萬物也離不開太極，整個宇宙是一體的，雖然萬物自有自的運動，但彼此是相互影響的。校長應重視強化與家長雙方認同感與信任感，並善用會議將自己的理念傳達給家長知道，也藉辦理各項活動的方式，吸引更多熱心家長加入服務學校的行列，結合家長人力及物力資源，使學校整體系統範圍擴大，學校能量得以擴充與交流，學生成為最大受益者。

（二）學校與社區形成一動態有機系統

〈繫辭下傳〉第一章即言：「天下之動，貞夫一者也。[2]」學校是存在於社會環境中的一個次級系統，而且是能不斷的與環境交換訊息、能量、物質，並透過輸入、轉化、輸出、回饋等過程與內外在環境發生互動關係，必然是一個充滿生機和活力的系統。校長學校經營良窳的關鍵因素，除了學校組織內部的協調與互動外，洞悉內部學校組織與外部環境的需求並善用資源，對於學校外部的因素亦須同時掌握，做最合宜的整合，使學校內部學校組織系統與外在環境系統間產生交互作用，進而共同創發學校機能，使學校的政策與目標，能夠獲得外部社區的認同與支持。

校長應致力於建立良好的內外公共關係以利學校目標之推展，充分運用社區文化資源、周邊大學資源、爭取縣府資源中心在的設立……，使學校與社區形成一動態的整體系統。另一方面，校長為建立好內外的公共關係以利學校公共關係之推展，也應鼓勵學校全體人員積極參與，所以能畢竟其功。一般領導者只重視公共關係為對外關係的建立，因而忽略了學校成員間的內部關係，表面好看，卻裡子盡失。殊不知，公共關係的推展，乃一由內到外的工作，如果內部關係良好，成員均能各安其位，外部公共關係的建立也就不難了。[3]所以，重視學校內外環境平衡發展亦十分重要。

2　〔宋〕朱熹：《周易本義》（臺北市：大安出版社，1999年），頁252。
3　參自蔡培村：《學校經營與管理》（臺北市：麗文文化公司，1998年），頁541。

二　學校組織目標與個體成員發展相互聯繫

（一）引入外部資源成為活水，使整體學校組織與個體成員更加融合

　　《易經》的太極整體思維強調天人合一、主客相融，〈繫辭上傳〉曰：「六爻之動，三極之道。[4]」著重研究整體與個體的對應關係與相互影響，認為整體與個體的對應關係時隨時在相互感通、相互作用的運動過程之中。學校（整體）對校內成員（個體）有直接影響，它們雖然在不同的層面上發展著、變化著，但是，都處在一個動態的整體結構系統之中交互影響。

　　學校組織與成員之間是相互發展的關係，兩者實無法分割存在的，校長應積極將外部資源（活水）引入校園，使學校人力財力的運作更加活絡，學校組織成員間互動關係更加密切，又可「借勢練兵」，使個體成員也因此蓄積更多能力。

（二）使學校目標與成員個體發展關係相互結合

　　《易經》以「天」、「地」、「人」即所謂「三才」構築成一整全的系統，此亦表示在領導學校組織的過程中，除了必須考量學校鄰近之環境客觀時空條件外，同時也要積極體現人本身主體力量的重要性。唯有使學校目標與成員個體發展關係相互結合，任何決策才能真正持續落實並獲得最大支持。

　　《易經》認為一爻的變化不僅僅是一爻自身的變化，也不僅僅是停留在一卦內部的變化，而且是整個卦象的變化，是一

4　〔宋〕朱熹：《周易本義》（臺北市：大安出版社，1999年），頁235。

卦變為另一卦，造成了整體卦象的變化。故校長應盡力使客觀環境要素的價值得到最大限度的實現，並使成員們願意把個人目標和學校組織目標結合起來，願意為提高學校組織的效率做出對於學校組織有利的發展與貢獻。因此，在學校組織目標實現的同時，成員們也因此歷程而獲得個人發展的機會。如此兼顧個體發展，使個體的「爻」產生變化，才有機會促使教師專業發展與學校目標的達成。

三　追求整體與個體和諧關係有助於學校組織目標之實現

有關學校組織整體與個體之間的兩難，在《易經》中卻很巧妙予以化解，此即「一物一太極」的道理。《易經》認為在發展過程中，整體與個體之間無不有互通統合的關係，亦即整體包含個體，個體反映出整體。缺乏對全體的關照所了解到的部分是片面的。同樣，缺少對部分深入的認識所了解到的全體也是虛妄不實的。[5]所以，唯有追求整體與個體和諧關係，才有助學校組織目標之實現。

就如〈繫辭上傳〉所云：「《易》无思也，无為也，寂然不動，感而遂通天下之故。[6]」〈咸・象〉又云：「天地感而萬物化生[7]」，天地「融洽和諧」是萬物生成之本。此謂氣對於人與萬物之相互感應作用，無一不受彼此之影響。校長能「通天下之志」，充分認識且利用天時、地利等客觀環境要素，使領導作

5　朱高正：《易經白話例解》（臺北市：臺灣商務印書館，2000年），頁27。

6　〔宋〕朱熹：《周易本義》（臺北市：大安出版社，1999年），頁246。

7　〔宋〕朱熹：《周易本義》（臺北市：大安出版社，1999年），頁131。

為及其結果能最大限度地滿足社區、學校組織和個人的需要之
後，學校組織目標也因而得到實現之可能。

四　應用陰陽辯證全方位思考問題

（一）全方位的看待問題

　　領導者對學校組織成員之反對意見應持正面整體觀觀之，
隨時保持動態思維，能柔能剛、能靜能動、能弱能強、能方能
圓、隨時整合外在與內在、控制與自主、競爭與合作、穩定與
變遷、主體與客體之間，認清當時的情境，調整個人主觀內在
價值及做法，能洞見事物各個要素之間的矛盾和差異，就是具
備了應用陰陽辯證全方位思考問題的能力。

　　校長具有陰陽辯證思考能力，能讓領導者擺脫舊有的框
架，並看到問題顯性的一面，還能察覺出事物潛在的隱性面，
並且具有陰陽相依之整體看法。正因為「一陰一陽之謂道」的
「道」就是乾坤共變的道。

（二）對與錯無法截然二分

　　宋朝程明道說：「天地萬物之理，無獨必有對，皆自然而
然，非有安排也。[8]」陰陽只是「相對」的概念之延伸：相對的
概念，也是因個人參照相對點不同而有不同之認定。在《易
經》陰陽轉化思維方式的指導下，校長能正視並接受學校組織

8　〔宋〕程顥、程頤：《二程集》上冊（臺北市：漢京文化公司，1983年），卷十一，頁
121。

中隨時一定有好事情和壞事情，解決問題是為了努力減少壞事情。當學校組織聚焦轉向優勢、資源與成就時，問題不是被解決了，而經常是解散了。所以成員間對問題一定有不同的看法，校長應本著開闊的心胸接納所有不同意見，切不可以對與錯截然二分。

　　校長面對成員有意見時，本著開闊的心胸接納所有不同意見，先予善意回應，依法說之以理，再動之以情。成員所提有所不妥，也不能完全否決掉，以「退一步、進兩步」的方式，兼顧陰陽，營造雙贏局面，這是陰陽轉化思維的最高智慧。

五　轉化學校組織中的衝突為合作

（一）建立緩衝機制

　　《易經》強調單一之物，不能圓滿自足，要得到另一相異之物的補足與濟通，始可圓滿自足。所以，陰陽，均同為一善之肯定，並無不善之否定。凡事不可只見陰不見陽，也不可只見陽而不見陰，只有全面把握陰陽兩方面才能全面認識事物。校長除了要具有反思的能力外，更須具備以全方位的陰陽辯證思考方式去看待事物，使學校內的矛盾得以整合。

　　《易經》認為人事的吉凶，在於是否善於處理對偶面的聯繫。若人事彼此對偶不相容、交相攻擊、取捨失當、情感虛妄不真實，雙方無法相感取得和諧，那麼學校組織就會有不吉利、悔吝、有害事發生。陰陽能否和順關鍵在於矛盾雙方能否交流、溝通與統一。校長應建立校內溝通的機制，讓學校組織

成員一起加入決策系統，在對立當中創造一個緩衝機制，確保相對之陰陽平衡，以抵擋創傷的負面影響，不至於使得原來的用意被挫折、憤怒、諷刺、侮辱等噪音淹沒。也注重透過非正式學校組織協調之方式。而非由上而下單一傳達命令的方式溝通，所以能減緩衝突的繼續擴大。

（二）要能夠持續管理學校組織中的矛盾和緊張

　　成功的學校組織領導者必須要能夠持續管理學校組織中的矛盾和緊張。要調衡學校組織的矛盾和緊張，除了須具有「一陰一陽」的辯證思考能力外，協調的能力是領導者必備的。成功的學校組織領導者必須能夠持續協調學校組織中的矛盾和緊張，調和彼此間的矛盾，包容多元差異，危機也是轉機，才能使學校組織在動態平衡和諧狀態中持續成長。目前國外研究顯示，最好的學校組織是包容存在於人類生活的這種矛盾，而非嘗試消除矛盾。[9]應視每樣事物之間都有一種多元的相對、相應、對立、互補、互成的關係，同時也表現出相互抵消、相互平衡的作用。

　　身為校長，如能正視面對一個學校組織中有四分之一的人是採對立的想法，但仍以包容與正向態度面對，不會拘泥於一時一地的事物表象，迷惑於所謂的唯一最佳方法，全方位思考問題，有助於領導者澄清問題的本質及價值，尋找解決問題的新途徑。

9　謝傳崇譯，Sarah Lewis 原著：《職場正向心理學》（臺北市：學富文化公司，2014年），頁10。

六　剛柔相濟才能相輔相成

（一）以「柔」傾聽意見、解決問題

〈繫辭上傳〉云：「剛柔相推，變在其中矣。[10]」「柔性領導」是相對「剛性領導」而說的。事實上，校長採用柔性方式，係指領導者能夠柔性管理情境，以靈活創新，並具高適應力的特點來領導學校組織成員，和被領導者產生良性的互動，逐步建立起超越利益交換的信任關係。

陰陽是宇宙的現象，沒有單獨存在的事理，互依與互補是成就一個整體所必需的條件。陽剛反映和體現著事物剛健、向上、進取、主導的性質，陰柔則反映和體現著事物柔順、平和、謹慎、輔助的性質。

（一）以「剛」守護制度、理念

「剛性領導」是相對「柔性領導」而說的。事實上，校長實施剛性管理，有利於調動資源，但不是利用權力的影響力，也非強制命令，而是領導者藉由個人道德修養、人格魅力和被領導者產生良性的互動，逐步建立起超越利益交換的信任關係。對事，則是由建立制度開始，以學生為重及學校整體利益為前提的處理原則，展現校長陽剛堅持的一面。

校長如能適度地運用剛柔相濟之術，融合事理，調節得宜，從而使各個方面的意見和利益達到新的平衡。但筆者也發現有許多校長因受到過去西方文化，如競爭、理性、分析、進

---

10 〔宋〕朱熹：《周易本義》（臺北市：大安出版社，1999年），頁252。

取……等價值的影響，還是讓人感覺比較強調領導者陽剛理性的一面，這樣可能導致失衡現象的危機。在《易經》乾卦上九爻辭就已對陽剛過盛提出了警告，該爻辭即示人「亢龍有悔」，身為領導者不可不警惕。

七　追求陰陽平衡的和諧狀態

（一）行中道以達陰陽平衡

太極圖具有陰陽力量平衡的態勢，負陰抱陽，融為一體，顯示了事物在發展過程中不斷尋求均勢，又不斷打破均勢。所以，易卦的整體目的在於尋找維持系統平衡與穩定的方法。學校組織運作要達平衡就是領導者能行中道而不偏執，在陰陽消長的事物變化中，尋求能動態平衡各方面的利益和要求的最佳方式，因為只要偏執一方，就往往對整體帶來諸多不利的影響。

在陰陽變化沒有止盡前提下，陰陽「平衡」的狀態是不可能長久的，校長除了應正視這種「不平衡」事實之存在，隨時注意觀察學校組織成員間是否失衡的狀態，同時適時給予減壓或加壓或導引等動態調節，不讓不平衡的狀態繼續擴大到不可收拾，也就是堅守中道與正道，就會獲得學校組織成員們的支持。因為唯有堅持中道與正道，才能力求學校組織陰陽平衡，達成保合太和的最終目的。

（二）以和為貴

校長明瞭《易經》和諧的天人關係之重要性，當以營造上下、內外和諧的學校組織氣氛為首要。《易經》陰陽轉化的思維不但是重視事物矛盾的對偶統一，而且更重視事物本身的陰陽結構的和諧統一。在此要強調的是，和諧並不是沒有矛盾和差異，和諧是包含著矛盾和差異的和諧。

《易經》所認為的和諧就是包含著矛盾和差異的和諧。領導者必須通過自己主觀努力，不斷地調節事物之間以及事物內部各個要素之間的矛盾和差異，從而使事物達到既對偶又統一的合和狀態。校長應以促進學校組織和諧為首要責任，以「和」為貴，容許學校組織內的矛盾和差異，不以激進逼迫的方法處理人事問題，重視利用各種管道和方式與學校組織成員保持良好關係，帶動整體學校組織氣氛的和諧圓滿。

八 「終日乾乾」所以「見微知機」

（一）校長「終日乾乾」成為學校組織成員之典範

現今學校在繁複的社會情境與快速的變遷的環境之中，領導者所扮演的角色功能已不再是扮演一個被動的學校事務管理者的角色，應排除「消極守成」、「自我中心」、「權威領導」、「剛愎自用」的心態，必須自勉「終日乾乾」，不斷主動接觸各種訊息，並發展處理訊息的新方法，帶領學校組織成員「與時偕行」，創造學校經營的最高邊際效益。因為學校經營若不求新求變，就如逆水行舟，不進則退。只有不滿足於現狀，不

斷地自我學習，成為學校組織成員之典範之後，才能帶動學校組織成員群起效法，對校長專業的肯定，也使學校組織成員更有信心跟隨校長一起解決學校問題。

　　校長之所以具有教育創新的敏銳覺察能力，皆源於不斷透過各種管道接觸最新資訊以擴展視野及認知所得，有了對未來變化的先前體認，才能帶領學校組織不斷創新。同時，也因其以身作則的好典範，因此獲得成員們的信任，同時也激勵了學校組織成員願意跟隨其腳步積極創新、超越自我，進而提高領導效能。

（二）「知幾」所以能「趨吉避凶」

　　〈繫辭下傳〉云：「幾者，動之微，吉之先見者也。[11]」《易經》認為欲探知時勢之流轉者，必須在事物發展之初期階段及早辨識其演變趨向，如此才能及時採取行動，或防微杜漸，或乘勢而行，故知變就要能先「知幾」。「知幾」所表達的現代意義，則是要求領導者要能辨識出關鍵性的變遷起點，從發展的微妙變化中發掘吉凶的先兆，把握住發展變化的必然性，所以能做到「防微杜漸」。同時提醒人們要「見幾而作」，並具有憂患意識，才能「趨吉避凶」。

　　校長體認《易經》任何事物之發展與演變，皆是循序漸進而不速，非驟然而形成。在見事變動之幾微時，經過謹慎的思考之後，即當機立斷且果決行事以應之，並把握適當時機而有所做為，不會猶豫不決而導致延誤時機。

---

11 〔宋〕朱熹：《周易本義》（臺北市：大安出版社，1999年），頁257。

九 「適可而止」以防「物極必反」

（一）帶領學校組織變革必須奉行中道

〈乾〉卦上爻提醒在上位者在事物已發展到頂點的時候，就要注意其將走向反面了。所以，領導者謹記「盈不可久也」、「物極必反」之理，行事符合中道，而不失正道，就不會走向反面。

校長應認知到《易經》「物極必反」之理，在處理校務時，不單偏執一方，尤其不以個人私利為考量，不會一味追求正面情況的迅速壯大，也不應希望把反面的情況一舉消滅，是用奉行中道引導理念的方式，讓成員們也能在不失正道之原則下去思考問題。

（二）以團隊凝聚共識代替激進變革做法

《易經》認為要帶領學校組織變革，一個人的力量是有限的，要想克服困難，要想變革成功，就需要集體的努力，而一個人想要得到別人的幫助，關鍵是要贏得別人的信賴，所以〈繫辭上傳〉說：「天之所助者，順也；人之所助者，信也。履信思乎順，又以尚賢也。[12]」所以「自天佑之，吉无不利也。[13]」《易經》革卦所謂「應乎人」也叫「適應民心」。校長不必刻意像撞球般單方向去推動或拉引一個學校組織系統，或強制它改變。倘若某項改革政策措施超過了成員們的實際承受力或心理承受力，將導致他們對改革產生懷疑和極度的反感。

---

12 〔宋〕朱熹：《周易本義》（臺北市：大安出版社，1999年），〈艮·象〉，頁250。
13 〔宋〕朱熹：《周易本義》（臺北市：大安出版社，1999年），〈艮·象〉，頁250。

　　校長在領導學校團隊時，一開始都是先取得學校組織成員
的信任和支持，培養一種自然親和的學校組織氣氛，以團隊情
誼來凝聚人心。所以，重視漸進凝聚共識過程勝過激進變革做
法——威脅、命令、逼迫，學校組織變革的力量自然就朝著大
家共同努力的方向前進。校長也應注意，在帶領學校追求卓越
的同時，是否也帶給學校組織成員極大的工作壓力，所以應隨
時自我檢視是否有「過分」與「不及」之處需要調整。

十　「審度時位」並能「知常用變」

（一）以漸進變通的方式積蓄能量以「待時而動」

　　《易經》認為善於應用變通道理的人，能因應不同的天
道、地道、人道，所構成不同的「遇」，採取適當的行動與之
相應，就是「以乘其勢」而「順應其時」。學校組織變革必須
適應學校組織成員的需要和願望，也就是強調改革不但要取得
學校組織成員的信任，也就是適應「民心所向」，而且還要使
之感受到變革所帶來的生命成長和喜悅。

　　校長應隨著時宜來處事的人，不急於立竿見影，重視帶領
學校組織集體探索工作意義與價值，促使成員跨越他們習以為
常的標籤化行為，放棄一些先入為主的假設，就能開始一段不
同的對話，當他們相信新視野、新觀念或新結構能幫助他們成
長時，自然就會想要改變。以漸進變通的方式積蓄變革能量，
兼顧時位，把握中道，漸使解決問題的呼聲比過去抱怨或對失
敗的恐懼還要大聲時，學校組織變革創新就已漸漸開始展開。

（二）把握「易」與「不易」的原則

《易》道是以「不易」為經，是常道，萬事萬物雖變化無常，但總自有其根源可循。而「變易」為權，是變化，有變化才有生機。《繫辭傳》有言：「變通者，趣時者也。[14]」變易的目的，並不只求「變化」、「變通」、「變動」的萬物化生之道，還要從萬物化生的「變」之中，發現「不易」的正道。因好變而不能守常，容易招致失敗。故懂得《易》中變化道理的人應了解在此無常的變化中，仍有一「不易」的正道存在。身為校長是學校教育目標與價值領航員與守護員，唯有把握「易」與「不易」的原則，才能使學校組織成員行事有所依循。

校長能不拘泥於一時一地的事物表象，不會再以過去的方式帶領所有學校組織成員，迷惑於所謂的唯一最佳方法，而且保持其思維的動態性與彈性，對新穎事物抱持開放的態度，在變化之中找尋創新變通的出路。同時也把學校任何變革都應以學生學習為首要，變革的方式是可以調整的，但只要任何變革違反此一原則，是校長不會妥協的，確實把握了《易經》「知常用變」的精神。

十一　以人性出發尊重學校組織成員的階段需求

（一）重視人性的需求

《易經》所表達的人性的觀點是一整體的觀感。人有善惡

---

14 〔宋〕朱熹：《周易本義》（臺北市：大安出版社，1999年），頁252。

之別，就如同整體中有陰陽之變，有善就有惡，有陰就有陽，善惡同一源。在未做到天人合一之前，人性的本來面貌是部分理性、部分情緒、部分受習慣所限、部分靈性，所以領導者在依據人性善惡作處理時，仍不可偏廢單面的善惡觀點，並從人性觀點尊重學校組織成員的階段需求開始，採取不同的方法來因應。

教育要從「人」出發，也要從「人」結束，從人性的需求出發才是使學校能處於和諧氛圍最重要的因素。學校組織成員的需求被滿足了，日後才能和他們談理念。如果校長以遏阻、防堵的方式，則是與人性需求相違背，是不會受到歡迎與認同的。

（二）讓學校組織成員感受是被尊重的

校長應本於尊重「人性」、善待「人性」，只能把「人性」當成目的，而不可作為手段看待。凡事考量符合人性基本需求為前提，同時為完成學校組織目標而設計的制度，學校組織成員們能感受到被尊重時，那麼校長的理念也較能獲得大多數成員的認同。

尤其學校組織成員自尊心都很強，所以更不能在公開場合的批評，更不能指責、一針見血的方式傷害彼此關係，如能轉個彎傳達想法，或是以討論的方式，較能獲得大多數成員的認同。

十二　以正向鼓勵促使學校組織成員主動覺知自己的責任

（一）隨時予以激勵與肯定

　　《易經》中的「善補過則無咎」，每個人都是一個「知者」，每個人皆可求知與獲得知識，從這過程中，如能受到校長隨時的予以激勵與肯定，在正向強化鼓勵的情境條件下，就不會產生逃避、閃躲的行為。校長不以認真、不認真來分類學校教師，應以整體觀來看待每位組織成員，接受其缺點，激勵與肯定其優點，引導其個人長才能為所用。

（二）重視學校組織成員的主動性及自願性

　　「天行健，君子以自強不息」就是著重人的主動性，每個人都可視為一個小太極，可以自我覺知自己本身或目前可能所處情境之優勢和劣勢，並做出選擇，因為有此主動性的自覺過程，就能產生對整體的生命所存有的意義，自然發現有意義的人生，從而主動且持續地去付諸行動。

　　校長不應以權威之法職權帶領成員，而應以道德和學習模仿的方式，也許一開始自願加入的人不多，但隨時讚揚成員們的優良表現，使成員相互間典範學習，漸漸地，學校組織成員們可以自我覺知自己本身或目前可能所處情境之優勢和劣勢，並做出選擇，後來主動性參與的人就多了，這是可以說明只要校長能夠引導學校組織成員去發現有意義的人生，就能引發其主動性及自願性，從而主動且持續地去付諸行動。

十三　以養賢求才使學校組織成員表現更好的自己

（一）養賢求才與責任賦予

　　井卦〈象辭〉強調「求王明，受福也」，要發人才，還要使用人才，且用才妥當。《易經》認為「天地養萬物，聖人養賢以及萬民」，不僅要給予賢人以優厚的物質保障，而且應在精神上給予支持，並且區別不同能力和特點的人，並且盡可能把他們安排到最能發揮能力特長的崗位上去，真正做到人盡其才、才盡其用、人事相宜。同時，責任的賦予是激發學校組織成員成就動機的關鍵因素，有助於整合個體與各部門力量，有效達成學校目標。

　　主動發掘人才對學校發展十分重要。校長應善用其任用主任及教師兼任行政之權，除藉由自身修養及信念吸引「有志之士」外，更應審視學校未來發展之需求，謹慎「選才」及主動「求才」，而非一如過去只能被動的「接受」。招徠志同道合的學校組織成員後，以《易經》「養賢」的觀念，逐步培植其各項能力，放手讓不同能力和特點的人去做，使其有足夠自由和寬廣的空間發揮智慧和才華，校長則站在支持及提醒的角色，做到功成不居，才能使學校組織系統發揮相對穩定、持續、靈活地運轉效能。

（二）發展學校組織成員優勢

　　《易經》參照天道來看人道，強調人應效法天地，根據對客觀外在之自然和諧規律的透澈理解，調整人間世的人際關

係，確定人的合理行為準則，使得人間能夠如天地萬物一般調適，各得其所。校長若得此理，懂得協助學校組織成員實現更好的自己，在領導過程中信任並肯定學校組織成員的付出，並協助學校組織成員發現自己的優勢能力，提供機會以其優勢獲得高峰經驗，使其產生自信心，因而產生工作的成就感，提升學校組織成員對學校組織的投入動機。

校長應利用周邊的資源來引導學校組織成員去發展其優勢能力。但這引導需要長久的時間，才能從中找到其所適任的位置，使其優勢得以發揮而產生滿足感，進而樂在工作。

十四　謙以自省、功成不居

（一）懂得謙卑反省的重要

謙卦初六爻辭云：「謙謙君子，用涉大川，吉。[15]」其〈象辭〉曰：「謙謙君子，卑以自牧也。[16]」乃提示領導者應以至柔處至下，並以謙卑之道自養其德行，用涉險難亦無患害，且無往而不利，自是吉也。《易經》人文圓融思維基礎是起於謙卦的自我省察，也止於自我省察，要人嚴格自我要求，以自省成德為重。不論遭逢任何環境，都要懂得反求諸己。謙卦的卦象是艮下坤上，說明了領導者所應具備的不自恃、不自滿、不自誇的謙卑修養之精神所在。因為凡事能謙卑而禮讓則人必不與之爭，因而所在皆通。

15　〔宋〕朱熹：《周易本義》（臺北市：大安出版社，1999年），頁83。
16　〔宋〕朱熹：《周易本義》（臺北市：大安出版社，1999年），頁83。

能謙卑自省的校長，在面臨問題時，會因能經過自省思考的階段，所以不會衝動行事，因為如果急於表現，就有可能在大家尚未清楚的情況下，反而容易造成誤會弄巧成拙，所以能謙卑自省的校長，不用情緒處理問題，就容易得到「事緩則圓」的效果，充分了解問題，做出最恰當的決策。正因為校長能時時處處「以虛受人」，敬重所有與自己發生聯繫的人，故待人處事宜守「謙」之道、修養「謙」之德行，才能以身作則，為所有學校組織成員之典範。

(二)身先士卒且功成不居

謙卦九三這一陽爻，上下其他陰爻都來歸向它。是比喻有功勞的君子居下守中正，君子雖勞苦卻不誇耀，有功績卻不自認為有德，這是德行敦厚的表現，故有好結果並得吉。領導者不自誇功勞，且有功勞還謙卑下於人，故才能得到學校組織成員的擁戴。有名譽地位而能保持謙虛且動機純正，有功勞、辛勞而謙虛，身先士卒且功成不居，才是真正謙虛。

校長應以身體力行的身教作用，使其他成員產生認同感，又全都把功勞歸給學校組織成員，成員因此更賣力。這種歸功於學校組織成員的修養，符合《易經》要求領導者以身作則，誠信待人，將謙卑的美德落實在自己的生活實踐中，對學校組織成員動之以德，使學校組織成員信服，才有利各項計畫之推動。

十五　誠以待人、接納關懷

（一）主動積極傾聽

身為領導者立身的關鍵，領導者重視人際關係的和諧往來，以至誠與他人相感，才能獲得學校組織成員的信任。〈咸・象〉曰：「君子以虛受人」，是說領導者能以虛懷含容，讓學校組織成員漸漸放下自我防衛機制，是需要領導者長時間釋出誠意來培養感情。因為能與學校組織成員以誠相感才有應，所以領導者應利用各種時機，積極傾聽學校組織成員的需求，就能使學校組織成員自然親附，而受到感化。

校長能以平易近人的態度，利用各種管道和機會與學校組織成員們談話。但談話時，是以傾聽為主，聽取學校組織成員的意見，解除他們工作上的困難，而不是直述命令，是真心希望能儘速的協助成員解決困難，並於適當時機以輕鬆說故事的方式傳達理念，很多學校問題就在談話間解決了。所以成為一個「會聽學校組織成員們講話」的校長，是十分重要的。

（二）以接納的心關懷學校組織成員

《易經》中稱「旁行而不流」，是乾元之始動，為一「誠」精神。領導者要能以誠待人，做到損上益下、上下相感才能形成凝聚力。〈咸・彖〉云：「天地感而萬物化生」[17]，「感」是一種極微妙契應，稍有不慎就會失去彼此的感通。領導者首先要取得學校組織成員的信任和支持，才是實施有效領導。透過以

17　〔宋〕朱熹：《周易本義》（臺北市：大安出版社，1999年），頁131。

關心接納的方式，並適時的給予鼓勵與支持，這也是領導者應有的修養。而學校組織間情感的維繫並不完全靠金錢、權勢，也要靠人與人之間的理解、信賴和關懷。

校長宜透過關心接納的方式，很技巧使學校組織成員明白自己錯在哪裡，站在對方的立場，並適時的給予鼓勵與支持。對於反對的力量，都是以開放民主、支持鼓勵的態度接納大家的意見。事情發生了，不是想誰對誰錯，而是要想的是如何讓每個人不會受到傷害，事情圓滿的解決最重要。這樣的校長是真正能以誠待人，學校組織成員當然能與之相感而形成凝聚力。

第四節　結語

《易經》作為群經之首，講的就是「天人哲學」，就是中華文化的根源。我們是《易經》的民族，所以文化基因、思維方式是不同於西方人。可惜目前現有的普世價值，大多由西方主導，重視學習一些微枝末節的人為方法和技術，向外學習很多知識，但卻仍然不明白順應天地自然道理，把整全的概念丟掉了，造成今日的各項危機，這是捨本逐末結果，非常可惜。

人是思維的動物，讀《易經》有了「太極整體」、「陰陽轉化」、「變易創新」、「人文圓融」新思路，就如安裝或更新了軟體，以此來釐清大自然中所蘊含的道理及真正的用意，自然就能以正確的領導方式，去面對困難、解決問題。但必須強調的是，在領導別人之前，首先要能自我領導。唯有修德是自己可以掌握的，一位懂得「反身修德」的領導者才懂得聽人，才會

知人，會知人，才會用人，用對人，事情就解決一大半了，組織內的任何問題自然都能逢凶化吉。

參考文獻

一 書籍部分（以下依朝代先後順序排列）

（一）古籍

〔秦〕呂不韋著，陳奇猷校釋 《呂氏春秋新校釋》 上海市 上海古籍出版社 2002年

〔漢〕毛亨傳、鄭玄箋，〔唐〕孔穎達疏 《毛詩正義》 臺北縣 藝文印書館 1989年

〔漢〕董仲舒 《春秋繁露》 臺北市 臺灣商務印書館 1976年

〔漢〕孔安國傳，〔唐〕孔穎達等正義 《尚書正義》 臺北縣 藝文印書館 1989年

〔漢〕司馬遷，〔民國〕楊家駱新校 《新校史記三家注》 臺北市 世界書局 1983年

〔漢〕司馬遷 《史記》 臺北市 河洛圖書出版社 1979年

〔漢〕京房 《京氏易傳》 上海市 上海商務印書館 1936年

〔漢〕劉向 《戰國策》 上海市 上海古籍出版社 1985年

〔漢〕班固，〔唐〕顏師古注 《漢書》 北京市 中華書局 1997年

〔漢〕許慎撰，〔清〕段玉裁注 《說文解字注》 臺北市 黎明文化出版公司 1994年

〔漢〕鄭玄注,〔唐〕孔穎達等正義　《禮記正義》　臺北縣
　　藝文印書館　1989年

〔漢〕鄭玄注,〔唐〕賈公彥疏　《周禮注疏》　臺北縣　藝
　　文印書館　1989年

〔魏〕何晏等注,〔宋〕邢昺疏　《論語注疏》　臺北縣　藝
　　文印書館　1989年

〔魏〕王弼、〔晉〕韓康伯、〔宋〕朱熹注　《周易二種》　臺
　　北市　大安出版社　1999年

〔魏〕王弼、韓康伯注,〔唐〕孔穎達等正義　《周易正義》
　　臺北縣　藝文印書館　1989年

〔晉〕杜預注,〔唐〕孔穎達等正義　《春秋左傳正義》　新
　　北市　藝文印書館　1989年

〔晉〕郭象注　《莊子》　臺北縣　藝文印書館　2000年

〔唐〕陸德明　《經典釋文》　臺北縣　藝文印書館　1997年

〔唐〕孔穎達、〔魏〕王弼注　《周易注疏及補正》　臺北市
　　世界書局　1963年

〔唐〕李鼎祚　《周易集解》　臺北市　臺灣商務印書館
　　1996年

〔唐〕楊倞注,〔清〕王先謙集解　《荀子集解》　臺北市
　　世界書局　2000年

〔宋〕邵雍　《皇極經世書》　臺北市　臺灣中華書局　1971年

〔宋〕周敦頤　《周子通書》　上海市　上海古籍出版社
　　2000年

〔宋〕張載　《橫渠易說》　臺北市　大通書局　1972年

〔宋〕張載撰,〔宋〕朱熹注釋　《張子全書》　上海市　商
　　務印書館　1935年

〔宋〕程顥、程頤　《二程集》　臺北市　里仁書局　1982年

〔宋〕程頤　《伊川易傳》　臺北市　新文豐出版公司　1999年

〔宋〕程頤　《易程傳》　臺北市　文津出版社　1987年

〔宋〕楊萬里　《誠齋易傳》　臺北市　臺灣中華書局　1970年

〔宋〕朱熹　《周易本義》　臺北市　大安出版社　1999年

〔宋〕朱熹　《易學啟蒙》　臺北市　廣學社　1975年

〔宋〕朱熹　《四書章句集注》　臺北市　大安出版社　2006年

〔宋〕黎靖德編　《朱子語類》　長沙市　岳麓書社　1997年

〔明〕來知德撰，〔明〕沈際飛訂補　《周易來註》　出版年
　　　　明崇禎

〔清〕王夫之　《周易內傳》　臺北市　河洛出版社　1974年

〔清〕王夫之　《思問錄》　臺北市　世界書局　1959年

〔清〕王夫之撰，王孝魚點校　《周易外傳》　北京市　中華
　　　　書局　1962年

〔清〕李光地　《周易折中》　臺中市　瑞成書局　1998年

〔清〕惠棟　《易漢學》　北京市　商務印書館　2006年

〔清〕紀昀總纂　《四庫全書總目》　上海市　上海古籍出版
　　　　社　1987年

〔清〕章學誠　《文史通義》　臺北市　華世出版社　1980年

〔清〕王念孫　《廣雅疏證》　北京市　中華書局　2004年

〔清〕李道平　《周易集解纂疏》　上海市　上海古籍出版社
　　　　2002年

〔清〕焦循　《易學三書》　臺北市　廣文書局　1970年

〔清〕丁壽昌　《易經會通》　鄭州市　中州古籍出版社
　　　　1992年

〔清〕阮元　《十三經注疏》　新北市　藝文印書館　1993年

〔清〕成蓉鏡　《周易釋爻例》　臺北市　廣文書局　1974年

〔民國〕尚秉和　《周易注釋》　臺北市　里仁書局　1981年

(二) 現代著述

丁潤生　《管理之道　周易太極管理思維學》　臺北市　頂淵
　　　　文化事業公司　2002年

上田惇生編，齊思賢譯，彼得・杜拉克（Peter F. Drucker）原
　　　　著　《變革的哲學》　臺北市　商周出版社　2005年

王又如譯，理查・塔那斯（Richard Tarnas）原著　《西方心靈
　　　　的激情》　臺北市　正中書局　1995年

王大方　《玻璃天花板：管理女性 VS.女性領導》　臺北市
　　　　時報文化出版公司　1996年

王文俊　《人文主義與教育》　臺北市　五南圖書出版公司
　　　　1983年

王文科　《質的教育研究法》　臺北市　師大書苑　2000年

王仲堯　《易學與中國管理藝術》　北京市　中國書店　2001年

王新春　《神妙的周易智慧》　北京市　中國書店　2001年

方東美　《生生之德》　臺北市　黎明文化公司　1979年

方東美　《科學哲學與人生》　臺北市　黎明文化公司　1982年

方東美　《東美全集——生生之德》　臺北市　黎明文化公司
　　　　2004年

方東美著，孫智燊譯　《中國哲學之精神及其發展》　臺北市
　　　　黎明文化公司　2004年

牛涵錚、姜永淞　《管理學》　新北市　全華圖書公司　2014年

成中英　《世紀之交的抉擇——論中西哲學的會通與融合》　上海市　知識出版社　1991年

成中英　《C 理論——易經管理哲學》　臺北市　東大圖書公司　1995年

朱伯崑　《易學漫步》　臺北市　臺灣學生書局　1996年

朱伯崑　《燕園耕耘錄——朱伯崑學術論集》　臺北市　臺灣學生書局　2001年

朱伯崑、李申、王德有等著　《周易通釋》　北京市　昆侖出版社　2004年

朱伯崑　《易學哲學史》　北京市　昆崙出版社　2005年

朱高正　《周易白話例解》　臺北市　臺灣商務印書館　2000年

朱維煥　《周周易傳象義闡釋》　臺北市　臺灣學生書局　2000年

朱謙之　《老子校釋》　臺北市　明倫出版社　1971年

牟宗三　《中國哲學的特質》　臺北市　臺灣學生書局　1994年

牟宗三　《周易的自然哲學與道德函義》　臺北市　文津出版社　1998年

辛　子　《易學時間之門》　臺北市　大展出版社　2000年

余敦康　《中國哲學論集》　瀋陽市　遼寧大學出版社　1998年

余敦康　《易學今昔》　上海市　廣西師範大學出版社　2005年

李申、郭彧編纂　《周易圖說總匯》　上海市　華東師範大學出版社　2004年

李煥明　《周易的生命哲學》　臺北市　文津出版社　1992年

李滌生　《荀子集釋》　臺北市　臺灣學生書局　1979年

李榮堂　《全人教育至善論》　高雄市　高雄復文圖書出版社
　　　　1998年

李學勤　《周周易傳溯源》　臺北市　麗文文化公司　1995年

李霖生　《神話與哲學》　臺北市　臺灣學生書局　2002年

李霖生　《周易密碼解密》　臺北市　漫遊者文化公司　2012年

李澤厚　《中國古代思想史論》　臺北市　風雲時代出版社
　　　　1980年

沈君山編　《人文學概論》　臺北市　正中書局　1995年

但昭偉主編　《教師的教育哲學》　臺北市　高等教育文化事
　　　　業有限公司　2006年

吳　怡　《中國哲學發展史》　臺北市　三民書局　1996年

吳清山　《教育革新研究》　臺北市　師大書苑　1998年

吳瓊恩、陳秋杏、張世杰譯，Michael M. Harmon 原著　《公
　　　　共行政的行動理論》　臺北市　五南圖書出版公司
　　　　1993年

吳瓊恩　《行政學》　臺北市　三民書局　1996年

屈萬里　《漢石經周易殘字集證》　臺北市　聯經出版事業公
　　　　司　1984年

林中鵬主編　《中華氣功學》　北京市　北京體育學院出版社
　　　　1989年

林文欽　《周易時義研究》　臺北市　國立編譯館　2002年

林明地　《學校領導：理念與校長專業生涯》　臺北市　高等
　　　　教育出版社　2002年

林思伶譯，瑪格利特・惠特理（Margaret J. Wheatley）原著
　　　　《領導與新科學》（*Leardership and the New Science*）
　　　　臺北市　梅霖文化公司　2005年

林慶彰、蔣秋華主編 《經學研究論著目錄》 臺北市 漢學研究中心 2013年

林麗冠譯，Jack Trou & Steve Rivkin原著 《管理：意想不到地簡單》（*The Power of Simplicity*） 臺北市 天下遠見出版公司 2000年

范熾文 《學校經營與管理——概念、理論與實務》 高雄市 麗文文化公司 2008年

南懷瑾 《易繫辭傳別講》 臺北市 老古出版社 1995年

胡幼慧 《質性研究：理論、方法與本土女性研究實例》 臺北市 巨流出版社 1996年

胡自逢 《先秦諸子易說通考》 臺北市 文史哲出版社 1989年

洪鎌德 《人文思想與現代社會》 臺北市 揚智文化公司 2000年

姚為民 《杜魯克管理學新詮》 臺北市 經濟日報社 1980年

祖 行 《圖解周易》 西安市 陝西師範大學出版 2007年

高 亨 《周易古經今注》 臺北市 里仁書局 1982年

高 亨 《周易雜論》 濟南市 齊魯書社 1988年

高 亨 《周易古經通說》 臺北市 華正書局 2005年

高 亨 《周易大傳今注》 濟南市 齊魯書社 2006年

高敬文 《質化研究方法論》 臺北市 師大書苑 1999年

高鴻縉 《中國字例》 臺北市 三民書局 1992年

高懷民 《先秦易學史》 臺北市 臺灣商務印書館 1975年

高懷民 《兩漢易學史》 臺北市 中國學術著作獎助委員會 1983年

高懷民　《大易哲學論》　臺北市　成文出版社　1988年

高懷民　《偉大的孕育》　臺北市　高懷民自印　1999年

高懷民　《宋元明易學史》　桂林市　廣西師範大學出版社　2007年

唐君毅　《中國文化之精神價值》　臺北市　正中書局　1975年

唐君毅　《人文精神之重建》　臺北市　臺灣學生書局　1980年

唐君毅　《唐君毅集》　臺北市　臺灣學生書局　1991年

晁岳佩選編　《民國期刊資料分類彙編・經史關係》　臺北市　國家圖書館出版社　2000年

徐道一　《周易與二十一世紀》　廣州市　廣東教育出版社　2000年

張吉良　《周易哲學和古代社會思想》　濟南市　齊魯書社　1998年

張延生　《心易》　北京市　華夏出版社有限公司　1994年

張岱年　《中國哲學大綱》　臺北市　藍燈書局　1992年

張其成　《易學大辭典》　臺北市　建宏出版社　1996年

張春興　《教育心理學》　臺北市　臺灣東華書局　1998年

張高評編　《宋詩綜論叢編》　高雄市　麗文文化事業公司　1993年

張淑譽譯，James Gleick 原著　《混沌：開創新科學》　上海市　上海譯文出版社　1990年

張善文　《周易初階》　臺北市　頂淵文化公司　1996年

張凱元　《人文主義的理念與實踐》　臺北市　心理出版社　2003年

張潤書　《行政學》　臺北市　三民書局　2009年

張德銳　《教育行政研究》　臺北市　五南圖書出版公司　1994年

郭為藩　《科技時代的人文教育》　臺北市　幼獅文化事業公司　1986年

郭為藩　《人文主義的教育信念》　臺北市　五南圖書出版公司　1992年

陳千玉譯，E. H. Schein 原著　《組織文化與領導》　臺北市　五南圖書出版公司　2001年

陳木金　《國民小學校長校務經營敏銳度對其營造學習型組織之影響研究》　臺北市　高等教育總經銷　2004年

陳迺臣　《教育哲學》　臺北市　心理出版社　2001年

陳鼓應　《易傳與道家思想》　北京市　商務印書館　2007年

陳曉林　《壯歲旌旗》　臺北市　時報文化　1990年

陳睿宏　《義理、象數與圖書之兼綜—朱震易學研究》　臺北市　文史哲出版社　2011年

傅偉勳　《從創造的詮釋學到大乘佛學》　臺北市　東大圖書公司　1999年

黃乃熒等譯，Tony Bush、David Middlewood 原著　《教育領導與管理》　臺北市　華騰文化公司　2008年

黃永堂　《國語》　臺北市　臺灣古籍出版社　1997年

黃沛榮　《易學乾坤》　臺北市　大安出版社　1998年

黃忠天　《周易程傳註評》　高雄市　高雄復文圖書出版社　2006年

黃英忠　《管理學》　新北市　普林斯頓國際有限公司　2013年

黃瑞琴　《質的教育研究方法》　臺北市　心理出版社　1997年

黃瑞祺　《批判理論與現代社會學》　臺北市　巨流出版社　1996年

黃壽祺、張善文編　《周易研究論文集》　北京市　北京師範大學出版社　1990年

黃慶萱　《周易縱橫談》　臺北市　東大圖書公司　1995年

曾仕強　《現代化的中國式管理》　臺北市　經濟日報社　1987年

曾仕強　《周易中的管理智慧》　西安市　陝西師範大學出版社　2011年

曾春海　《周易哲學的宇宙與人生》　臺北市　文津出版社　1997年

曾春海　《周易的哲學原理》　臺北市　文津出版社　2003年

程石泉　《易學新論》　臺北市　文景書局　1996年

程石泉　《易學新探》　臺北市　文景書局　1999年

程振清、何成正　《周易與現代管理》臺北市　中天出版社　1999年

勞思光　《中國哲學史》　臺北市　三民書局　1981年

勞思光　《現代新編中國哲學史》臺北市　三民書局　2011年

項退結　《人生哲學》　中華文化復興運動推行委員會主編　臺北市　中央文物供應社　1982年

葉淑儀譯，Linda Lambert 原著　《教育領導——建構論的觀點》　臺北市　桂冠圖書出版社　2001年

楊成寅　《太極哲學》　上海市　學林出版社　2003年

楊振昇　《教育組織變革與學校發展研究》　臺北市　五南圖書出版公司　2005年

楊國樞等編　《社會及行為科學研究法》　臺北市　東華書局　1988年

楊慧傑　《天人關係論》　臺北市　水牛出版社　1989年

楊慶中　《周易經傳研究》　北京市　商務印書館　2005年

楊儒賓、黃俊傑編　《中國古代思維方式探索》　臺北市　正中書局　1996年

裘學賢　《人文主義哲學及其在教育上的意義》　高雄市　高雄復文圖書出版社　1998年

鄒理民譯，彼得・柏格 Peter L. Berger，湯姆斯・樂格曼 Thomas Luckmann 原著　《社會實體的建構》　臺北市　巨流出版社　1991年

蒙培元　《中國傳統哲學思維方式》　杭州市　浙江人民出版社　1993年

蒙培元　《中國哲學主體思維》　北京市　人民出版社　1997年

趙韞如編次　《大易類聚初集》　臺北市　新文豐出版公司　1983年

熊十力　《原儒》　臺北市　史地教育出版社　1974年

熊十力　《乾坤衍》　臺北市　臺灣學生書局　1976年

熊十力　《讀經示要》　臺北市　廣文書局　1991年

廖名春、康學偉、梁書弦　《周易研究史》　長沙市　湖南出版社　1991年

廖春文　《二十一世紀教育行政領導理念》　臺北市　師大書苑　1995年

蔡伸章譯，Frifjof Capra 原著　《轉捩點》　臺北市　牛頓出版社　1986年

蔡培村　《學校經營與管理》　臺北市　麗文文化公司　1998年

樓宇烈校釋　《王弼集校釋》　臺北市　華正書局　1992年

劉玉平　《易學思維與人生價值論》　濟南市　齊魯書社　2006年

劉玉平　《易學思維及其文化價值》　濟南市　山東大學出版社　2011年

劉笑敢　《老子古今：五種對勘與析評引論》　北京市　中國社會科學出版社　2006年

潘家寅譯，Frifjof Capra 原著　《物理之道》　臺北市　科技圖書公司　1989年

龍應臺　《百年思索》　臺北市　時報出版社　1999年

錢　穆　《中國文化叢談》　臺北市　三民書局　2004年

謝文全　《學校行政》　臺北市　五南圖書出版公司　2002年

謝文全　《教育行政學》　臺北市　高等教育出版社　2003年

謝建全　《教育問題研究》　臺北市　臺灣書店　1997年

謝傳崇譯，Sharon F. Rallis, Ellen B. Goldring 著　《校長教學領導：理論與應用》　臺北市　心理出版社　2011年

謝傳崇譯，Sarah Lewis 原著　《職場正向心理學》　臺北市　學富文化公司　2014年

蕭武桐　《行政倫理》　新北市　國立空中大學　1995年

戴文年譯，Gareth Morgan 原著　《組織意象》　臺北市　五南圖書出版公司　1994年

戴璉璋　《易傳之形成及其思想》　臺北市　文津出版社　1997年

鍾聖校　《情意溝通教學理論──從建構到實踐》　臺北市　五南圖書出版公司　2000年

韓文正譯，Rudolph W. Giulfani 原著 《決策時刻》 臺北市 大塊文化出版社 2002年

顏國明 《易傳與儒道關係論衡》 臺北市 里仁書局 2006年

羅虞村 《領導理論研究》 臺北市 文景出版社 1986年

羅鳳珠編 《人文學導論》 臺北市 正中書局 1995年

嚴一萍選輯 《百部叢書集成》 新北市 藝文印書館 1965年

顧文炳 《《易》道新論》 上海市 上海社會科學院出版社 1996年

二 論文部分（以下依作者姓氏筆劃先後順序排列）

（一）學位論文

1 博士論文

仲秀蓮 《臺灣地區國民小學校長正向領導、學校文化對學校創新經營效能影響之研究》 臺北市 國立臺北教育大學教育經營與管理學系博士論文 2011年

李菁菁 《高級中學校長正向領導、教師職場希望感與學校效能之相關研究》 臺南市 國立臺南大學教育學系教育經營與管理博士論文 2014年

林合懋 《國民小學校長的成就目標、終身學習經驗、轉型領導與其多元智慧學校經營理念之關係》 臺北市 國立政治大學教育學系博士論文 2000年

周甘逢 《周易的教育思想研究》 高雄市 國立高雄師範大學教育研究所博士論文 1995年

陳睿宏　《惠棟易學研究》　臺北市　國立政治大學中國文學系博士論文　2006年

黃麗鴻　《校長正向領導、學校組織健康、教師心理資本與組織承諾之影響關係：階層線性模式的驗證》　嘉義市　國立嘉義大學教育學系博士論文　2012年

趙中偉　《周易「變」的思想研究》　臺北縣　輔仁大學中國文學研究所博士論文　1993年

蔡文杰　《國民小學校長領導行為、組織特性發展與學校效能展現關係之研究──以有機化組織觀點為例》　臺北市　國立臺北教育大學教育政策與管理研究所博士論文　2007年

鄭詩釧　《國民中小學組織文化與教師專業發展關係之研究》　臺北市　國立臺灣師範大學教育學系博士論文　2005年

2 碩士論文

宋　筱　《《周易》的思維方式與中國圓的審美觀念》　哈爾濱市　黑龍江大學碩士論文　2011年

李淑子　《周易之「時中」思想研究》　臺北縣　輔仁大學哲學研究所碩士論文　1993年

吳國榮　《《易傳》內聖外王思想研究》　高雄市　國立高雄師範大學經學研究所碩士論文　2009年

吳嘉欽　《易經管理哲學之探究》　臺北市　國立政治大學公共行政研究所碩士論文　1997年

何柏崧　《《周易》變革管理思想之應用探討》　桃園縣　銘傳大學應用中國文學系碩士論文　2007年

邱錦娥　《運用「太極思維」輔導方案對幼兒教師輔導知能專
　　　　業成長之探究》　高雄市　樹德科技大學兒童與家庭
　　　　服務研究所碩士論文　2011年

林文欽　《易傳之變易思想研究》　高雄市　國立高雄師範大
　　　　學中國文學研究所碩士論文　1984年

林妙璘　《周易的教育思想》　臺中市　東海大學哲學研究所
　　　　碩士論文　2004年

林　松　《學校經營的知與行──我在朝山國小的1155個日
　　　　子》　新竹市　國立新竹師範學院職業繼續教育研究
　　　　所碩士論文　2002年

林俐君　《新北市卓越學校校長領導作為之研究──以一所完
　　　　全中學為例》　新北市　淡江大學教育政策與領導研
　　　　究所碩士在職專班碩士論文　2010年

林振春　《人文領導的理論體系及其在我國社會教育機構的應
　　　　用》　臺北市　國立臺灣師範大學教育研究所碩士論
　　　　文　1991年

林超群　《周易之宇宙論及其人生哲學》　臺中市　國立中興
　　　　大學中國文學研究所碩士論文　2004年

胡軒豪　《人文領導者價值觀之探索性研究》　嘉義縣　國立
　　　　中正大學企業管理學研究所碩士論文　2008年

范貴蟬　《校長正向領導與教師情緒勞務相關研究》　新竹市
　　　　國立新竹教育大學教育行政碩士論文　2013年

徐振邦　《國民中學學校行政混沌現象之研究》　臺北市　國
　　　　立臺灣師範大學教育學系碩士論文　2000年

徐敏芳　《《周易》成語之物質文明、人文思想與精神文化義
　　　　蘊研究》　臺北市　臺灣師範大學國文學系碩士論文
　　　　2009年

張佳芬　《桃園縣國民小學校長正向領導與學校組織衝突關係
　　　　之研究》　臺北市　國立政治大學教育行政與政策研
　　　　究所碩士論文　2012年

張嬋雯　《莊子之管理哲學》　臺北市　國立政治大學公共行
　　　　政學系碩士論文　1996年

郭展宏　《以「易經」作為管理預測模式之研究》　高雄縣
　　　　義守大學管理研究所碩士論文　2004年

陳人瑋　《人文領導特質之探索性研究》　嘉義縣　國立中正
　　　　大學企業管理學研究所碩士論文　2008年

陳志霞　《周易之「象」的文化內涵及審美意義》　開封市
　　　　河南大學碩士論文　2005年

陳怡靜　《太極身體觀──從太極思維與太極拳看身體》　桃
　　　　園縣　國立臺灣體育學院體育研究所碩士論文　2001年

陳怡靜　《《周易》管理思想研究》　彰化市　國立彰化師範
　　　　大學國文學系碩士論文　2007年

陳明義　《國民小學校長正向領導、組織衝突與教師組織承諾
　　　　關係之研究》　新竹市　國立新竹教育大學教育學系
　　　　碩士班　2012年

陳郁環　《《周易》管理思維向度及其應用之研究》　高雄市
　　　　國立高雄師範大學中文回流碩士班碩士論文　2006年

陳淑萍　《教育領導人專業發展與培育之研究──以輔仁大學
　　　　教育領導與發展研究所碩士在職專班為例》　臺北縣
　　　　輔仁大學教育領導與發展研究所碩士論文　2004年

陳偉國　《國民小學校長正向領導、學校文化與教師學術樂觀
　　　　關係之研究》　新竹市　國立新竹教育大學教育學系
　　　　碩士論文　2012年

陳薇萱　《臺北縣市國民小學領導卓越校長學校經營管理策略
　　　　之研究》　臺北縣　淡江大學教育政策與領導研究所
　　　　碩士論文　2007年

曹佩吉　《公民媒體與傳統媒體影響之解析》　臺北市　銘傳
　　　　大學傳播管理學系在職專班碩士學位論文　2014年

黃素怡　《《易經》管理哲學》　桃園縣　國立中央大學哲學
　　　　研究所碩士論文　1998年

黃振崇　《《易經》教育思想研究》　雲林縣　雲林科技大學
　　　　漢學資料整理研究所碩士論文　2008年

黃輝聲　《《周易》自然生成觀所體現中和思想之研究》　臺北
　　　　縣　華梵大學東方人文思想研究所碩士論文　2009年

楊文琪　《老莊思想與學校行政領導》　臺北市　國立臺北師
　　　　範學院國民教育研究所碩士論文　1999年

楊陽光　《易經憂患意識研究》　臺北市　國立臺灣師範大學
　　　　國文研究所碩士論文　1986年

董建華　《非線性動力系統觀點下的心物問題：本體論與認識
　　　　論》　高雄市　國立中山大學中山學術研究所碩士論
　　　　文　1991年

管意凱　《國中校長正向領導、教師正向心理資本與教師組織
　　　　公民行為關係之研究》　臺北市　國立政治大學學校
　　　　行政碩士論文　2013年

蔡文杰　《國民小學學校經營混沌現象敏銳度及組織權力關係
　　　　重建之相關研究》　臺北市　臺北師範學院國民教育
　　　　研究所碩士論文　2001年

劉雅惠　《《周易》變通思想之研究——以〈繫辭傳〉為中
　　　　心》　嘉義縣　南華大學哲學系碩士論文　2007年

劉慧珍　《周易人文精神》　臺北縣　輔仁大學中國文學研究
　　　　所碩士論文　1989年

劉馨潔　《《易傳》陰陽思想研究》　臺北市　國立臺灣師範
　　　　大學國文研究所碩士論文　1999年

鄭志宏　《周易原理領導思想之探究》　臺北市　國立政治大
　　　　學公共行政研究所碩士論文　1992年

蕭浩志　《周易管理哲學研究》　香港　香港能仁學院哲學研
　　　　究所碩士論文　2001年

謝佩鴛　《校長領導作風、上下關係品質及教師組織公民行為
　　　　關係之研究》　臺北市　國立臺北師範學院國民教育
　　　　研究所碩士論文　1999年

謝智偉　《組織變遷邏輯之探討：易經哲學的觀點》　臺北市
　　　　國立政治大學公共行政學系碩士論文　2000年

鍾芷芬　《多元文化學校經營理念與實踐——一位女性行政主
　　　　管的敘事探究》　臺北市　國立臺灣師範大學教育學
　　　　系碩士論文　2008年

顏婉玲　《周易心理思想研究》　臺北市　國立臺灣師範大學
　　　　國文系在職進修班碩士班碩士論文　2002年

（二）單篇論文

王汝華　〈二用存乎一心——「蒙」、「坤」益讀〉　《孔孟月刊》　第38卷第4期　1999年12月　頁1-4

王汝華　〈《周易》尚和思想六探〉　《台南科技大學通識教育學刊》　第5期　2006年5月　頁26-49

王汝華　〈周易「名」源彙觀〉　《孔孟月刊》　第50卷第3期　2011年12月　頁5-11

王汐朋　〈周易、周易書名辨正〉　《福建論壇》（人文社會科學版）　第9期　2011年　頁58-61

王金凌　〈論「易傳」中乾坤的意義〉　《輔仁國文學報》　第12期　1996年8月　頁147-166

王　慰　〈從〈乾〉〈坤〉兩卦論中國傳統的處世哲學〉　《邯鄲職業技術學院學報》　第15卷第3期　2002年9月　頁23-26

朱伯崑　〈易經的憂患意識與民族精神〉　《北京大學學報》　第1期　1997年1月　頁96-102

朱高正　〈易學思維的跨時代價值〉　《鵝湖》　第30卷第11期　2005年5月　頁41-43

成中英　〈「易經」的方法思維〉　《國文天地》　第6卷第11期　1991年4月　頁24-29

成中英　〈論易之原始及其未來發展〉　《中華易學》　第12卷第12期　1992年2月　頁10-15

成中英　〈論易之五義與易的本體世界〉　《臺北大學中文學報》　第1期　2006年7月　頁1-32

余永梁　〈易卦爻辭的時代及其作者〉　《中央研究院歷史語
　　　言研究所集刊》　第一本　1971年1月　頁45-50
李少惠、朱嵐　〈《周易》管理思想及其文化生態根源〉
　　　《周易研究》　第4期　1996年

文化生活叢書·人文商管　1305003

易經領導思維與學校領導

作　　　者	毛金素
責任編輯	蔡雅如
特約校稿	林秋芬
發 行 人	陳滿銘
總 經 理	梁錦興
總 編 輯	陳滿銘
副總編輯	張晏瑞
編 輯 所	萬卷樓圖書股份有限公司
排　　版	林曉敏
印　　刷	百通科技股份有限公司
封面設計	斐類設計工作室

發　　行　萬卷樓圖書股份有限公司

臺北市羅斯福路二段 41 號 6 樓之 3

電話　(02)23216565

傳真　(02)23218698

電郵　SERVICE@WANJUAN.COM.TW

大陸經銷　廈門外圖臺灣書店有限公司

電郵　JKB188@188.COM

香港經銷　香港聯合書刊物流有限公司

電話　(852)21502100

傳真　(852)23560735

ISBN 978-986-478-034-1

2017 年 1 月初版一刷

定價：新臺幣 420 元

如何購買本書：

1. 劃撥購書，請透過以下郵政劃撥帳號：

　　帳號：15624015

　　戶名：萬卷樓圖書股份有限公司

2. 轉帳購書，請透過以下帳戶

　　合作金庫銀行　古亭分行

　　戶名：萬卷樓圖書股份有限公司

　　帳號：0877717092596

3. 網路購書，請透過萬卷樓網站

　　網址　WWW.WANJUAN.COM.TW

大量購書，請直接聯繫我們，將有專人為

您服務。客服：(02)23216565 分機 10

如有缺頁、破損或裝訂錯誤，請寄回更換

版權所有·翻印必究

Copyright©2016 by WanJuanLou Books CO., Ltd.

All Right Reserved　　　　**Printed in Taiwan**

國家圖書館出版品預行編目資料

易經領導思維與學校領導 / 毛金素著. -- 初

版. -- 臺北市：萬卷樓, 2017.01

　　面；　公分. -- (文化生活叢書)

ISBN 978-986-478-034-1(平裝)

1.易經　2.研究考訂　3.學校行政　4.領導理論

526　　　　　　　　　　　　105019520